Workbook

to accompany

Deutsch: Na klar!

Workbook
to accompany
Deutsch: Na klar!
An Introductory German Course

Fourth Edition

Jeanine Briggs

Di Donato • Clyde • Vansant

McGraw
Hill

Boston   Burr Ridge, IL   Dubuque, IA   Madison, WI   New York   San Francisco   St. Louis
Bangkok   Bogotá   Caracas   Kuala Lumpur   Lisbon   London   Madrid   Mexico City
Milan   Montreal   New Delhi   Santiago   Seoul   Singapore   Sydney   Taipei   Toronto

This is an EBI book.

Workbook to accompany Deutsch: Na klar! An Introductory German Course

Published by McGraw-Hill, an imprint of The McGraw-Hill Companies, Inc., 1221 Avenue of the Americas, New York, NY 10020. Copyright © 2004, 1999, 1995, 1991 by The McGraw-Hill Companies, Inc. All rights reserved. No part of this publication may be reproduced or distributed in any form or by any means, or stored in a database or retrieval system, without the prior written consent of The McGraw-Hill Companies, Inc., including, but not limited to, in any network or other electronic storage or transmission, or broadcast for distance learning.

This book is printed on acid-free paper.

5 6 7 8 9 0 QPD QPD 0 9 8 7 6

ISBN-13: 978-0-07-249251-4
ISBN-10: 0-07-249251-1

Vice president and Editor-in-chief: *Thalia Dorwick*
Publisher: *William R. Glass*
Sponsoring editor: *Christa Harris*
Director of development: *Scott Tinetti*
Development editor: *Paul Listen*
Executive marketing manager: *Nick Agnew*
Production supervisor: *Rich DeVitto*
Editorial assistant: *Jennifer Chow*
Associate supplement producer: *Mel Valentín*
Senior project manager: *Christina Gimlin*
Illustrators: *George Ulrich, Irene Benison, Anne Eldredge, Kevin Berry, Brandon Carson, Teresa Roberts*
Compositor: *ICC*
Typeface: *10/12 Palatino*
Paper: *50# Williamsburg*
Printer and binder: *Quebecor World Printing, Dubuque*

Grateful acknowledgment is made for use of the following material: Page 3, **Guten Morgen:** *Aachener Volkszeitung;* **Danke mouse:** PaperArt Holland; **Grüß Gott!** © Eva Heller, from *Vielleicht sind wir eben zu verschieden;* 12 Volkswagen AG; 15 Reprinted with permission of *Motorrad, Reisen & Sport;* 21 JUKI (Europe) GmbH; 24 www.seitensprung.net; 26 *Petra;* 43 © 2003 Tribune Media Services, Inc.; 53 top Reprinted with permission of Fuji Photo Film; **right** PaperArt Holland; 58 *EXPULS—Kulturmagazin für die Oberpfalz* (http://www.expuls.de/); 69 top Reprinted with permission of Alain Dubouillon; 74 Reprinted with permission of Stella AG, Hamburg; 79 Reprinted with permission of Bärbel Brand, Munich; 86 Natural-Life Naturmarkt Jonas; 95 *Fit For Fun—Fit For Flirt,* 2/2002, S. 88; 101 Parkrestaurant Rheinaue GmbH; 102 top left Restaurant Zum Webertor; **top right** Restaurant Zum Klösterl; **bottom** La Bodega; 112 Deutsches Theater; 116 Opera GmbH & Co.; 119 Cartoon by Hürlimann, reprinted with permission of *Süddeutsche Zeitung;* 126 Deutscher Wetterdienst Seewetteramt; 128 AKAD, Die Privat-Hochschulen GmbH; 131 © Société des Produits Nestlé S.A.—Trademark Owners; 133–134 Sperber Brauereigasthof-Hotel. Reprinted with permission of Christian Sperber; 146 *Das Neue;* 150 *Apotheken Umschau,* Wort & Bild Verlag; 152 *Apotheken Umschau,* Wort & Bild Verlag; 153 Reprinted with permission of Manfred von Papan; 162 top Text: *Deutschland* magazine, photo: Sabine Wenzel/OSTKREUZ; 164 *Bonn Beethoven,* Stadt Bonn; 165 *Bonn Beethoven,* Stadt Bonn; 167 *TV Hören und Sehen;* 169 Stadt Münster, Presse- und Informationsamt, Germany; 177 Ungarisches Tourismusamt, Deutschland; 195 Cartoon Reisebüro © 2003 Mirror Joke; 197 *Berliner Morgenpost;* 208 © *Ruhr-Nachrichten;* 212 DWD/*Berliner Morgenpost;* 219 Cartoon by Erik Liebermann/Cartoon-Caricature-Contor, Munich; 222 RavensburgerAG; 227 *Schwimmerbad & Sauna;* 229 Copyright © Friedel Schmidt, Germany; 230–231 © Peter Butschow/*Wohnidee;* 238 Reprinted with permission of *Quick;* 240 Cartoon by Alfred von Meysenbug, *Trau Keinem über 30. Die 68er,* © Carlsen Verlag, Hamburg, 1998; 241–243 Kleine Komödie GmbH/Hartmann und Stauffacher GmbH; 247 Cartoon by Greser/Lenz; *Frankfurter Allgemeine,* June 6, 1998; 249 *Goslarsche Zeitung;* 254 © MEGAtimer; 263 Photo by Barbara Klemm published in *Frankfurter Allgemeine;* 266 Text: *Berliner Morgenpost,* photo: DPA; 272 Text: *Der Spiegel,* photo: NDR; 274 *Berliner Morgenpost;* 277 Cartoon by Markus/Stern Syndication; 279 http://www.hans-josef-fell.de. Reprinted with permission of Hans-Josef Fell

http://www.mhhe.com

Contents

Preface

The *Workbook to accompany* **Deutsch: Na klar!** *Fourth Edition,* includes an **Einführung** plus fourteen chapters, all correlating with the main text to offer written practice of vocabulary and grammar, additional reading materials and activities, and special activities to develop writing skills in German. Art, maps, realia, and various graphics enhance the learning process throughout the *Workbook.* Whenever appropriate, **Kulturtipps** and **Sprachtipps** explain curiosities or points of interest in the realia.

Correspondence to the Main Text

Alles klar? sets the thematic stage of each chapter with lively realia and related activities.

Wörter im Kontext, divided into **Themen,** offers activities to help students comprehend, acquire, and practice the chapter vocabulary.

Grammatik im Kontext features exercises that focus on the understanding, practice, manipulation, and application of grammatical forms and structures.

Sprache im Kontext includes authentic texts for additional reading practice. A skimming and/or scanning activity called **Auf den ersten Blick** introduces the general idea of the reading, and an activity titled **Zum Text** focuses more intently on the language and context. **Schreiben** offers suggestions and directions that enable students to respond to, react to, or in some way personalize ideas from the reading(s) through writing.

Journal: Exclusive Feature of the Workbook

Journal offers guidelines, suggestions, questions, and a variety of prewriting techniques that enable students to think about a topic and to conjure up ideas and vocabulary items without needing to turn to the main text or to a dictionary for help. The goal is for students to write freely and comfortably, applying the skills and knowledge of the language they have acquired up to any given point—without the fear of making mistakes. (Please see *To the Student* and *To the Instructor* in this preface for further explanation of journal writing and for suggestions for responding to the journal entries.)

Improvements in Fourth Edition

- New visuals provide the *Workbook* with a new look and updated topics.
- Realia and vocabulary in the **Alles klar?** closely adhere to themes in the chapter vocabulary.
- Each **Thema** section in the **Wörter im Kontext** exploits chapter vocabulary to its fullest with activities that enable students to focus on meaning, spelling, and application in context.
- Each **Grammatik im Kontext** includes headings and subheadings from the main text so that (1) students understand the grammatical focus of each exercise and (2) instructors can assign exercises in both the main text and *Workbook* section by section if they so desire.

- The **Grammatik im Kontext** sections offer new form-focused exercises with single answers based on visuals and graphics.
- The few open-ended exercises in the **Grammatik im Kontext** sections offer students examples, direction, and/or guidance for applying what they have learned.
- New realia-based readings give students a chance to read and think about very current issues and events in the target language. They also provide examples, inspiration, and points of departure for the guided writing activities at the end of the **Sprache im Kontext** sections.
- The **Journal** sections reflect the content and vocabulary changes in the chapters, but otherwise continue as a strong feature of the *Workbook*. These sections allow students to personalize and maximize their language experience through writing.

To the Student

Benefits: As you progress through the *Workbook*, try to approach each exercise with an understanding of the benefits it will bring you: It will help you check your understanding of the language; it will reinforce what you have learned, so you can retain it; it will provide repetition of correct patterns and spelling, so you can develop an ease for writing in German; it will help you develop skills for communicating in German through writing. Giving full attention to even the simplest exercise will make the creative activities easier for you; you will feel comfortable with the mechanics of the language so that you can concentrate on content and the expression of your ideas.

Answer key: An answer key is provided at the end of the *Workbook* for all exercise items that have one answer or, at least, a predictable answer. To make the most effective use of this answer key, do not consult it until you have completed an assignment and looked it over yourself for possible errors; use the key only as a second check. Do not simply correct items, but try to understand the problem: What did you do wrong? Is there a grammar explanation in the textbook that you should study to get a firmer grasp of a particular concept? Do you need to review the vocabulary?

Writing space: Whenever blank lines or writing space is not provided in the *Workbook*, you will need to use a separate sheet of paper for your writing. This will be necessary when you are asked to write a description, a paragraph, a note or letter, or a brief composition. This symbol signals the need for a separate sheet of paper:

Complete and incomplete answers: Many of the exercises require only a short answer, and the directions may call for a **kurze Antwort**. Other exercises require complete sentences; longer or more lines are provided for writing, and the directions may ask for a **vollständige Antwort**. Each type of answer fulfills a different purpose: A short answer allows you to focus on the information or on the correct expression of a key point; a complete answer gives you an opportunity to provide information within a context and to reinforce German sentence patterns.

Communication and sharing: In the *Workbook*, you will have many opportunities to express your own ideas and, also, to communicate with other students through an exchange of notes, invitations, and so forth. Sharing your work with others is an important part of the writing process, even when you have not written something specifically to be read by someone else. Whenever writing is shared in class through partner or group work, seize the opportunity to learn from the experience: How do other students respond to your writing? How can you respond to the writing of others, in terms of positive feedback and constructive suggestions? Sharing your writing and responding to someone else's writing and ideas will help develop your communication skills in German. Even the ability to detect minor errors will help sharpen your language skills.

Journal: For this section of the *Workbook,* you will need to provide your own notebook. Any notebook will do, but it should be one that you feel comfortable writing in and that you can use exclusively for journal writing in German. Each **Journal** section provides prewriting techniques to help you begin thinking, in German, about your topic before you begin to write. You do not need to follow the directions exactly, but you should apply the techniques in whatever way works best for you. Always feel free to annotate the *Workbook* page: Check and cross out items, for example; modify phrases so that they work for you; choose those thoughts that you want to include in your entry and omit others; jot down ideas in answer to some questions and ignore those that do not apply to you.

The purpose of the **Journal** is to help you feel comfortable thinking and writing in German; it is recommended, therefore, that you set aside a quiet time whenever journal writing is assigned. Quantity is an important aspect of journal writing. You should feel free to take risks by expressing yourself and by writing as much as you can without worrying about making mistakes; indeed, errors in your journal entries should be considered a natural part of the language-learning process. Through your journal, you will have the satisfaction of communicating through writing and of receiving some type of positive written response from your instructor or, possibly, from another member of the class.

As with all the creative writing assignments in this *Workbook,* you should feel free to personalize your journal entries with drawings, diagrams, or appropriate photos or pictures that you have cut from magazines. Captions for the visuals would also be an interesting addition.

By the end of the course, you will have completed fifteen journal entries; by comparing the beginning entries with those at the end, for example, you will be able to see for yourself the dramatic progress that you have made in your study of German.

Throughout the course, you always have three choices of how to approach each journal entry: You may (1) select one of the topics and write about it from your own personal perspective; (2) treat the topic in the third person and write about a friend, a family member, a celebrity, or a fictitious person; or (3) write in the first person about a German persona that you develop. If you assume a German name in your German class, for example, you may want to develop that image in your journal writing: You assume the identity of a German (Austrian, Swiss, . . .) citizen, age . . . , living in . . . , with a family that includes . . . , and so forth. You may always choose to write from your own viewpoint, from the viewpoint of a third person, or from that of your German persona; or else you may switch viewpoints from chapter to chapter.

To the Instructor

The following are suggestions for using this *Workbook* and the textbook materials in **Deutsch: Na klar!** to help students develop writing skills in German.

Spelling and grammar: To the extent possible, students should be responsible for learning spelling and grammar and for finding and correcting their own errors. They should, of course, always feel free to question and to seek help with anything they do not understand. As a self-checking aid to students, an answer key to all single-answer exercises has been provided at the end of this *Workbook.* Refer your students to the *To the Student* section of this preface, which suggests the most effective way of using the answer key.* You may want to have students hand in vocabulary and grammar assignments, not to correct them yourself but just to make sure they are completed. You will then be able to focus on correcting and responding to the open-ended or creative writing activities.

*Alternatives for using the **Wörter im Kontext** section:* These exercises are based on the vocabulary list at the end of the chapter, so they could be assigned *after* the **Grammatik im Kontext** section, rather than before. By this time, the words would be more familiar to the students, and they should be able to

---

*If you dislike the idea of having an answer key for self-checking, you might ask students to remove the answers and hand them in to you.

complete the exercises quickly and accurately. This, then, would provide a quick vocabulary check before students turn to the creative writing exercises and before they face a chapter quiz or test.

Alternatives for handling written grammar exercises: A few of the grammar exercises in this *Workbook* are open-ended and allow for different answers. If your students need more help with grammar, asking students to share this work among themselves may prove valuable.

If you have a few extra minutes at the end of a class period, you might ask students to do certain grammar exercises together, with partners, or in groups of three. Another idea is to assign one exercise to half the class and a different exercise to the other half; then ask students to exchange workbooks with someone from the other group and correct that person's work.

Responses to creative writing: Accept student work at face value and respect it; students will very likely clean up sloppy work on their own when they realize that you care. Make corrections and write comments neatly and in handwriting that students can readily decipher; otherwise, your marks will be of little value to students and a waste of your time. Give your feedback in the margins, at the beginning or at the end of a paper or on a clean slip of paper attached to the student's paper; except for proofreading or editing marks, never write on top of student writing. When marking papers, you might consider using green ink—or turquoise or purple—which has more positive connotations than red ink.

Responses to journal entries: The **Journal** is explained in a previous section of this preface and also in the *To the Student* section. Whenever you assign the **Journal,** students should complete the assignment in a separate notebook of their own choosing. It is recommended that you do not correct or even mark any spelling or grammar errors in the journals but, rather, give students the satisfaction of knowing that they have communicated and conveyed meaning through written German. At the end of every journal entry, write some kind of response in simple German: questions to indicate you are interested in hearing more, positive comments, personal experiences that the student's writing may have evoked, or whatever else comes to mind. From your written feedback, students realize that the communicative process was completed, and they also receive extra practice just reading your reply.

Postwriting sharing: Sometimes you might choose to allow a few extra minutes at the end of a class period for students to share their written work with partners or in small groups. The adjectives they learn at the very beginning of **Deutsch: Na klar! (ausgezeichnet, sehr gut, gut, interessant usw.)** provide some rudimentary tools for positive replies. Students will pick up more phrases from your oral remarks in class and from your written comments on their papers—all of which they can recycle and reinforce in response to each other's work.

Learning through writing and responding: Use student papers in class whenever possible for group learning. Emphasize the importance of group support and helpful suggestions as opposed to criticism; point out that all the members of the class are in the learning experience together. When a student paper is read aloud in class or in a small group, for example, ask students to think of ways in which the student writer could expand his or her work, using vocabulary they have already learned: What details could be added, for example? What questions does the writing evoke but leave unanswered? What could the writer have said but did not? How could the writer have stated something in another way? Try to keep all answers in German, however simple.

Rewriting: Emphasize the importance of rewriting and developing written work. You need not ask students to rewrite each piece of creative writing but, from time to time, you might ask them to select a paper from among those they have written to rewrite and develop more fully. Your feedback and whatever feedback they have had from other students will help. Presumably, they will have acquired more language ability the second time around and will be able to see the improvement. You might consider giving credit for each piece of writing, but actually grading only those papers that students have had a chance to revise.

Binders: Writing is one way in which students can see their progress concretely and judge it accordingly. Encourage students to keep all written work in a binder so that they can review their errors, practice words that were misspelled, and refer when necessary to specific grammar explanations in the textbook.

Note-taking: To the extent possible, encourage note-taking in German not only during class but during the reading of the texts in the textbook and in the *Workbook.* Suggest that students jot down key words and phrases, as well as simple questions that come to mind as they read. Students might also jot down short personal comments during or after reading. Emphasize that the more students write in the target language, the more they will learn and retain.

Use of visuals for impromptu writing: The visuals in this *Workbook* have been used for a variety of purposes, but many lend themselves well to discussion and to oral or written description. Sometimes you might want to select an appropriate visual from anywhere in the *Workbook,* or the textbook, or from a magazine or your own files, and focus on it for a few minutes in class: Brainstorm on the board as students identify items they see. Ask any pertinent questions about the picture, then allow five to ten minutes for students to write about it. If there is time, call on volunteers to share what they have written. This type of impromptu writing will help students become more accustomed to thinking and responding directly and immediately in German. It will also prepare them for paragraph- or essay-writing on tests.

Acknowledgments

Many thanks to the following people for contributing their time, talents, and effort to the success of this *Workbook:* To Robert Di Donato, Monica Clyde, and Marie Deer, whose input and suggestions for this and previous editions have greatly enriched the materials; to Paul Listen for his outstanding editorial work, suggestions and input; to Daniela Gibson, who as a native speaker read the manuscript and made many useful suggestions and comments; to David Sweet, who obtained permission to reprint the authentic materials; to George Ulrich, Irene Benison, Anne Eldredge, Kevin Berry, Brandon Carson, and Teresa Roberts for their captivating illustrations; and to the entire World Languages team at McGraw-Hill, including Christa Harris, Scott Tinetti, Nick Agnew, William R. Glass, and Thalia Dorwick.

Einführung

Hallo! Guten Tag! Herzlich willkommen!

Aktivität 1 Willkommen in Deutschland!

»Herzlich willkommen!«

KULTURTIPP

Notice the word **Karstadt** on the menu, napkin, bowl, and plate. **Karstadt** is the name of a large department store chain in Germany; another is **Hertie.** The stores belonging to these two chains often have their own restaurant on the premises.

A chef in Germany welcomes two American students to his culinary class. Write the missing words to complete the greetings.

HERR LANG: Hallo! _____ Name ist Peter Lang. ___ _____ ist Ihr Name bitte?

FRAU WALL: Guten Tag, Herr Lang. Ich _____ Carolyn Wall.

HERR LANG: _____ mich, Frau Wall. Und _____ kommen Sie?

FRAU WALL: Ich _____ aus Chikago.

HERR LANG: Ah ja, Chikago . . . Und Sie? Wie _____ Sie, bitte?

HERR GRAY: Ich heiße Jonathan Gray, und ich komme aus Boston.

HERR LANG: Nun, herzlich _____ in Deutschland!

Wie schreibt man das?

Aktivität 2 Wie, bitte?

The first letter of each word is correct. Unscramble the remaining letters and write the correctly spelled expressions. For practice, spell each expression aloud in German; then say each expression aloud with appropriate intonation.

A: Getnu Abdne!   *Guten Abend!* _____

B: Gßür dhic!   _____

C: Dknae sönhc!   _____

D: Btiet shre!   _____

E: Ihc hieeß Eav.   _____

F: Ftreu mhci!   _____

G: Afu Wheeesdirne!   _____

H: Thücsss!   _____

Hallo!—Mach's gut!

Aktivität 3 Situationen und Reaktionen

Suppose you are studying in Germany. Write an appropriate expression for each situation on the next page. Some situations have more than one possible response.

1. *You run into a friend on the street and ask how he or she is doing.*

   _____

2. *You say good night to your guest family in Germany just before going to your room.*

   _____

3. *You greet your colleague from Munich with an expression that is customary in southern Germany.*

   _____

4. *In the early afternoon you enter a small shop in a northern German city and greet the shopkeeper.*

   _____

5. *You enter your 9:00 A.M. German class and greet your professor.*

   _____

6. *You thank your roommate for finding your keys.*

   _____

7. *Your roommate acknowledges your comment.*

   _____

8. *You greet your friends in a coffeehouse.*

   _____

Na, wie geht's?

Aktivität 4 Wie geht es dir? Und dir? Und...

A asks: **Wie geht es dir?** B responds: **Ausgezeichnet!** Write an appropriate response for C–G. More than one answer may be possible in each situation.

A: Wie geht es dir?

B: *Ausgezeichnet!* _____

C: _____

D: _____

E: _____

F: _____

G: _____

So zählt man auf Deutsch.

Aktivität 5 Anzeigen° über Telex

ads

Complete the dialogue by writing each digit as a word.

Anzeigen über Telex

aufgeben: 1 83 594

HERR REUTER: Wie ist die Telexnummer für Anzeigen, bitte?

FRAU WENDT: Die Nummer ist _____, _____, _____,

_____, _____, _____.

HERR REUTER: Danke.

FRAU WENDT: Bitte.

Aktivität 6 Teenager

The following teenagers introduce themselves. Write each age as a word to complete the information.

Sigrid Lippmann (17)   Anneliese Vogt (19)
Jürgen Schwab (16)   Thomas Zellmer (13)

1. Tag! Mein Name ist Sigrid. Ich bin _____. Ich komme

   aus Mainz.

2. Guten Tag! Mein Name ist Jürgen, und ich bin _____. Ich

   komme aus Leipzig.

3. Grüß dich. Ich bin _____, und mein Name ist Anneliese.

   Ich komme aus Salzburg.

4. Hallo! Ich komme aus Basel. Ich bin _____, und mein Name

   ist Thomas.

Aktivität 7 Countdown

The fans are counting down the seconds to the end of an exciting soccer game. Supply the missing numbers.

FANS: _____, neunzehn,

_____,

siebzehn, sechzehn, _____,

_____, dreizehn,

_____,

_____,

_____, neun,

acht, _____,

_____, fünf,

vier, drei, _____, eins!

Aktivität 8 Paare

Write the numbers as words.

1. Herr Voß ist _____ (23),

   Frau Voß ist _____ (32).

2. Frau Kramer ist _____ (59),

   ihr (*her*) Vater ist _____ (95).

3. Frau Hübner ist _____ (67),

   Herr Hübner ist _____ (76).

4. Frau Bruhn ist _____ (84),

   ihr Sohn ist _____ (48).

Aktivität 9 Zahlen über hundert

SPRACHTIPP

In German as well as in English, large numbers normally appear as numerals rather than as words. However, when spelled out, a number in German is printed as one word, regardless of length.

42	zweiundvierzig
842	achthundertzweiundvierzig
6 842	sechstausendachthundertzweiundvierzig

A. Write the numeral for each word.

1. einhundertzweiundsiebzig _____

2. dreihundertfünfundachtzig _____

3. fünfhundertneunundneunzig _____

4. zweitausendsiebenhundertsechs _____

Now write each number as a word.

5. 201 _____

6. 446 _____

7. 647 _____

8. 9 661 _____

B. For pronunciation practice, say each of the eight numbers in A aloud. Practice saying them until they sound smooth and natural.

Aktivität 10 Wie ist Ihre Adresse, bitte?

> SPRACHTIPP
>
> The address side of a German postcard normally includes four lines with a space between the third and fourth lines. The word **Frau** or **Herrn** (accusative form) normally appears by itself on the first line. The name goes on the second line, the street address on the third line, and the zip code and city on the fourth line.

Mr. Schuster has just ordered a book from a bookstore. The bookdealer fills out a postcard, which he will send to Mr. Schuster when the book arrives. Read the following dialogue; then address the postcard accordingly.

BUCHHÄNDLER: Wie ist lhr Name, bitte?
HERR SCHUSTER: Georg Schuster.
BUCHHÄNDLER: Und Ihre Adresse?
HERR SCHUSTER: Poststraße zwanzig.
BUCHHÄNDLER: Die Postleitzahl?
HERR SCHUSTER: Sechs, neun, eins, eins, fünf.
BUCHHÄNDLER: Und die Stadt?
HERR SCHUSTER: Heidelberg.
BUCHHÄNDLER: Danke, Herr Schuster.

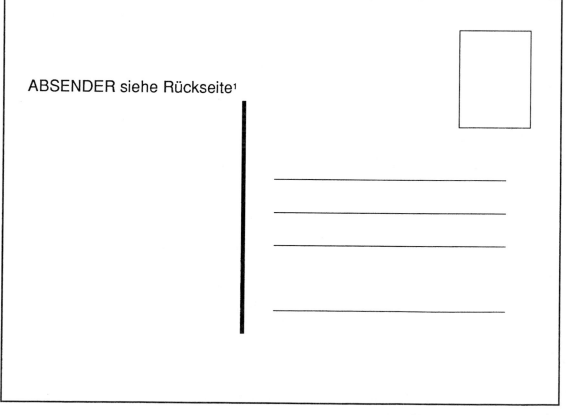

ABSENDER siehe Rückseite[1]

1. *RETURN ADDRESS see other side*

Nützliche Ausdrücke im Sprachkurs

Aktivität 11 Im Deutschkurs

Write an appropriate statement or question for each student, as suggested by the picture. More than one expression is possible.

STEFAN: _____

ANNA: _____

BRIGITTE: _____

THOMAS: _____

KARIN: _____

_____

1. *homework*

Sie können schon etwas Deutsch!

Aktivität 12 „Alligator"

The word **Alligator** is spelled in German exactly as in English, although in standard German it would begin with a capital letter because it is a noun. German pronunciation of this word also differs somewhat from English, as you will hear when your instructor models it for you.

Study the ad; then circle the phrase that best completes each sentence. Write the word(s) from the ad that offer the clue(s) to this information. Even though you do not know many of these words, you will be able to guess what they mean from the context of the ad and through the activity.

1. **Alligator** is the name of

   a. a language school.

   b. a travel agency.

   _____

2. **Alligator** offers intensive courses

   a. during the winter.

   b. in the summer.

   _____

3. One has a choice of attending three weeks of instruction

    a. in the mornings or in the evenings.

    b. in the afternoons or on weekends.

_____

4. The 45 hours of instructions are offered with a

    a. minimum of 5 participants.

    b. maximum of 5 participants.

_____

Now complete the following sentences.

5. Die Schule ist in _____.

6. Die Postleitzahl ist _____.

7. Die Adresse ist Knobelsdorffstraße _____.

8. Die Telefonnummer ist _____.

Aktivität 13 Wo spricht man was?

Some countries have one official language; others have more than one. Write the names of some countries that have the following official languages.

1. Dänisch: _____

2. Deutsch: _____

    _____

    _____

    _____

    _____

3. Französisch: _____

4. Polnisch: _____

5. Tschechisch: _____

Aktivität 14 Woher kommen Sie?

Write the German names of the countries that correspond to the following international abbreviations.

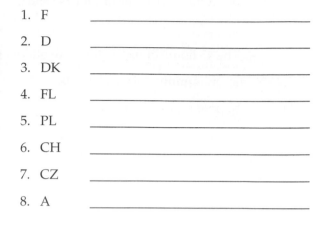

1. F _____

2. D _____

3. DK _____

4. FL _____

5. PL _____

6. CH _____

7. CZ _____

8. A _____

Danke schön, Europa.

Volkswagen –
da weiß man, was man hat.

Aktivität 15 Sie können schon etwas Deutsch schreiben.

You can already write some German. Write a brief note to another student.

> Hallo, Andrew, wie
> geht's? Prima?
> Na, mach's gut!
>
> Beth

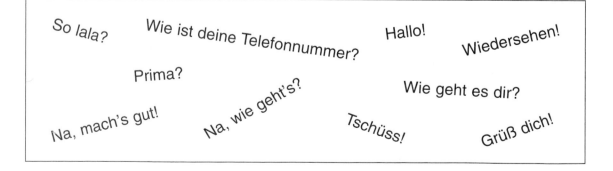

So lala?   Wie ist deine Telefonnummer?   Hallo!   Wiedersehen!

Prima?

Na, wie geht's?   Wie geht es dir?

Na, mach's gut!   Tschüss!   Grüß dich!

Journal

Before you begin writing, please reread the section titled "To the Student" in the preface to this workbook, especially the paragraphs about journal writing.

Introduce yourself in your first journal entry. Write a greeting, then add your name, where you are from, your address (**Meine Adresse ist...**), and your telephone number. Write one more sentence to express your interests: **Meine Interessen sind** (*are*)**... und... .**

Film	Sport
Fotografieren	Tanz
Literatur	Tennis
Musik	Theater

Kapitel 1

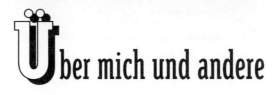

Über mich und andere

Alles klar?

A. Look at the ad and read through the information. Then look at the following list and cross out any information about the man that the ad does not provide.

Adresse
Alter
Beruf
Geburtstag
Geburtsort
Hobby
Lieblingsbuch
   (Lieblings- = *favorite*)

Lieblingsfilm
Lieblingsvideospiel
Lieblingszeitschrift oder -magazin
Name
Nationalität
Religion
Telefonnummer

B. Vokabelsuche. Now refer to the preceding ad and write the German equivalent of each of the following words.

1. *name*: _____

2. *occupation, profession*: _____

3. *hobby*: _____

4. *magazine*: _____

örter im Kontext

Persönliche Angaben

Aktivität 1 Wolfgang Schehlmann

Choose the words that logically complete the following paragraph about the man in the preceding ad.

```
macht        Student      kommt        wohnt

                                              Freund
                                    Beruf
        Architektin
studiert
                    Deutschlehrer
                                              heißt
```

Der Mann _____ Wolfgang Schehlmann. Er _____

aus Deutschland. Er _____ in Darmstadt. Er ist Polizeibeamter von

_____. Wolfgangs Vater ist _____ in Marburg.

Seine Mutter ist _____. Wolfgangs Bruder Johann ist

_____ in Münster.

Thema 2

Glücksrad Fortuna

Aktivität 2 Wer ist sie?

Read the following paragraph; then extract information from it to complete the chart.

Hallo! Ich heiße Renate Menzel. Ich komme aus Österreich. Meine Geburtsstadt ist Linz. Ich bin 26 Jahre alt. Ich bin Studentin an der Universität Wien. Ich studiere Musik. Ich finde die Uni und die Stadt Wien wirklich faszinierend. Tanzen macht mir Spaß.

Vorname: _____

Nachname: _____

Geburtsort: _____

Wohnort: _____

Alter: _____

Beruf: _____

Hobby: _____

Aktivität 3 Was fragt der Quizmaster? Was sagt der Kandidat?

Richard, an exchange student, answers the questions. Choose the appropriate verb and complete each question.

Q: Wie _____ Sie, bitte? (heißen / besuchen)

K: Richard Johnson.

Q: Woher _____ Sie? (tanzen / kommen)

K: Aus Chikago.

Q: Was _____ Sie in Berlin? (machen / wohnen)

K: Fotografieren.

Q: Wie _____ Sie die Stadt? (finden / kochen)

K: Sehr interessant.

Q: Wie lange _____ Sie in Deutschland? (sagen / bleiben)

K: Ein Jahr.

Q: Was _____ Sie von Beruf? (sind / kommen)

K: Ich bin Student.

Q: Was _____ Sie denn an der Uni? (reisen / studieren)

K: Informatik.

Q: _____ Sie gern Computerspiele? (Spielen / Wandern)

K: Ja, natürlich.

Q: _____ Sie Deutsch am Sprachinstitut? (Arbeiten / Lernen)

K: Ja, seit September.

Q: Na, viel Glück.

Thema 3

Eigenschaften

Aktivität 4 Sonja und ihre Mitbewohnerin°

roommate

Sonja's roommate is her opposite in every way. Complete Sonja's description of her.

1. Ich bin faul, meine Mitbewohnerin ist _____.

2. Meine Mitbewohnerin ist _____, ich bin unpraktisch.

3. Ich bin sympathisch, meine Mitbewohnerin ist _____.

4. Meine Mitbewohnerin ist _____, ich bin freundlich.

5. Ich bin liberal, meine Mitbewohnerin ist _____.

6. Meine Mitbewohnerin ist _____, ich bin langweilig.

Aktivität 5 Eigenschaften und Berufe

A. Cross out the least desirable characteristic for each profession.

1. Astronaut/Astronautin:	ernst	intelligent	unpraktisch
2. Diskjockey:	dynamisch	ruhig	lustig
3. Architekt/Architektin:	fleißig	praktisch	chaotisch
4. Komiker/Komikerin:	lustig	langweilig	exzentrisch
5. Politiker/Politikerin:	sympathisch	ernst	untreu
6. Professor/Professorin:	intolerant	nett	fleißig
7. Journalist/Journalistin:	konservativ	uninteressant	praktisch
8. Student/Studentin:	faul	fleißig	tolerant

B. Now use any three of the preceding adjectives and write a sentence to describe yourself.

_____

_____

_____

SPRACHTIPP

German does not use a comma before **und** with a series of three or more elements.

    Hans-Jürgen ist fleißig, ernst und praktisch.

Aktivität 6 Was macht dir Spaß?

How would each person answer the question?

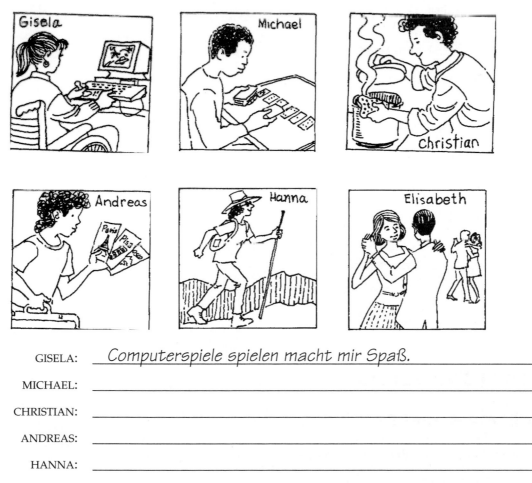

GISELA: *Computerspiele spielen macht mir Spaß.* _____

MICHAEL: _____

CHRISTIAN: _____

ANDREAS: _____

HANNA: _____

ELISABETH: _____

Grammatik im Kontext

Nouns, Gender, and Definite Articles

Übung 1 Fragen

Write the definite articles to complete the questions.

Personen

1. Woher kommt _____ Freundin von Hans?

2. Wie heißt _____ Mann aus Bochum?

3. Wer ist _____ Studentin aus Österreich?

4. Wie heißt _____ Amerikaner?

5. Ist _____ Professorin tolerant und sympathisch?

Dinge

6. Ist _____ Zeitung hier?

7. Ist _____ Buch interessant?

8. Ist _____ Essen exotisch?

9. Wo ist _____ Telefonbuch?

Orte

10. Wie groß ist _____ Universität?

11. Ist Bonn wirklich _____ Geburtsort von Beethoven?

12. Wie heißt _____ Wohnort von Hans?

Personal Pronouns

Übung 2 Mann und Frau

Complete the exchanges with **der, die, er,** and **sie** in the appropriate places.

A: Ist _____ Amerikanerin freundlich?

B: Ja, _____ ist sehr freundlich.

C: Wohnt _____ Hochschullehrer in Augsburg?

D: _____ wohnt in Flensburg. _____ Hochschullehrerin wohnt in Augsburg.

E: Ist _____ Professorin kritisch?

F: Nein, _____ ist nicht kritisch. _____ Professor ist auch unkritisch.

G: Wie lange bleibt _____ Student hier in Bern?

H: _____ bleibt ein Jahr als Student hier.

I: Findet _____ Studentin das Land interessant?

J: Ja, _____ findet es wirklich interessant.

Übung 3 Was ist da?

"Single sheets? Form paper? Index Cards? Yes." Rudi is checking what he has in front of him before he begins work on a rather odd new project. Write the missing definite articles and all the corresponding personal pronouns.

1. _____ Buch? Ja, _____ ist da.

2. Die Zeitung? Ja, _____ ist da.

3. Die Karte? Ja, _____ ist da.

4. Der Film? Ja, _____ ist da.

5. Das Videospiel? Ja, _____ ist da.

6. _____ Telefonbuch? Ja, _____ ist da.

The Verb: Infinitive and Present Tense

Übung 4 Wer ist Wolfgang Schehlmann?

Use the correct verb forms to complete the questions about the man pictured in **Alles klar?** at the beginning of this chapter.

1. Wie _____ der Mann? (heißen)

2. Was _____ er von Beruf? (sein)

3. Wo _____ er? (arbeiten)

4. Woher _____ Herr Schehlmann? (kommen)

5. Wo _____ er jetzt? (wohnen)

6. Wie _____ er Deutschland? (finden)

7. _____ er Karten? (spielen)

8. _____ er im Sommer? (wandern)

9. _____ er Spanisch? (lernen)

10. _____ er oft? (reisen)

The Verb sein

Übung 5 Wer sind sie?

Complete the following dialogue with the correct forms of **sein.**

SOFIE: Mein Name _____ Sofie. _____ du Peter?

PETER: Ja, und das _____ Alex und Andreas.

ALEX: Alex _____ konservativ, und Andreas _____ liberal.

SOFIE: _____ ihr alle neu in Freiburg?

ANDREAS: Alex und ich _____ hier neu. Peter, _____ du hier

auch neu?

PETER: Nein, ich _____ schon (*already*) ein Jahr in Freiburg.

SOFIE: Wie findest du Freiburg, Peter?

PETER: Das Land und die Stadt _____ faszinierend. Die Uni

_____ auch wirklich interessant.

SOFIE: Woher kommst du denn?

PETER: Ich komme aus Liverpool. Ich _____ Engländer.

Word Order in Sentences

Übung 6 Minidialoge

Write a response to each question. Begin with the word or phrase in parentheses.

A: Herr und Frau Braun, wann fahren Sie nach Kiel? (morgen [*tomorrow*])

B: ___*Morgen fahren wir nach Kiel.*_____

C: Thomas und Sabine, wann geht ihr tanzen? (heute Abend)

D: _____

E: Susanne, wann besuchst du Wien? (nächstes Jahr)

F: _____

G: Wann kommt Matthias? (heute)

H: _____

I: Wann spielen Maria und Adam Karten? (jetzt)

J: _____

Asking Questions

Übung 7 Wer sind sie?

A. What might someone want to know about each of these persons? Write the question that each sentence answers about the mystery woman and man.

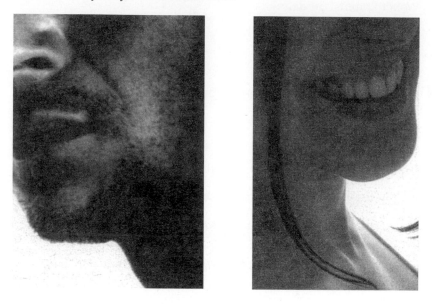

DIE FRAU

1. Q: _____

   A: Ich heiße Monika.

2. Q: _____

   A: Ich komme aus Düsseldorf.

3. Q: _____

   A: Ich bin dreiundzwanzig Jahre alt.

4. Q: _____

   A: Ja, ich bin Studentin.

5. Q: _____

   A: Ich studiere Chemie.

DER MANN

6. Q: _____

   A: Ich heiße Robert.

7. Q: _____

   A: Ich wohne jetzt in Dresden.

8. Q: _____

A: Ich finde die Stadt echt interessant.

9. Q: _____

A: Ich bin Programmierer von Beruf.

10. Q: _____

A: Nein, ich reise nicht oft.

B. Pretend that someone else is now asking you about these two people. Answer the following questions based on the answers in Part A.

DIE FRAU

1. Wie heißt sie?

_____

2. Woher kommt sie?

_____

3. Wie alt ist sie?

_____

4. Ist sie Studentin?

_____

5. Was studiert sie?

_____

DER MANN

6. Wie heißt er?

_____

7. Wo wohnt er jetzt?

_____

8. Wie findet er die Stadt?

_____

9. Was ist er von Beruf?

_____

10. Reist er oft?

_____

C. Use ideas from the preceding exercises to write two paragraphs, one about the mystery woman and one about the mystery man. You can use the same information, alter it, or add to it in any way you wish. Consider providing the following facts for each person:

- name
- where he/she is from
- where he/she lives now
- what he/she studies or does for a living
- his/her personal characteristics
- any other details you wish to add

Sprache im Kontext

Lesen

Auf den ersten Blick

Look at the pictures and read the accompanying texts. Even though you do not know some of the words, you will still be able to use key words to fill out the comparison chart.

OLIVER, 1,80 m groß, schlank, 28, Textil-Kaufmann[1], Abitur. Ich habe eine Eigentumswohnung[2] viel[3] Humor und noch mehr Spaß an der Freude[4] Ich bin sportlich und tolerant, liebe[5] Fernreisen[6] verwöhne gern. Augenfarbe: grau-grün, Haarfarbe braun.

BJÖRN, 1,76 m groß, schlank, 36. Ich studiere Philosophie, mache gerade meinen Doktor. Ich liebe Rockmusik und Fahrradfahren[7] habe kein Auto und wohne in einem Wohnprojekt: Wir restaurieren ein altes Haus. Ich schreibe gern Kurzgeschichten, plane einen Roman[8]

1. *textile merchant*
2. *condominium*
3. *a lot of, much*
4. *joy*
5. *love*
6. *long-distance travel*
7. *bicycle riding*
8. *novel*

SPRACHTIPP

Used with a verb, the adverb **gern** means that someone likes to do something or enjoys a particular activity. You will learn to use this word in your own sentences in Chapter 2.

OLIVER: Ich verwöhne gern.   *I like to pamper people.*
BJÖRN: Ich schreibe gern Kurzgeschichten   *I enjoy writing short stories.*

	OLIVER	BJÖRN
Alter		
Größe		
Beruf		
Haarfarbe (*hair color*)		
Augenfarbe (*eye color*)		
Eigenschaften		
Interessen und Hobbys		

Zum Text

1. Write the names of the young men to complete the statements according to the texts.

   a. Restaurieren macht _____ Spaß, und Reisen macht _____ Spaß.

   b. _____ arbeitet, und _____ studiert.

2. Now complete the following tasks related to the texts.

   a. Both men claim to be slender. The word they use to describe themselves is _____.

   b. This man lives in an old house that he and other residents are restoring. Circle the section in one of the texts that explains this.

   c. This man is planning a novel. The phrase he uses to say this in German is

   [Ich] _____.

A. Suppose you are writing to a friend about one of the men described in the texts. What details might you mention? Choose either Oliver or Björn; then use the lines alongside each question to write a complete sentence about him. You do not need to include all the information offered in the text, just enough to give an answer to the question.

Wie heißt er? _____

Wie alt ist er? _____

Was ist er von _____
Beruf?
_____

Wie ist er? _____
(Welche [Which]
Eigenschaften _____
hat er?)
_____

_____

Was macht er? _____
(Was sind seine
Hobbys und _____
Interessen?)
_____

B. Now read aloud the text that you have just written.

Journal

Write as much as you can about yourself. If you wish, attach a photo or draw a picture of yourself. Include some or all of the following information.

Wer bin ich?

- your name
- your age
- where you are from
- where you live now
- how you find the city you live in (i.e., how you like it)

- your profession or occupation
- what you study
- what language(s) you are learning
- your characteristics
- your hobbies and interests
- what you find fun

Alternate topic: For each of your journal entries, including the one for this chapter and from here on, you may choose to write about someone else: a fictitious person, a character from a book or a movie, a celebrity, or your German persona, if you have chosen a German name in your class and wish to develop the image. You may always choose to write about yourself, or you may vary your entries from one chapter to the next.

Kapitel 2

Wie ich wohne

Alles klar?

A. Look at the floor plan and circle all the words that describe it.

Appartement

Dreizimmerwohnung

Fünfzimmerwohnung

Kaufhaus

Haus oder Wohnung mit Terrasse

Zweizimmerwohnung

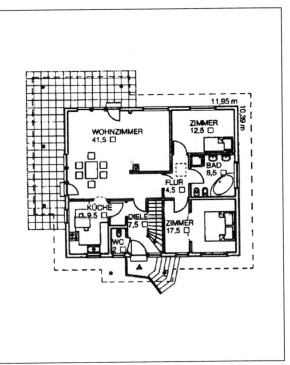

B. Find and then write the German words for

1. *kitchen:*

   _____

2. *room:*

   _____

3. *living room:*

   _____

4. *bath:*

   _____

C. Write the missing information to describe the size of the rooms.

1. Das _____ hat 41,5 Quadratmeter.

2. Das große Schlafzimmer hat _____ Quadratmeter, und das

   kleine Schlafzimmer hat _____ Quadratmeter.

3. Die _____ hat 9,5 Quadratmeter, das

   _____ 8,5.

D. Now look at the furniture in the rooms and circle the correct completion to each sentence.

1. Das Wohnzimmer hat

   a. ein Sofa.   b. einen Esstisch mit Stühlen.   c. einen Schreibtisch mit Computer.

2. Das große Schlafzimmer hat

   a. ein Doppelbett.   b. zwei Nachttische.   c. einen Kleiderschrank.

3. Das kleine Schlafzimmer hat

   a. eine Kommode.   b. einen Sessel.   c. ein Einzelbett.

4. Die Küche hat

   a. einen Küchentisch mit zwei Stühlen.   b. eine Küchenuhr.   c. einen Teppich.

Wörter im Kontext

Thema 1

Auf Wohnungssuche

Aktivität 1 Was braucht Claudia?

Claudia needs a room, but her requirements are the exact opposite of those listed. Write the antonyms to the crossed-out words.

das Zimmer: ~~unmöbliert~~ _____

~~dunkel~~ _____

das Fenster: ~~klein~~ _____

die Miete: ~~hoch~~ _____

~~teuer~~ _____

das Bett: ~~unbequem~~ _____

Aktivität 2 Wo machen Herr und Frau Steinberger was?

Mr. and Mrs. Steinberger are giving you a tour of their new house. Write the names of the rooms or spaces they are describing.

1. Hier schlafen wir.   *das Schlafzimmer* _____

2. Hier kochen wir.   _____

3. Hier essen wir abends.   _____

4. Hier arbeiten wir.   _____

5. Hier baden wir. _____

6. Hier nehmen wir Sonnenbäder. _____

7. Hier pflanzen wir unsere Rosen. _____

8. Hier steht das Auto. _____

Aktivität 3 Wo und wie wohnen sie?

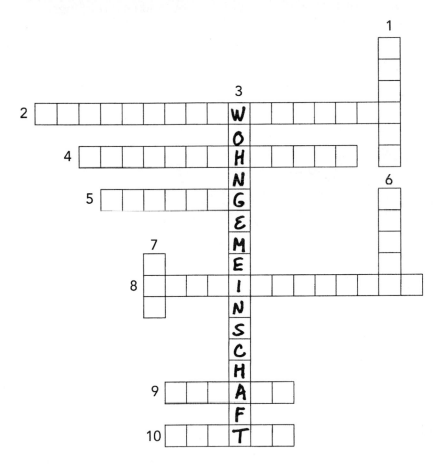

- Richard ist neu in Mainz, und er hat nicht viel Geld. Er braucht dringend ein _____.[1]

- Jakob ist Student in Freiburg. Er hat ein Zimmer in einem großen _____.[2]

- Marianne wohnt in einem Haus mit fünf anderen jungen Männern und Frauen. Sie wohnen alle in einer _Wohngemeinschaft_.[3]

- Erika wohnt mit Katrin zusammen. Katrin ist Erikas _____.[4]

- Renate hat schon ein großes Zimmer. Sie sucht jetzt eine Zwei- oder Dreizimmer_____.[5]

- Volker wohnt und arbeitet in seiner Wohnung. Die Wohnung hat eine _____,[6] ein _____,[7] ein Schlafzimmer, ein Wohnzimmer und auch ein _____.[8]

- Elisabeth wohnt in einem Haus. Das Haus hat eine _____[9] fürs Auto. Das Haus hat auch einen _____[10] mit Gras, Rosen und Chrysanthemen.

Auf Möbelsuche im Kaufhaus

Aktivität 4 Thomas braucht ein möbliertes Zimmer.

Thomas is thinking of subleasing his friend's room while she is away for the summer. Identify each item (definite article plus noun) to complete his assessment of the room and its furnishings.

BEISPIEL: __Das Zimmer__ ist möbliert und nicht zu klein.

1. _____ ist bequem.

2. _____ ist unbequem.

3. _____ ist klein und alt.

4. _____ ist nicht modern.

5. _____ ist viel zu klein.

6. _____ ist nicht schön.

7. _____ geht nicht.

8. _____ ist nicht so toll.

9. _____ ist nicht zu groß.

Aktivität 5 Vom Kaufhaus

Thomas has found a furnished room. Now he is taking inventory of all the personal items he has just bought in a department store to feel at home in his space. Write the German nouns with definite articles.

1. *poster:*   _____

2. *bookcase:*   _____

3. *desk:*   _____

4. *computer:*   _____

5. *telephone:*   _____

6. *DVD player:*   _____

7. *stereo:*   _____

8. *CD player:*   _____

9. *rug:*   _____

10. *houseplant:*   _____

Thema 3

Was wir gern machen

Aktivität 6 Was macht Paula heute?

Paula has outlined her day. Write in the appropriate verbs to complete the list on the next page.

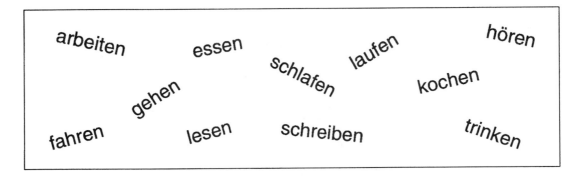

arbeiten   essen   schlafen   laufen   hören

gehen   kochen

fahren   lesen   schreiben   trinken

HEUTE:

1. Zeitung _lesen_
2. Toast mit Butter _____
3. Kaffee _____
4. Motorrad _____
5. im Büro (*office*) _____
6. Briefe (*letters*) _____
7. im Park _____
8. Spaghetti _____
9. Radio _____
10. ins Bett _____
11. _____ und träumen (*dream*).

Aktivität 7 Was macht Spaß? Was machen Sie gern?

Choose five activities that you like. Use two different expressions to state that you enjoy these activities.

BEISPIELE: Kochen macht mir Spaß.
Ich koche gern.

Deutsch lernen macht mir Spaß.
Ich lerne gern Deutsch.

arbeiten	Karten spielen	schreiben
Auto fahren	kochen	schwimmen
Bücher lesen	Motorrad fahren	tanzen
Computerspiele spielen	Radio hören	CDs kaufen
Deutsch lernen	reisen	wandern
Freunde besuchen	schlafen	Zeitung lesen

1. _____
   _____
2. _____
   _____
3. _____
   _____
4. _____
   _____
5. _____
   _____

rammatik im Kontext

The Plural of Nouns

Übung 1 Menschen

A. Write the plural form of each word; include the definite article.

1. der Herr, _____

2. die Frau, _____

3. der Mann, _____

4. der Kunde, _____

5. der Freund, _____

6. die Mitbewohnerin, _____

7. der Student, _____

8. der Amerikaner, _____

9. die Kundin, _____

10. der Verkäufer, _____

11. die Mutter, _____

12. der Vater, _____

B. Now choose six of the preceding plural nouns and use each in a question with one of the following phrases.

BEISPIEL: Hunger haben → Haben die Studenten Hunger?

1. heute schwimmen

_____

2. in Bern bleiben

_____

3. Papierkorb kaufen

_____

4. Radio hören

_____

5. gern schwimmen

_____

6. wieder schlafen

_____

Übung 2 Wohnungssuche

Use plural nouns to rewrite each sentence.

BEISPIEL: Der Student hat ein Problem. → Die Studenten haben Probleme.

1. Die Studentin braucht eine Wohnung.

_____

2. Die Frau liest das Buch.

_____

3. Der Verkäufer sucht ein Hotelzimmer in Köln.

_____

_____

4. Die Amerikanerin sucht eine Mitbewohnerin.

_____

_____

5. Der Kunde braucht ein Haus.

_____

6. Die Miete in Deutschland ist hoch.

_____

Das Magazin für internationales Wohnen

HÄUSER

The Nominative and Accusative Cases

The Definite Article: Nominative and Accusative

Übung 3 Im Möbelgeschäft

The salesperson in a furniture store asks a customer several questions. Supply the definite articles.

1. Ist _____ Esstisch zu groß?

2. Sind _____ Stühle zu teuer?

3. Ist _____ Bett zu klein?

4. Ist _____ Sessel bequem?

5. Wie finden Sie _____ Bett, _____ Nachttisch und

   _____ Lampe?

6. Finden Sie _____ Kleiderschrank, _____ Kommode und _____

   Bücherregale preiswert?

7. Kaufen Sie _____ Sessel, _____ Sofa oder _____ Stühle?

8. Sehen Sie _____ Wand da drüben (*over there*)? Dort finden Sie

   _____ Teppiche.

The Indefinite Article: Nominative and Accusative

Übung 4 Im Kaufhaus: Was fragt die Verkäuferin? Was sagt der Kunde?

Write brief exchanges regarding the items in the picture. Follow the example in number 1.

1. V: _Hier ist ein Kleiderschrank._

   Brauchen Sie einen Kleiderschrank?

   K: _Nein. Einen Kleiderschrank habe ich schon._

2. V: _____

   _____

   K: _____

3. V: _____

   _____

   K: _____

4. V: _____

   _____

   K: _____

5. V: _____

   _____

   K: _____

6. V: _____

   _____

   K: _____

Weak Masculine Nouns

Übung 5 Fragen und Antworten

Write out the brief exchanges indicated below. Use the correct form of each word or phrase.

BEISPIEL: A: Sehen / Sie / der Herr / da drüben?
           B: Ja. / Der Herr / heißen / Jakob Klinger.

  A: _Sehen Sie den Herrn da drüben?_

  B: _Ja. Der Herr heißt Jakob Klinger._

C: Sein / Herr Siegfried / hier?
D: Nein. / Ich / sehen / Herr Siegfried / nicht.

C: _____

D: _____

E: Der Student / heißen / Konrad.
F: Wie / sein / der Name / bitte?

E: _____

F: _____

G: Im Museum / sehen / wir / ein Mensch aus der Steinzeit (*stone age*).
H: Wie, bitte? / Woher / kommen / der Mensch?

G: _____

H: _____

I: Besuchen / du / oft / der Student aus Tokio?
J: Ja. / Ich / besuchen / auch / ein Student aus Hiroshima.

I: _____

J: _____

Nominative and Accusative Interrogative Pronouns

Übung 6 Probleme

Write the question that the underlined portion of each statement answers. Begin each question with **wer, wen,** or **was.**

> BEISPIEL: Die Studenten brauchen <u>Computeranschlüsse</u>. →
> Was brauchen die Studenten?

1. Der Student aus Köln sucht <u>ein Zimmer</u>.

    _____

2. Die Studentin aus Aachen braucht <u>ein Handy</u>.

    _____

3. Der Amerikaner besucht <u>die Studentinnen</u>.

    _____

4. Die Amerikanerin findet <u>die Miete</u> zu hoch.

    _____

5. <u>Der neue Verkäufer</u> hat nur einen Kunden.

    _____

6. Die Kundinnen sehen <u>nur eine Verkäuferin</u>.

    _____

The Verb *haben*

Übung 7 Was „haben" die Menschen?

Use each set of words in a complete sentence with the correct form of **haben.**

> BEISPIEL: die Freunde / Hunger: → Die Freunde haben Hunger.

1. wir / Durst: _____

2. ihr / Geld: _____

3. Claudia / Uwe gern: _____

4. ich / keine Lust: _____

5. du / Recht: _____

6. der Verkäufer / Zeit: _____

Negation with *nicht* and the Negative Article *kein*

Übung 8 Was sie nicht haben, was sie nicht brauchen

Mr. and Mrs. Klug have just moved into a new apartment. Use the correct form of **kein** to complete their lists of what they don't have and what they don't need.

WIR HABEN

_____ Bett,

_____ Computer,

_____ Kommode,

_____ Sessel und

_____ Lampen.

WIR BRAUCHEN

_____ Couchtisch,

_____ Teppich,

_____ Uhr,

_____ Radio und

_____ Regale.

Übung 9 Nein,...

Käthe has just found a room in a German city, and her friend Richard asks her about it. Write a negative response to each question.

BEISPIELE: Ist das Zimmer möbliert? → Nein, es ist nicht möbliert.

Ist das ein Problem? → Nein, das ist kein Problem.

1. Ist die Miete hoch?

_____

2. Ist das Zimmer groß?

_____

3. Brauchst du einen Sessel? (*Begin items 3–7:* Nein, ich...)

_____

4. Hast du einen Schreibtisch?

_____

5. Hast du Stühle?

_____

6. Findest du das Zimmer schön?

_____

7. Suchst du eine Wohnung?

_____

Verbs with Stem-Vowel Changes

Übung 10 Was fragt sie? Was sagt er?
Was berichtet sie dann?

Use the cues to write each question that Christiane asks her friend Max, his negative answer, and what Christiane can then report to other friends.

> BEISPIEL: Motorräder gern haben →
> Sie fragt: Hast du Motorräder gern?
> Er sagt: Nein, ich habe Motorräder nicht gern.
> Sie berichtet (*reports*): Er hat Motorräder nicht gern.

1. das Zimmer nehmen

   Sie fragt: _____

   Er sagt: _____

   Sie berichtet: _____

2. oft in Restaurants essen

   Sie fragt: _____

   Er sagt: _____

   Sie berichtet: _____

3. gern im Park laufen

   Sie fragt: _____

   Er sagt: _____

   Sie berichtet: _____

4. heute Auto fahren

   Sie fragt: _____

   Er sagt: _____

   Sie berichtet: _____

5. heute Abend Zeitung lesen

Sie fragt: _____

Er sagt: _____

Sie berichtet: _____

6. jetzt schlafen

Sie fragt: _____

Er sagt: _____

Sie berichtet: _____

Übung 11 Herr Reiner in Berlin

The slogan in the ad plays on the similarity between **ist** and **isst** (with the older spelling **ißt**). The restaurant is on the top floor of a tall building with a view of the city. The ad also suggests that "Berlin is tops." Write the correct form of each verb to complete the paragraph.

Herr Reiner aus Hannover _____ (fahren) nach

Berlin. Er _____ (wohnen) in einem eleganten

Hotel und _____ (schlafen) in einem bequemen

Bett. Heute _____ (trinken) er Kaffee und

_____ (lesen) die *Berliner Morgenpost.* Dann

_____ (finden) er einen Park und _____ (laufen).

Übrigens _____ (haben) Herr Reiner manchmal

Hunger. Dann _____ (gehen) er ins Restaurant

i-Punkt zum Brunch-Buffet und _____ (essen)

Berliner Spezialitäten. Das Restaurant i-Punkt _____

(sein) ganz oben in der 20. Etage im Europa-Center.

Demonstrative Pronouns

Übung 12 Was sagen die Schnaken und die Gnus?

The cartoon depicts mosquitoes (**Schnaken**) as tiny dots flying around the heads of two gnus and insulting them. Read the cartoon text as many times as necessary to understand it; then complete the following tasks.

1. Find and circle the five demonstrative pronouns in the cartoon text. (Note that the mosquitoes refer to both gnus as males.)

2. Circle the speech bubble that means: *Stupid? Then just look at this one here.* Notice that this expression includes the accusative demonstrative pronoun.

3. The mosquitoes repeatedly describe the gnus as _____ (opposite of **intelligent**) and _____ (opposite of **schön**).

4. Write the equivalent of the English interjection *hey!* _____

5. Write the adjective used by one of the mosquitoes that means *revolting* or *disgusting* and to which another mosquito responds with **iih!** _____

6. Write the two names (nouns) that the mosquitoes call the gnus.

   _____, _____

7. The gnus speak in the last frame, exclaiming that the mosquitoes get worse every year. Write the word that means *worse.* (A synonym is the word **schlechter.**) _____.

Übung 13 Was sagen die Gnus über die Schnaken?

Suppose in another cartoon strip the gnus were inspecting the mosquitoes under a magnifying glass. Complete the text with the correct forms of the demonstrative pronouns. (Hint: **die Schnake, -n**)

GNU EINS: Sieh dir erst mal _____ (*pl.*) hier an.

GNU ZWEI: Ja, _____ sind wirklich hässlich.

GNU EINS: Mann, ist _____ blöd.

GNU ZWEI: Ja, wirklich blöd. Aber nicht so dumm wie _____ (*sg.*) da.

GNU EINS: He! Du, Torfkopp!

GNU ZWEI: _____ hört das nicht. _____ ist zu dumm. Dumm und hässlich!

Ich habe _____ (*sg.*) ungern.

GNU EINS: Schnaken! Iih! Ich finde _____ ekelhaft.

$\mathcal{S}$prache im Kontext

Lesen

Auf den ersten Blick

Read through the ad; then mark the correct or most likely answer(s) to each question. More than one answer might be correct.

1. Woher kommt der Geschäftsmann?
   a. Aus Berlin. b. Aus Kanada. c. Aus Grunewald.

2. Wie lange bleibt er in Berlin?
   a. Ein Jahr. b. Eineinhalb Monate. c. Elf Monate.

3. Was macht der Mann wohl (*probably*) in Berlin?
   a. Er besucht nur Freunde dort. b. Er studiert dort. c. Er arbeitet dort.

4. Was braucht er?
   a. Ein großes Zimmer oder ein Appartement. b. Eine große Wohnung. c. Ein Haus.

5. Für wen braucht der Mann eine Wohnung?
   a. Für sich selbst (*himself*). b. Für seine Familie. c. Für seine Freunde.

6. Wie sollte (*should*) die Wohnung sein?
   a. Möbliert. b. Groß. c. Modern.

7. Wie viele Schlafzimmer sollte die Wohnung haben?
   a. Eineinhalb. b. Zwei. c. Drei.

8. Wo in Berlin sucht der Kanadier eine Wohnung?
   a. Im Südwesten Berlins. b. In Mariendorf. c. In Wannsee. d. In Charlottenburg.
   e. In Kreuzberg. f. In Dahlem. g. In Grünewald. h. In Zehlendorf. i. In Schöneberg.

9. Wie hoch kann (*can*) die Miete sein?
   a. 5.000 Euro insgesamt (*in all*). b. 5.000 Euro pro Monat. c. 5.000 Euro pro Jahr.

Zum Text

Speculate about the person who placed the ad. Read the following questions and jot down ideas in answer to them.

- Wie heißt der Kanadier? _____

- Welche Eigenschaften hat er? (Ist er praktisch, fleißig,...?) _____
  _____

- Wie heißt seine Frau? Arbeitet sie? _____

- Haben sie viel Geld? _____

- Reisen sie oft und gern? _____

- Haben sie Zeit für Karten- oder Computerspiele? _____

- Hören sie gern Musik? _____

- Lesen sie gern? _____

- Ist die Familie laut oder ruhig? _____

Schreiben

Now take the part of the Canadian businessman or his wife. Write a paragraph about yourself that you might leave with a rental agency. Draw from the information in the ad and the questions you answered about it, as well as from the notes you jotted down about the family's private life. Add any other information that would give the agency a positive view of you. Use vocabulary and structures you know. Begin:

> Mein Name ist... Ich bin... Ich suche...

Journal

Write about your living quarters, your friends, and your likes and dislikes. The following questions will give you some ideas. Use the extra space on the page to jot down notes and to organize your thoughts before you begin writing in your journal.

- Wo wohnen Sie? (Stadt)

- Haben Sie ein Zimmer, eine Wohnung oder ein Haus?

- Wie ist Ihr Zimmer? (Ist es groß? klein? gemütlich [cozy]? _____? Ist die Miete hoch oder niedrig?)

- Haben Sie Möbel? (Haben Sie ein Bett? einen Tisch? Bücherregale? einen Computer? _____?) Was haben Sie nicht?

- Was brauchen Sie?

- Haben Sie einen Mitbewohner oder eine Mitbewohnerin? Wenn ja: Wie ist er oder sie?

- Haben Sie viele Freunde und Bekannte? Wie sind sie?

- Was machen Sie gern? (Schreiben Sie gern? Kochen Sie gern _____?) Was machen Sie nicht gern?

Remember, in this chapter as well as in all others, you may choose to write about someone other than yourself.

Kapitel 3

Familie und Freunde

Alles klar?

Although Germans frequently send notices and announcements regarding family matters to be printed in the local newspaper, this one is a bit unusual.

Unser Dackel wird 10!

Frauchen Rosi und Herrchen Dicki sind sehr glücklich.

Bodo

geb. 22. Oktober 1992

der Dackel

A. Look at the ad and the drawing; then choose the correct completion to each sentence.

1. Bodo ist
   a. eine Katze.   b. ein Hamster.   c. ein Hund.

2. Bodo ist
   a. ein Pudel.   b. ein Dackel.   c. ein Dobermann.

3. Die Familie feiert
   a. Bodos Geburtstag.   b. Bodos Hochzeitstag (*wedding day*).   c. Bodos erstes
   Weihnachten (*Christmas*).

4. Am 22. Oktober 1992 war (*was*) Bodo
   a. zehn Jahre alt.   b. einen Tag alt.   c. neugeboren.

5. Am 22. Oktober 2002 war Bodos Familie
   a. sehr traurig.   b. sehr unglücklich.   c. sehr glücklich.

B. Vokabelsuche.

Find and write the German word that means:

1. *our:* _____

2. *dachshund* (**Dachshund** oder): _____

3. *mistress:* _____

4. *master:* _____

C. Now complete the following information according to the announcement.

1. Bodos _____ heißt Dicki, sein _____ heißt Rosi.

2. Heute ist Bodo schon _____ Jahre alt.

SPRACHTIPP

Herrchen and **Frauchen** are terms of endearment that refer to an animal's master and mistress.

örter im Kontext

Thema 1

Ein Familienstammbaum

Aktivität 1 Eine Familie

Write the masculine or feminine counterpart to complete each sentence of this family's description.

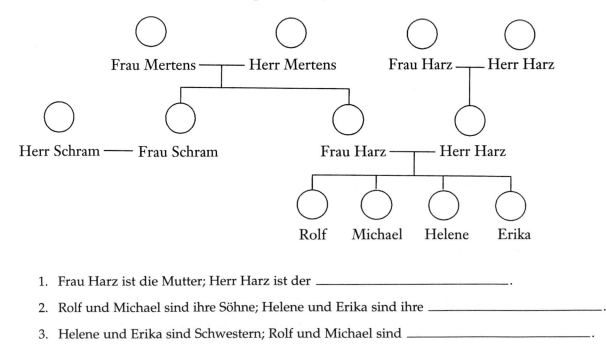

1. Frau Harz ist die Mutter; Herr Harz ist der _____.

2. Rolf und Michael sind ihre Söhne; Helene und Erika sind ihre _____.

3. Helene und Erika sind Schwestern; Rolf und Michael sind _____.

4. Frau Mertens ist ihre Oma; Herr Mertens ist ihr _____.

5. Frau Harz ist ihre Großmutter väterlicherseits; Herr Harz ist ihr

   _____.

6. Helene und Erika sind die Nichten von Frau Schram; Rolf und Michael sind die

   _____.

7. Herr Schram ist ihr Onkel; Frau Schram ist ihre _____.

Thema 2

Der Kalender: Die Wochentage und die Monate

Aktivität 2 Tage

Write the day that corresponds to each abbreviation. Note that German calendars usually begin with Monday and end with Sunday.

Mo _____   Fr _____

Di _____   Sa _____

Mi _____   So _____

Do _____

Aktivität 3 Monate

SPRACHTIPP

The impersonal pronoun **man** refers to people in general, as do the English words *one, they, you,* or *people.* Like **er, sie,** or **es, man** is used with third-person singular verb forms. Be careful not to confuse the pronoun **man** with the noun **der Mann.** You will learn to use this pronoun in your own sentences in Chapter 4.

In welchem (*which*) Monat feiert man was?

1. Im _____ feiert man das Oktoberfest.

2. Im _____ feiert man Neujahr.

3. Im _____ feiert man Muttertag.

4. Im _____ feiern Amerikaner den *Independence Day* mit Paraden,

   Picknicks und Feuerwerk.

5. Im _____ feiert man Valentinstag.

6. Im _____ feiert man Chanukka und Weihnachten.

7. Ende _____ sind die Sommerferien in Amerika vorbei (*over*).

8. Im _____ und manchmal schon im _____

   feiert man Ostern (*Easter*).

9. Der Sommer beginnt im _____.

10. Im _____ feiern die Amerikaner Thanksgiving.

11. Das Schuljahr in Amerika beginnt meistens im _____.

Aktivität 4 Wer ist Gerd? Wer ist Bella?

Complete the information according to the birthday announcements.

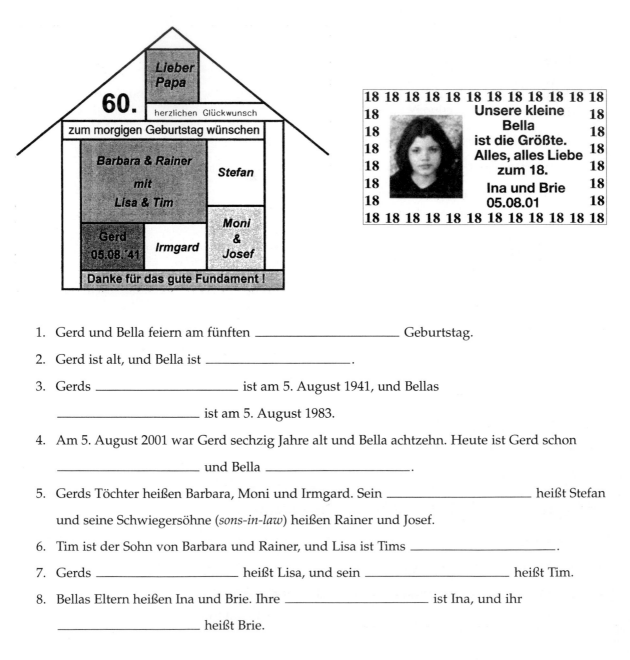

1. Gerd und Bella feiern am fünften _____ Geburtstag.

2. Gerd ist alt, und Bella ist _____.

3. Gerds _____ ist am 5. August 1941, und Bellas

   _____ ist am 5. August 1983.

4. Am 5. August 2001 war Gerd sechzig Jahre alt und Bella achtzehn. Heute ist Gerd schon

   _____ und Bella _____.

5. Gerds Töchter heißen Barbara, Moni und Irmgard. Sein _____ heißt Stefan

   und seine Schwiegersöhne (*sons-in-law*) heißen Rainer und Josef.

6. Tim ist der Sohn von Barbara und Rainer, und Lisa ist Tims _____.

7. Gerds _____ heißt Lisa, und sein _____ heißt Tim.

8. Bellas Eltern heißen Ina und Brie. Ihre _____ ist Ina, und ihr

   _____ heißt Brie.

Aktivität 5 Geburtsanzeige

A. Read the following birth announcement and answer the questions.

> Wir freuen uns über die Geburt unseres
> Sohnes
>
> ### Christopher
> **23. 7. 2001**
> **51 cm**   **3030 g**
>
> ## Sandra und Rolf Bajorat
> geb. Mulders
>
> Felix-Roeloffs-Straße 21, 47551 Bedburg-Hau

1. Wie heißt das Baby? _____

2. Wann hat es Geburtstag? _____

3. Wie groß ist Christopher? _____

4. Wie viel wiegt (*weighs*) er? _____

5. Wie heißen seine Eltern? _____

6. Wo wohnt die Familie? _____

7. Wie alt ist Christopher heute? _____

B. Now create an announcement with all the facts surrounding your own birth. Or, write a birth announcement for a friend, family member, or pet.

> ### SPRACHTIPP
>
> Notice the line at the top of the announcement:
>
> Wir freuen uns über die Geburt unser**es** Sohn**es**.   *We celebrate the birth of our son.*
>
> This sentence uses forms in the genitive case, which you will learn in a later chapter.

Thema 3

Feste und Feiertage

Aktivität 6 Wie heißen die Feiertage?

Supply the missing names of holidays.

1. Eine Familie kommt zusammen. Sie feiert ein _____.

2. Mariannes Geburtsdatum ist der 24. Januar 1978. Jedes Jahr hat sie am 24. Januar

   _____.

3. Mariannes Bruder heiratet im Mai. Natürlich feiert die ganze Familie diese

   _____.

4. Dieser Feiertag ist wichtig für Mütter. Er heißt _____.

5. Am _____ sehen wir rote Rosen und Glückwunschkarten

   mit Herzen.

6. Diese Feiertage sind wichtig für Christen. _____ kommt

   im Dezember, _____ im März oder April.

7. Das _____ beginnt am 1. Januar. Der Feiertag am 31.

   Dezember heißt _____.

8. Mardi Gras hat eine lange Tradition. In Süddeutschland und Österreich heißt Mardi Gras

   _____ und im Rheinland _____.

Aktivität 7 Was sagen sie?

Write an appropriate response for each situation.

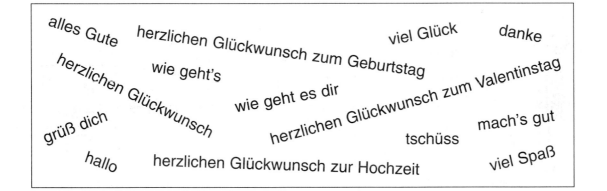

1. Max wird am Sonntag 18. Was sagt seine Familie?

   _____

2. Karin hat nächste Woche Examen. Was wünscht ihr Freund ihr (*her*)?

   _____ zum Examen.

3. Susan dankt Mark für das Buch zum Geburtstag. Sie schreibt:

   _____ für das Buch.

4. Paul hat am Samstag ein Tennisturnier. Was wünschen seine Freunde Paul?

   _____

5. Yasmin geht zu Peters Party. Was sagt ihre Mitbewohnerin?

   _____

6. Peter findet Heike sehr nett. Zum Valentinstag schreibt er Heike eine Karte. Was

   schreibt er? _____

   _____

7. Sabine trifft (*meets*) ihre Freundin im Café. Was sagt sie?

   _____

8. Richards Kusine heiratet am Samstag. Wie gratuliert ihr Richard?

   _____

Aktivität 8 Glückwünsche

Design and write a brief message to cheer someone up. It may be a birthday or a special greeting, a congratulatory note, a wish for good luck on an exam or a sports event, or simply an expression of best wishes.

Heute abend gegen Dänemark:

Viel Glück!

FUJI FILM

Herzlichen
Glückwunsch
zum Examen,

Manfred

Christina und Laura

Noch
viele Jahre

Grammatik im Kontext

Possessive Adjectives

Übung 1 Familie und Freunde

Complete the exchanges with the correct possessive adjectives.

A: Kennst du _____ Freund Willi? (*my*)

B: Nein, aber ich kenne _____ Schwester Anna. (*his*)

C: _____ Mitbewohner hat am Montag Geburtstag. (*our*)

Wir feiern _____ Geburtstag am Samstagabend. (*his*)

_____ Party beginnt gegen (*around*) acht. (*our*) Kommst du?

D: Danke, aber _____ Eltern planen am Samstagabend ein Familienfest.

(*my*) Sie feiern nämlich _____ Hochzeitstag. (*their*)

E: Susanne, wie ist _____ Adresse? (*your*)

F: _____ Adresse ist Schillerstraße 64. (*my*)

E: Und Achim, _____ Adresse habe ich schon, aber wie ist

_____ Telefonnummer? (*your / your*)

G: Wer ist denn das?

H: Das ist _____ Kusine aus Berlin. (*our*)

I: Sie besucht _____ Familie. (*our*)

G: Und wie heißt _____ Kusine? (*your [infor. pl.]*)

H: _____ Name ist Emilie. (*her*)

Personal Pronouns in the Accusative Case

Übung 2 Reziprozität: Wie du mir, so ich dir

Use the cues to write sentences according to the model.

> BEISPIEL: er/sie (*sg.*): etwas fragen →
> Er fragt sie etwas, und sie fragt ihn etwas.

1. wir/ihr: nicht gut kennen

_____

_____

2. ich/du: manchmal besuchen

_____

_____

3. er/Sie: interessant finden

_____

_____

4. wir/sie (*pl.*): schon gut verstehen (*understand*)

_____

_____

Übung 3 Minidialoge über Möbel und sonst was

Complete the exchanges with the correct definite articles and personal pronouns.

A: Wie finden Sie _____ Computer (*sg.*)?

B: Ich finde _____ wirklich komplex.

C: Wie finden Sie _____ Fernseher, _____ CD-Spieler,

_____ Stereoanlage und _____ Radio?

D: Ich finde _____ alle ausgezeichnet.

E: Kaufen Sie _____ Teppich?

F: Ja, ich kaufe _____.

G: Fahren Sie _____ neue Auto gern?

H: Ja, ich fahre _____ sehr gern.

I: Suchen Sie _____ Fotos?

J: Ja, ich suche _____. Sehen Sie_____?

Prepositions with the Accusative Case

Übung 4 Minidialoge

CHRISTOPH: Ich verstehe Robert nicht gut, und er versteht _____ (*me*) auch nicht gut.

Verstehst du _____ (*him*)?

BRIGITTE: Ja, kein Problem. Ich verstehe _____ (*him*) gut.

CHRISTOPH: Woher kommt er eigentlich?

BRIGITTE: Aus Kanada.

HERR SCHULZ: (*am Telefon in Frankfurt*) Hören Sie _____ (*me*), Herr Jones?

HERR JONES: (*am Telefon in Los Angeles*) Ja, ich höre _____ (*you*) ganz gut, Herr Schulz.

FRAU KLAMM: Laufen Ihre Kinder immer so laut _____ (*around

the house) herum und _____ (*through the garden*),

Frau Kleist? Das macht mich ganz nervös.

FRAU HARZ: Sie sind doch Kinder. Die spielen nun mal gern.

PAUL: Hast du etwas _____

(*against my friend*)?

UTE: Nein, natürlich habe ich nichts _____ (*against him*).

Aber er hat etwas _____ (*against me*).

SUSI: Spielt ihr schon wieder Cowboys _____

(*without me*)?

ALEX: Nein, Susi, wir spielen nicht _____ (*without you*).

MARGRET: Fährst du im Winter _____

(*through Switzerland*)?

MICHAEL: Ja, und auch _____ (*through Austria*). Die

Straßen sind sehr gut, auch im Winter.

MÄXCHEN: Opa, hast du eine Cola _____ (*for us*)?

OPA: Nein, aber ich habe Milch _____ (*for you*).

_____ (*without milk*) bleibt ihr klein.

MÄXCHEN: Ach, Opa, bitte!

OPA: Na gut, eine Cola _____ (*for you*) und Barbara.

Übung 5 Mein Freund Martin und ich

Write complete sentences; use the correct form of each word.

BEISPIEL: ich / kaufen / Bücher / für / mein Freund. →
Ich kaufe Bücher für meinen Freund.

1. mein Freund / kaufen / Rosen / für / ich

_____

2. gegen / sechs Uhr / laufen / wir / gern / durch / der Park

_____

3. wir / laufen / selten / ohne / sein Neffe

_____

4. ich / haben / gar nichts / gegen / Martins Schwester / oder / ihr / Sohn

_____

5. Martins Schwester / und / ihr Mann / kaufen / oft / Pizza / für / wir

_____

The Irregular Verbs *werden* and *wissen*

Übung 6 Wie alt werden sie?

Write the correct forms of **werden.**

1. Meine Eltern _____ nächstes Jahr 50.

2. Ich _____ 23, und mein Bruder

_____ 18.

3. Brigitte, du _____ nächstes Jahr 21,

nicht?

4. Jochen und Erwin, wann _____ ihr 21?

Using the Verbs *wissen* and *kennen*

Übung 7 Musikprogramme

A. Fill in the correct forms of **wissen** or **kennen**.

1. Ich _____ die Musik von Haydn.

   _____ du sie?

2. _____ Sie, wann das Panocha Quartett aus Prag spielt?

3. Ich gehe morgen Abend ins Konzert, aber ich

   _____ noch nicht genau (*exactly*), wann es beginnt.

4. _____ Sie den Klarinettist Ulrich Wurlitzer?

5. _____ ihr, wo die Wurzer Pfarrkirche ist?

6. Wer _____, wann wir das Rachmaninov-Quartett hören?

7. _____ ihr die Werke von Rachmaninov?

8. _____ Sie, wie viel die Karten für die

   Konzerte kosten? —Nein, aber Sie können den Kartenservice

   anrufen. Ich _____ aber die Nummer leider

   nicht. Vielleicht _____ mein Kollege

   (*colleague*) die. Moment mal, ich frage ihn.

9. Spielt das Vilnius-Quartett am Samstag oder am Sonntag?

   —Das _____ wir nicht.

B. Look at the ad again, and use complete sentences to answer the following questions.

1. Welche Komponisten kennen Sie?

   _____

   _____

2. Welche Komponisten kennen Sie nicht?

   _____

   _____

SOMMERKONZERTE

WURZER

Sa 27. Juli - 18h
Voces Quartett (Rumänien)
u. **Ulrich Wurlitzer**, Klarinette
Werke von Haydn, Mozart, Dvorak

Sa 3. August - 18h
Bavarian Brass
in der Wurzer Pfarrkirche
Festliche Musik von Renaissance bis Spätromantik
für 4 Trompeten, Pauken und Orgel

Sa 10. August - 18h
Rasputin-Donkosaken
Balalaika-Ensemble mit Solisten
mit traditionellen Instrumenten und dazu Sägen,
Sensen, Pfannen und andere Arbeitsgeräte.

Sa 11. August - 11h
Panocha Quartett (Prag)
Werke von Haydn, Mozart, Dvorak

Sa 17. August - 18h
Rachmaninov-Quartett
Werke von Arensky, Beethoven u. Rachmaninov

Sa 24. August - 18h
Vilnius-Quartett
Werke von Beethoven, Balakauskas u. Schumann

Sa 25. August - 11h
Sirius-Quartett
im Rahmen der Weidener Max-Reger-Tage
Werke von Haydn, Schostakovitsch und Ravel

Sa 31. August - 18h
Quartetto di Roma
mit Klaus Hampel, Klarinette
Werke von Mozart, Haydn und Brahms

Ausstellungen

Debussy-Trio
Werke für Flöte, Viola und Harfe von Marais,
Debussy, Spohr, Rossini, Gubaidulina, Satie
und Albeniz.

Sprache im Kontext

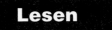

Lesen

Auf den ersten Blick

Take a quick look at the announcement and complete the information.

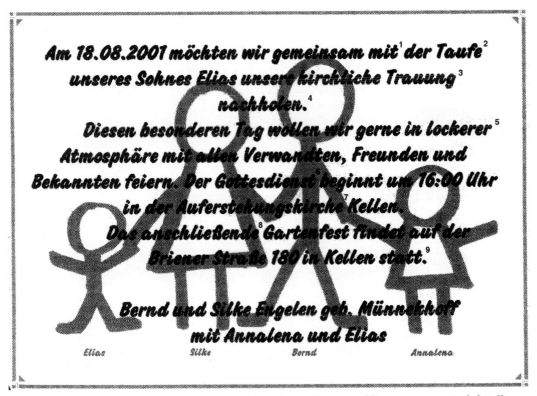

Am 18.08.2001 möchten wir gemeinsam mit[1] der Taufe[2] unseres Sohnes Elias unsere kirchliche Trauung[3] nachholen.[4]
Diesen besonderen Tag wollen wir gerne in lockerer[5] Atmosphäre mit allen Verwandten, Freunden und Bekannten feiern. Der Gottesdienst beginnt um 16:00 Uhr in der Auferstehungskirche[7] Kellen.
Das anschließende[8] Gartenfest findet auf der Briener Straße 180 in Kellen statt.[9]

Bernd und Silke Engelen geb. Münnekhoff
mit Annalena und Elias

Elias   *Silke*   *Bernd*   *Annalena*

1. gemeinsam... *along with*   2. *baptism*   3. kirchliche... *religious wedding ceremony*   4. *belatedly perform*   5. *relaxed*   6. *service*   7. *Resurrection Church*   8. *afterward*   9. findet...statt *takes place*

Hier sehen wir eine Familie von vier. Die Mutter heißt _____ Engelen

geborene Münnekhoff, ihr _____ heißt Bernd, ihre _____

heißt Annalena und ihr _____ heißt Elias.

Zum Text

A. Das stimmt nicht. Correct each of the following statements to make it true according to the announcement.

> BEISPIEL: Annalenas Eltern sind Silke und Bernd Münnekhoff.
>
> *Engelen*
> Annelenas Eltern sind Silke und Bernd ~~Münnekhoff~~.

1. Am achtzehnten Juli feiern Bernd und Silke die Taufe von Elias und auch ihre
   kirchliche Trauung.

2. Sie feiern diesen Monat mit allen Verwandten, Freunden und Bekannten.

3. Der Gottesdienst endet um 16.00 Uhr.

4. Ein Bierfest folgt dem Gottesdienst.

5. Das Fest findet auf der Briener Straße 180 in Köln statt.

Schreiben

Design and write your own announcement for an upcoming special event. Use phrases and ideas from the materials in this chapter. You can use your own name and include actual facts, or you can make up a German-speaking persona and create details accordingly.

Alternate topic: Create an announcement for a pet, a friend, or a celebrity.

Journal

Schreiben Sie über Ihre Familie. Before you begin writing, make a family tree and include as much information about each person as you are able to give in German. The following questions will give you ideas for your journal entry, as will the reading and dialogues at the beginning of Chapter 3 in your textbook. You might also include photos and write a caption to accompany each one.

- Wie groß ist Ihre Familie?

    Haben Sie Geschwister?

    Haben Sie eine Stiefmutter (*stepmother*) oder einen Stiefvater?

    Haben Sie Stiefbrüder oder -schwestern?

    Haben Sie Halbbrüder oder -schwestern?

    Haben Sie Nichten und Neffen? Tanten und Onkel? Kusinen und Vettern?
      Großeltern? Urgroßeltern?

- Sind Sie verheiratet (*married*)?

    Wenn ja: Haben Sie einen Schwiegervater (*father-in-law*)? eine Schwiegermutter? einen Schwager (*brother-in-law*) oder Schwäger (*brothers-in-law*)? eine Schwägerin (*sister-in-law*) oder Schwägerinnen?

    Haben Sie Kinder? Wenn ja: Wie beschreiben (*describe*) Sie sie? Haben Sie vielleicht Enkelkinder?

- Wie heißen die Familienmitglieder (*family members*)?

    Wie alt sind sie?

    Wo wohnen sie?

    Was machen sie gern?

    Was machen sie nicht gern?

- Haben Sie einen Hund? ein Pferd? eine Katze?

    Beschreiben Sie Ihr Haustier (*pet*).

Kapitel 4

Mein Tag

Alles klar?

Schauen Sie sich Christines Kalender an. Wann macht sie was?

MO	DI	MI	DO	FR	SA	SO
			1 Konzert	2 Aufräumen	3 Einkaufen Disko	4 Brunch Familie
5 „Tatort" *	6 Chinesisch	7 6 Uhr auf	8 Konzert	9 Aufräumen	10 Einkaufen Disko	11 Brunch Familie
12 „Tatort"	13 Chinesisch	14 6 Uhr auf	15 Konzert	16 Aufräumen	17 Einkaufen Disko	18 Brunch Familie
19	20	21	22	23	24	25

*"Scene of the Crime" (a popular, long-running detective series)

1. _____ räumt sie ihre Wohnung auf.
   a. Montags   b. Samstags   c. Freitags

2. Sie muss mittwochs sehr früh _____.
   a. aufstehen   b. einkaufen   c. ausruhen

3. _____ sieht sie „Tatort" im Fernsehen, und _____ lernt sie Chinesisch.
   a. donnerstags   b. dienstags   c. montagabends   d. freitagabends

4. Donnerstags geht sie gern _____.

    a. ins Konzert   b. ins Kino   c. in die Oper

5. Samstagmorgens geht sie _____, und samstagabends _____.

    a. spazieren   b. einkaufen   c. ruft sie Freunde an   d. geht sie aus

6. _____ frühstückt sie gegen elf.

    a. Samstagvormittags   b. Sonntags   c. Montagabends

7. Sonntagnachmittags soll sie _____.

    a. ihre Freunde auf eine Tasse Kaffee einladen   b. ihre Chinesischprofessorin anrufen

    c. ihre Eltern und ihren Bruder anrufen

Wörter im Kontext

Thema 1

Die Uhrzeit

Aktivität 1 Wie viel Uhr ist es?

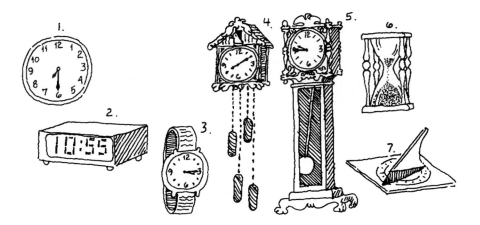

A. Ergänzen Sie die fehlenden Wörter.

1. _____ hat 60 Sekunden.

2. _____ hat 60 _____.

3. _Ein Tag_____ hat 24 _____.

B. Schauen Sie sich jetzt die Uhren an, und ergänzen Sie die Sätze.

1. Es ist _____ acht.

2. Es ist fünf _____ elf.

3. Es ist _____ _____ drei.

4. Es ist zehn _____ acht.

5. Es ist _____ _____ zehn.

C. Wie nennt man diese Uhren? Markieren Sie die Antworten.

_3_ Das ist eine Armbanduhr.

_____ Das ist eine Digitaluhr.

_____ Das ist eine Kuckucksuhr.

_____ Das ist eine Küchenuhr.

_____ Das ist eine Sanduhr.

_____ Das ist eine Sonnenuhr.

_____ Das ist eine Standuhr.

D. Benutzen Sie die Namen für Uhren aus Teil C, und beantworten Sie die folgenden Fragen.

1. Was für Uhren haben Sie schon?

_____

_____

2. Was für eine Uhr brauchen oder möchten Sie?

_____

_____

Thema 2

Hans-Jürgens Wochenplan

Aktivität 2 Die Tageszeiten

Wie heißen die Tageszeiten?

HEUTE

1. 12.00: _____

2. 22.00: _____

MORGEN

3. 6.00: _____

4. 17.00: _____

MONTAG

5. 11.00: _____

6. 14.00: _____

Aktivität 3 Was ist üblich?

Wann machen Menschen normalerweise was? Manchmal kann mehr als eine Antwort richtig sein.

BEISPIEL: ins Theater gehen: nachts (samstagnachmittags) (abends)

1. aufstehen: abends nachmittags morgens
2. frühstücken: vormittags morgens abends
3. Kollegen anrufen: nachts mittags morgens
4. einkaufen: morgens gegen sechs nachts samstags
5. spazieren gehen: morgens nachmittags abends
6. ins Kino gehen: montagmorgens freitagabends mittwochvormittags
7. fernsehen: morgens abends nachts
8. einschlafen: mittags nachts morgens

Aktivität 4 Was machen die zwei Familien?

Wählen (*Choose*) Sie die richtigen Verben.

fängt ... an	sieht ... aus	kocht
ruft ... an	bekommt	kommt ... mit
räumt ... auf	kauft ... ein	spricht
steht ... auf	sieht ... fern	geht ... spazieren
~~geht ... weg~~	frühstückt	kommt ... vorbei

Frau Fiedler   Josef   Maria   Herr Fiedler

Frau Jahn   Herr Jahn   Hänschen   Opa

Es ist halb acht, und Frau Fiedler _*geht*_____ jetzt _*weg*_____.

Um Viertel nach acht hat sie eine Verabredung mit zwei Kollegen. Ihr Sohn Josef

_____ schon sein Zimmer _____, und ihre Tochter

Maria _____ jetzt _____. Jeden Tag bleibt ihr Mann,

Herr Fiedler, bis acht Uhr zu Hause. Heute Morgen _____ er seine

Mutter _____.

   Die Familie Jahn ist heute Morgen auch noch zu Hause. Frau Jahn _____,

und Herr Jahn _____. Ihr Kind, das kleine Hänschen, _____

_____. Frau Jahns Vater _____ alle zwei Wochen

_____.

Thema 3

Kino, Musik und Theater

Aktivität 5 Wohin gehen Sie? Was sehen Sie? Was hören Sie?

A. Schreiben Sie **ins** oder **in die.**

Wohin gehen Sie gern? Gehen Sie gern _____[1] Kino? _____[2] Disko?

_____[3] Konzert? _____[4] Theater? _____[5] Oper?

B. Schreiben Sie die fehlenden Wörter.

1. Ein Film mit viel Horror ist ein _____.

2. Ein Film mit einem Detektiv ist ein _____.

3. Ein komisches Stück ist eine _____.

4. Ein tragisches Stück ist eine _____.

5. Ein Stück, in dem man singt, ist eine _____.

6. Ein Stück, in dem man tanzt, ist ein _____.

C. Beantworten Sie die folgenden Fragen mit Hilfe der Wörter und Ausdrücke von A und B.

1. Wohin gehen Sie, oder was machen Sie gern, freitagabends?

   _____

   _____

2. Ihre Freunde sehen heute Abend fern. Was machen Sie lieber?

   _____

   _____

3. Was für Filme sehen Sie gern oder nicht gern?

_____

_____

4. Was für Theateraufführungen (*theater performances*) sehen Sie am liebsten?

_____

_____

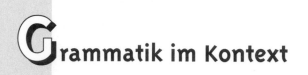

Grammatik im Kontext

Separable-Prefix Verbs

Übung 1 Anjas Alltag

Anja ist Studentin. Wie verbringt sie ihren Tag?

BEISPIEL: 6.30 Uhr / aufstehen → Um halb sieben steht sie auf.

1. 7.10 Uhr / frühstücken _____

_____

2. 7.30 Uhr / schnell ihr Zimmer aufräumen _____

3. 8.20 Uhr / zur Universität gehen _____

_____

4. 9.05 Uhr / ihre Englischstunde anfangen (*Note:* ihre Englischstunde *is the subject of this*

sentence.) _____

_____

5. 2.15 Uhr / nach Hause zurückkommen _____

_____

6. 5.45 Uhr / ihre Freundin anrufen _____

_____

7. 6.30 Uhr / fernsehen _____

_____

8. von 8.00 bis 10.00 Uhr / Englisch lernen _____

_____

The Sentence Bracket

Übung 2 Der Bumerang

Find the two sentences in the cartoon that contain separable-prefix verbs. Circle each conjugated verb form and underline each prefix. Then write a complete answer to each question.

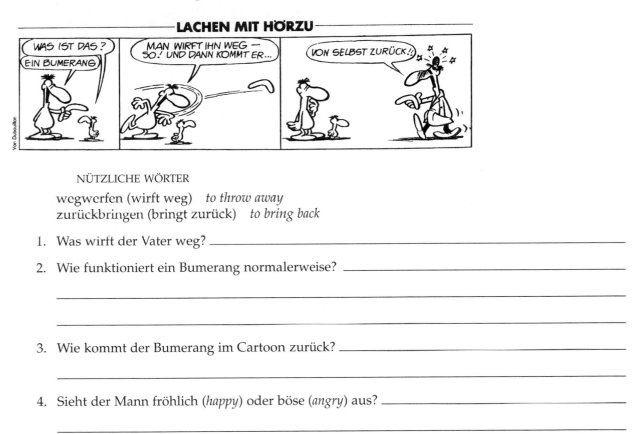

──LACHEN MIT HÖRZU──

WAS IST DAS?
EIN BUMERANG

MAN WIRFT IHN WEG — SO! UND DANN KOMMT ER...

VON SELBST ZURÜCK!!

NÜTZLICHE WÖRTER

wegwerfen (wirft weg)   *to throw away*
zurückbringen (bringt zurück)   *to bring back*

1. Was wirft der Vater weg? _____

2. Wie funktioniert ein Bumerang normalerweise? _____

_____

_____

3. Wie kommt der Bumerang im Cartoon zurück? _____

_____

4. Sieht der Mann fröhlich (*happy*) oder böse (*angry*) aus? _____

_____

Modal Auxiliary Verbs

The Present Tense of Modals

Übung 3 Muss es immer so sein?

Ergänzen Sie die richtigen Formen von **müssen.**

1. _____ wir samstagabends immer in die Disko gehen?

2. _____ du wochentagabends immer fernsehen?

3. _____ ich jeden Sonntag meine Familie besuchen?

4. _____ ihr immer so fleißig arbeiten?

1. *novels*

5. _____ meine Freunde mich jeden Tag anrufen?

6. _____ meine Mitbewohnerin jeden Tag die Wohnung aufräumen?

7. Herr Klempner, _____ Sie immer so früh aufstehen?

Übung 4 Eine Autofahrt

Sie fahren von Köln nach Hamburg. Drei Freunde möchten mitkommen. Was fragen sie?

1. _____ wir mitfahren, oder _____ du

    lieber allein fahren? (dürfen/möchte)

2. _____ ich meine Freundin auch einladen? (dürfen)

3. Wo _____ man tanken? (können)

4. Um wie viel Uhr _____ ich morgen früh vorbeikommen? (sollen)

5. Warum _____ ihr diese Strecke nicht? Ich finde die Landschaft

    (*scenery*) interessant. (mögen)

6. Ich _____ die Staus (*traffic jams*) nicht. (mögen)

    Wie _____ wir sie vermeiden (*avoid*)? (können)

7. Wie _____ das Wetter morgen sein? (sollen)

8. Was _____ wir mitbringen? (können)

Übung 5 Der Alltagsstress

A. Bilden Sie Sätze.

   BEISPIEL: wir: lieber fernsehen / möchte →
                Wir möchten lieber fernsehen.

1. ihr: früher aufstehen / müssen

   _____

2. ich: so früh nicht aufwachen / können

   _____

3. du: dein Arbeitszimmer aufräumen / müssen

   _____

4. mein Freund: heute Abend vorbeikommen / sollen

   _____

B. Bilden Sie jetzt Fragen.

BEISPIELE: ihr: ins Kino gehen / möchte →
Möchtet ihr ins Kino gehen?

was / ihr: im Kino sehen / möchte →
Was möchtet ihr im Kino sehen?

1. du: mich gegen sieben anrufen / können

   _____

2. ihr: uns um halb acht abholen / können

   _____

3. warum / dein Freund: nicht in die Disko gehen / wollen

   _____

4. warum / ihr: abends immer ausgehen / müssen

   _____

5. warum / du: diesen Kaffee / nicht mögen

   _____

6. wo / ich: morgen frühstücken / sollen

   _____

The Imperative

Formal Imperative / Particles and bitte with the Imperative

Übung 6 Machen Sie das bitte.

Frau Siebert ist neu hier. Was plant Frau König für sie? Schreiben Sie jede Frage neu als Imperativsatz. Benutzen (*Use*) Sie auch das Wort in Klammern.

BEISPIEL: Können Sie mich heute Abend anrufen? (bitte) →
Rufen Sie mich bitte heute Abend an.

1. Möchten Sie morgen früh im Café frühstücken? (doch)

   _____

2. Möchten Sie morgen Nachmittag einkaufen gehen? (doch)

   _____

3. Möchten Sie durch den Park spazieren gehen? (mal)

   _____

4. Möchten Sie morgen Abend im Restaurant essen? (doch)

_____

5. Möchten Sie dann einen Horrorfilm sehen? (mal)

_____

6. Können Sie am Samstag vorbeikommen? (bitte)

_____

Informal Imperative

Übung 7 Was müssen die Kinder alles machen?

Herr Kramer schickt seine Kinder, Helga und Jens, zum Einkaufen. Was sagt er? Schreiben Sie jeden Satz neu im Imperativ.

> BEISPIEL: Ihr müsst zuerst euer Zimmer aufräumen. →
> Räumt euer Zimmer zuerst auf.

1. Helga, du darfst jetzt nicht fernsehen.

_____

2. Helga, du musst nur eine Minute warten.

_____

3. Jens, du darfst die Tür noch nicht öffnen.

_____

4. Jens, du musst nett sein.

_____

5. Ihr müsst eure Jacken mitnehmen.

_____

6. Ihr müsst vorsichtig (_careful_) sein.

_____

7. Ihr müsst eine Zeitung und ein Buch für mich kaufen.

_____

8. Ihr müsst dann sofort zurückkommen.

_____

Übung 8 Mach es jetzt! Du musst das jetzt machen!

Martin und Josef sind Brüder. Heute hat Martin ein Problem: Josef schläft noch. Was sagt Martin?
Wählen Sie Verben aus der Kiste (*box*), und schreiben Sie sechs Satzpaare.

BEISPIEL: 1. a. Bleib nachts nicht so spät auf.
　　　　　　 b. Du sollst nachts nicht so spät aufbleiben.

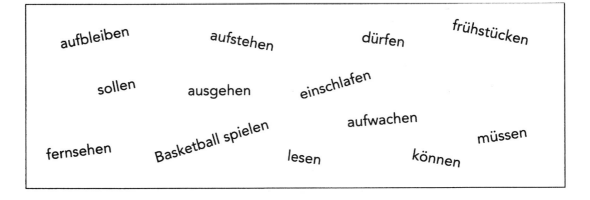

aufbleiben　　　　aufstehen　　　　dürfen　　　　frühstücken

sollen　　　ausgehen　　　einschlafen

aufwachen

fernsehen　　Basketball spielen　　lesen　　können　　müssen

Sprache im Kontext

Auf den ersten Blick

Look at the picture and then read through the text at least once. Do not worry about words you do not know; just try to get the main ideas in each sentence. Then, without looking at the text (you might want to cover it with a piece of paper), mark the ending to each sentence below.

„Das Phantom der Oper"

Das Musical basiert auf dem weltberühmten Roman „Phantom der Oper" von Gaston Leroux. Die Handlung spielt in Paris.

In den Katakomben der Oper lebt ein häßlicher Mann. Er versucht mit allen Mitteln die Liebe einer jungen, schönen Sängerin zu gewinnen.

Das Musical wird in Deutschland nur im Theater „Neue Flora" in Hamburg aufgeführt, das extra für diese Produktion gebaut wurde.

1. „Das Phantom der Oper" ist _____.

    a. eine Oper   b. eine Komödie   c. ein Musical

2. Es basiert auf _____.

    a. einem welt berühmten (*world-famous*) Gedicht (*poem*) von Goethe

    b. einem weltberühmten Roman (*novel*) von Gaston Leroux   c. einer weltberühmten Legende aus der Römerzeit

3. Die Handlung (*action*) spielt in _____.

    a. Paris   b. Rom   c. Wien

4. Das „Phantom" ist _____.

    a. ein hässliches Monster   b. ein singender Geist (*spirit*)   c. ein hässlicher Mann

5. Das Phantom lebt _____.

    a. in den Katakomben des (*of the*) Opernhauses   b. im Dachgeschoss (*attic*) des Opernhauses

    c. nur in der Fantasie einer (*of a*) jungen Opernsängerin

6. Das Phantom liebt (*loves*) _____.

   a. eine junge, schöne Prinzessin   b. die junge, schöne Frau des Operndirektors

   c. eine junge, schöne Opernsängerin

7. „Das Phantom der Oper" spielt diesem Text nach (*according to this text*) _____.

   a. in allen Großtheatern Deutschlands   b. in Hamburg, Berlin, Zürich und Wien

   c. nur in Hamburg

8. Das Theater „Neue Flora" wurde (here: *was*) _____.

   a. extra (*specially*) für diese Produktion gebaut (*built*)   b. neulich (*recently*) für Opern renoviert

   c. nur für Musicalproduktionen gebaut

Zum Text

Now read through the text again line by line, as many times as you need to, and check your sentence completions in **Auf den ersten Blick.** Make any necessary corrections to clarify your understanding of the information.

Schreiben

Eine Einladung: Mach mit! Write an invitation in German. Invite someone to a performance of „Das Phantom der Oper," the musical described in **Lesen.**

1. First, decide whom you want to invite: friend(s), family member(s), famous person(s), fictional character(s), . . . ?

2. Next, with your invitee(s) in mind, decide on the format and tone of your invitation: formal printed invitation, friendly letter, casual note, . . . ?

3. Now make a note of the important factual information you need to include: title, date, time, city, place, . . .?

4. Pick out and mark key ideas from the text and/or from your sentence completions that you could offer your guest(s) as a brief synopsis of the plot.

5. Prepare a draft of your invitation, using structures and vocabulary that are familiar to you.

6. Before finalizing your invitation, read it over aloud to yourself as many times as necessary to

   a. check and correct your spelling;

   b. check and correct your grammar forms and structures; and

   c. improve the flow. (Does each sentence flow smoothly and logically from the one before it?)

SPRACHTIPP

In the salutation of a personal letter, address a man with **lieber** and a woman with **liebe,** followed by the person's name.

Lieber Doug,   Liebe Maria,
Lieber Herr Schmidt,   Liebe Frau Hüppe,

You can follow the salutation with a comma or an exclamation point. After a comma, begin the first word with a lowercase letter (unless the word is a noun). After an exclamation point, the first word should begin with an uppercase letter.

Lieber Doug,   Liebe Frau Hüppe!
ich hoffe...   Ich hoffe...

To close a personal letter to someone whom you address informally, with **du,** write **dein** (*your*) if you are a man, **deine** if you are a woman, and sign your name.

Dein Michael   Deine Beth

To close a more formal personal letter to someone whom you address with **Sie,** end with the phrase **Mit freundlichen Grüßen** and sign your name.

Mit freundlichen Grüßen
Michael Forster

Journal

Wie verbringen Sie Ihre Zeit? Write about your general routines and habits: what you do when.

- Before you begin writing, look over the list of verbs and circle those activities you want to include; draw a line through those you do not want to use.

(Freunde) anrufen	(Freunde / Familie / ?) besuchen
arbeiten	bleiben
(Zimmer / Wohnung) aufräumen	einkaufen (gehen)
aufstehen	einschlafen
aufwachen	essen
ausgehen	(Auto / Motorrad) fahren
feiern	mitnehmen
fernsehen	reisen
frühstücken	schlafen
(ins Kino / ins ? / in die ?) gehen	(Briefe) schreiben
(CDs) hören	schwimmen
(DVDs / ?) kaufen	spazieren gehen
kochen	(Karten / ?) spielen

laufen	(Deutsch / ?) sprechen
lernen	tanzen
lesen	(Kaffee / ?) trinken
(Kreuzworträtsel) machen	wandern
mitkommen	zurückkommen

- Jot down appropriate time adverbs, qualifying words, or any other pertinent notes alongside some or all of the verbs you have circled. (You need not use all the words listed.)

TIME ADVERBS	QUALIFYING WORDS
jeden Tag	ich darf
montags,...	ich kann
morgens	ich möchte
mittags	ich muss
nachmittags	Ich soll
abends	ich will
nachts	
am Wochenende	

- Number your circled verbs and notes in the sequence in which you want to present them.

The preceding steps will provide you with some thoughts and a rough outline for writing in your journal.

Kapitel 5

Einkaufen

Alles klar?

A. Renate und Josef planen eine Hochzeit. Was braucht er? Was braucht sie? Was brauchen sie?

	DAS BRAUCHT SIE.	DAS BRAUCHT ER.
1. Kleid	☐	☐
2. Anzug	☐	☐
3. Herrenschuhe	☐	☐
4. Hemd	☐	☐
5. Ring	☐	☐
6. Krawatte	☐	☐
7. Damenschuhe	☐	☐
8. Blumen (Rosen, Gardinien,...)	☐	☐

B. Viele Kunden möchten bei Strauss einkaufen und 20% Rabatt erhalten. Können sie das machen? Welche Artikel stehen in der Anzeige? Kreuzen Sie für jeden Artikel JA oder NEIN an. (✓).

STRAUSS FÜR MÄNNER
Ausstatter-Anzüge, Sakkos, Hosen und Hemden sind jetzt enorm reduziert.

HERREN-ANZÜGE 3-teilig mit Weste.
Schurwolle   ~~198.-~~ 48.-

HERREN-ANZÜGE sportliche Modelle in normalen, schlanken und Spezial-Größen   ~~119.-~~ ~~98.-~~ 48.-

HERREN-SAKKOS von elegant bis sportlich.
Viele Modelle   ~~78.-~~ ~~58.-~~ 28.-

SPORTSWEAR-JACKEN   ~~80.-~~ ~~65.-~~ 38.-

FLANELL-STRETCHHOSEN
Schurwolle   ~~48.-~~ ~~38.-~~ 18.-

MARKEN-HEMDEN   ~~38.-~~ ~~28.-~~ 18.-

FLANELL-HEMDEN   ~~20.-~~ 12.-

HERREN-STRICKPULLOVER
mit Cashmere   ~~32.-~~ ~~28.-~~ 22.-

und auf alle Artikel dieser Anzeige erhalten Sie
zusätzlich
20% Rabatt

HERREN-LEDERSCHUHE
klassisch   ~~68.-~~ 38.-

Strauss 1902
your private innovation
www.strauss1902.de

Bonn In der Sürst 1 · Bad Godesberg Koblenzer Straße 63

	JA	NEIN
1. Norbert möchte einen dreiteiligen Anzug mit Weste kaufen.	☐	☐
2. Heiko will einen Pullover mit Cashmere.	☐	☐
3. Franz braucht einen sportlichen Anzug.	☐	☐
4. Markus möchte eine neue Krawatte kaufen.	☐	☐
5. Heinz sucht klassische Abendschuhe.	☐	☐
6. Lutz will Socken kaufen.	☐	☐
7. Thomas braucht ein Hemd, aber er mag keine Flanellhemden.	☐	☐
8. Dietmar ist ein sehr großer Mann und braucht einen Anzug.	☐	☐
9. Claudio möchte eine neue Jacke.	☐	☐
10. Kai muss Lederstiefel kaufen.	☐	☐

C. Was sagt der Kunde / die Kundin? Was fragt der Verkäufer / die Verkäuferin? Schreiben Sie einen kurzen Dialog.

K: V:

Ich brauche _____.   Sportlich oder elegant?

Wie viel kostet das?   Aus Wolle? Aus Cashmere? Aus Flannel? _____?

                         Normal, schlank oder Spezialgröße?

                         _____ Euro mit zwanzig Prozent Rabatt.

_____

_____

_____

_____

_____

_____

_____

_____

Wörter im Kontext

Kleidungsstücke

Aktivität 1 Bekleidung

Wie heißt jedes Kleidungsstück?

1. _der Anzug_
2. _____
3. _____
4. _____
5. _____
6. _____
7. _____
8. _____

9. _____
10. _____
11. _____
12. _____
13. _____
14. _____
15. _____
16. _____

Aktivität 2 Kleidungsstücke

Welche Kleidungsstücke haben Sie schon? Kreuzen Sie diese Wörter an. (✓) Welche Kleidungsstücke brauchen oder möchten Sie? Machen Sie einen Kreis um diese Wörter. ((Wort)) Welche Kleidungsstücke wollen Sie nie (*never*) tragen (*wear*)? Streichen Sie diese Wörter aus. (~~Wort~~)

☐ einen Sommeranzug ☐ ein Sommerkleid ☐ einen Cowboyhut
☐ einen Winteranzug ☐ einen Wintermantel ☐ Wanderschuhe
☐ eine Lederjacke ☐ eine Baumwollbluse ☐ Tennisschuhe
☐ eine Windjacke ☐ ein Baumwollhemd ☐ Fußballschuhe
☐ eine Cordhose ☐ einen Baumwollschal ☐ Joggingschuhe
☐ einen Ledergürtel ☐ ein Flanellhemd ☐ Cowboystiefel

Aktivität 3 Kleidungsstücke, die gut zusammenpassen

Schreiben Sie die Ausdrücke auf Deutsch.

1. *socks and shoes:* _____
2. *jeans and a T-shirt:* _____
3. *a shirt and (a pair of) pants:* _____
4. *a coat and a hat:* _____
5. *a suit and a tie:* _____
6. *a jacket and a scarf:* _____

Aktivität 4 Meine Kleidung

Schauen Sie sich jetzt die Bilder und Ihre Antworten in Aktivitäten 1–3 an. Schreiben Sie dann einen kurzen Absatz (*paragraph*): Was haben Sie? Was brauchen Sie? Was möchten Sie kaufen?

BEISPIEL: Ich habe einen Anzug, fünf Baumwollhemden,... Ich brauche eine Windjacke,... Ich möchte auch gern einen Cowboyhut,... kaufen.

Beim Einkaufen im Kaufhaus

Aktivität 5 Was sagt man im Kaufhaus?

Lesen Sie die Situationen. Was sagen oder fragen Sie? Oder was sagt oder fragt der Verkäufer / die Verkäuferin?

1. *You need to find the register.*
   a. Wo ist die Kasse, bitte?   b. Wo finde ich den Käse, bitte?

2. *You want to try on a shirt.*
   a. Darf ich dieses Hemd anprobieren?   b. Darf ich Ihnen dieses Hemd zeigen?

3. *You remark that the shoes fit you.*
   a. Diese Schuhe passen mir.   b. Diese Schuhe gefallen mir.

4. *A salesperson asks what color you want.*
   a. Welche Größe möchten Sie?   b. Welche Farbe möchten Sie?

5. *Say that a certain color suits you.*
   a. Diese Farbe steht mir gut.   b. Diese Farbe gefällt mir nicht.

6. *A salesperson tells you to pay at the counter.*
   a. Zahlen Sie bitte an der Kasse.   b. Zeigen Sie mir bitte die Kasse.

Aktivität 6 Dialog in einem Modegeschäft

Ergänzen Sie den Dialog.

VERKÄUFERIN: Darf ich Ihnen helfen?

ELISABETH: Ja, ich _____ ein Sommerkleid. (*need*)

VERKÄUFERIN: Dieses Kleid ist sehr schön.

ELISABETH: Ja, aber ich möchte etwas _____. (*in blue*)

VERKÄUFERIN: Möchten Sie etwas in _____ oder

_____? (*light blue / navy blue*)

ELISABETH: _____, bitte. (*in navy blue*).

VERKÄUFERIN: Dieses Kleid hier ist wirklich schön, und wir haben auch Ihre

_____. (*size*)

ELISABETH: Ist dieses Kleid aus _____ oder aus Synthetik? (*cotton*)

VERKÄUFERIN: Es ist aus Synthetik.

ELISABETH: Darf ich es _____? (*try on*)

VERKÄUFERIN: Natürlich.

Ein paar Minuten später:

VERKÄUFERIN: _____? (*Do you like it?*)

ELISABETH: Ja, es _____ gut. Ich nehme es. (*fits me*)

VERKÄUFERIN: Gut. Zahlen Sie dann bitte _____

_____. (*up front at the register*)

ELISABETH: Danke sehr.

VERKÄUFERIN: Bitte.

Thema 3

Lebensmittel

Aktivität 7 Lebensmittel und Farben

Welche Farbe haben diese Lebensmittel gewöhnlich?

1. Tomaten und Erdbeeren sind _____.

2. Salz und Zucker sind meistens _____.

3. Gurken und Salat sind gewöhnlich _____.

4. Pfeffer ist meistens _____.

5. Butter ist _____.

6. Orangen sind _____.

7. Kaffee ist dunkel_____, aber Kaffee mit Milch ist

   hell_____.

Aktivität 8 Was essen und trinken Sie?

Kreuzen Sie Ihre Antworten an.

1. Was für Säfte trinken Sie gern?
   - ☐ Orangensaft
   - ☐ Apfelsaft
   - ☐ Tomatensaft

2. Was für Salate essen Sie gern?
   - ☐ Kartoffelsalat
   - ☐ Tomatensalat
   - ☐ Gurkensalat
   - ☐ Obstsalat
   - ☐ Fleischsalat

3. Was für Kuchen essen Sie gern?
   - ☐ Apfelkuchen
   - ☐ Käsekuchen

4. Trinken Sie Wein? Trinken Sie
   - ☐ Rotwein?
   - ☐ Weißwein?

5. Es gibt viele verschiedene (*different*) Brot- und Brötchensorten (*types of bread and rolls*). Welche kennen Sie?
   - ☐ Weißbrot
   - ☐ Schwarzbrot
   - ☐ Sesambrötchen
   - ☐ Salzbrötchen
   - ☐ Käsebrötchen
   - ☐ Milchbrötchen

6. Es gibt auch viele Wurst- und Würstchensorten. Kennen Sie zum Beispiel...
   - ☐ Leberwurst?
   - ☐ Weißwurst?
   - ☐ Bratwurst?
   - ☐ Wiener Würstchen?
   - ☐ Frankfurter Würstchen?

Aktivität 9 Planen Sie ein Picknick!

Schreiben Sie die Einkaufsliste auf Deutsch.

_____ (*cold cuts*)		_____ (*cucumbers*)	
_____ (*sausage*)		_____ (*apples*)	
_____ (*cheese*)		_____ (*grapes*)	
_____ (*bread*)		_____ (*cookies*)	
_____ (*rolls*)		_____ (*drinks*)	

Aktivität 10 Im Supermarkt

Herr Eckhardt kann die Lebensmittel im Supermarkt nicht finden. Was sagt er? Ergänzen Sie die bestimmten (*definite*) Artikel.

Wo ist _____ Apfelsaft? Ich kann _____ Apfelsaft nicht finden.

_____ Salz?   _____ Salz

_____ Pfeffer?   _____ Pfeffer

_____ Wein?   _____ Wein

_____ Leberwurst?   _____ Leberwurst

_____ Kaffee?   _____ Kaffee

_____ Mineralwasser? _____ Mineralwasser

_____ Brot?   _____ Brot

_____ Limonade?   _____ Limonade

Grammatik im Kontext

The Dative Case

Personal Pronouns in the Dative

Übung 1 Wie geht es...?

Schreiben Sie die fehlenden Personalpronomen.

Mir geht es gut. Dir auch?

A: Wie geht es Herrn Körner?

B: _____ geht es nicht so gut.

C: Wie geht es Frau Schuhmacher?

D: _____ geht es nicht schlecht.

E: Wie geht es Herrn und Frau Wollmann?

F: Es geht _____ sehr gut.

G: Wie geht es Familie Lessing?

H: Es geht _____ ganz gut.

I: Wie geht es Ihnen, Herrn und Frau Koch?

J: Es geht _____ ausgezeichnet, danke.

Übung 2 Kleidungsstücke überall

Schreiben Sie jede Frage auf Deutsch.

1. *To whom do these articles of clothing belong?*

   _____

2. *Does this bathrobe belong to you? (**Sie**-form)*

   _____

3. *Does this tie belong to him?*

   _____

4. *Does this scarf belong to her?*

   _____

5. *Does this jacket belong to you? (**du**-form)*

   _____

6. *Do these T-shirts belong to them?*

   _____

7. *Do these shoes belong to you? (**ihr**-form)*

   _____

Articles and Possessive Adjectives in the Dative / Weak Masculine Nouns in the Dative

Übung 3 Wer schenkt wem was?

Schauen Sie sich die Tabelle an, und schreiben Sie Sätze.

	VATER	MUTTER	NEFFE	SOHN	BRUDER	ELTERN	OMA
Rudi					Gürtel		
Karin							Schal
Herr Lenz		Hut					
Peter	Krawatte						
Emilie			Hemd				
Herr und Frau Pohl				Anzug			
Frau Effe						Flasche Wein	

1. *Rudi schenkt seinem Bruder einen Gürtel.* _____

2. _____

 _____

3. _____

 _____

4. _____

 _____

5. _____

 _____

6. _____

 _____

7. _____

 _____

The Dative Case for Indirect Objects / Position of Dative and Accusative Objects

Übung 4 Nein, das stimmt nicht.

Schauen Sie sich die Tabelle in Übung 3 noch einmal an, und beantworten Sie dann jede Frage.

1. Schenkt Rudi seinem Vater den Gürtel?

   Nein, Rudi schenkt ihn seinem Bruder.

2. Schenkt Karin ihrer Mutter den Schal?

   _____

3. Schenkt Herr Lenz seiner Tochter den Hut?

   _____

4. Schenkt Peter seinem Onkel die Krawatte?

   _____

5. Schenkt Emilie ihrem Bruder das Hemd?

   _____

6. Schenken Herr und Frau Pohl ihrem Neffen den Anzug?

   _____

7. Schenkt Frau Effe ihrem Nachbarn (*neighbor*) die Flasche Wein?

   _____

Übung 5 Ja, das stimmt.

Frau Grünwald beantwortet jede Frage positiv. (Ja, ich...) Schreiben Sie ihre Antworten und ersetzen (*replace*) Sie jedes Substantiv mit einem Pronomen.

   BEISPIEL: Sie schicken Ihrem Sohn diese Handschuhe, nicht wahr? →
   Ja, ich schicke sie ihm.

Ihre Nachbarin fragt sie:

1. Sie kaufen Ihrer Tochter das Medikament, nicht wahr?

   _____

2. Sie zeigen Ihren Nichten diesen Kuchen, nicht wahr?

   _____

3. Sie geben uns diese Brötchen, nicht wahr? (**Sie**-form)

   _____

Die Nachbarskinder fragen sie:

4. Sie geben uns diese Kekse, nicht wahr? (**ihr**-form)

   _____

Ihr Neffe fragt sie:

    5. Du schickst mir den Brief, nicht wahr? (*du-form*)

_____

Verbs with a Dative Object Only

Übung 6　Was sagt man in jeder Situation?

Schreiben Sie für jede Situation einen Ausdruck auf Deutsch.

    1. *You are eating strawberries. Say that they taste good.*

_____

    2. *You are trying on a pullover. Say that it fits you well.*

_____

    3. *Your friend is wearing new jeans. Tell her they look good on her.*

_____

    4. *You are in a store and need assistance. Ask someone if he/she can please help you.*

_____

    5. *Tell your friend that you would like to thank him for the tea.*

_____

    6. *Your aunt recently sent you a cap. Tell her you like it.*

_____

    7. *You did something you now regret. Say that you are sorry.*

_____

    8. *A salesperson wants you to buy a shirt. Tell him/her it's too expensive (for you).*

_____

    9. *Your roommates want to know whether you prefer to see a movie in a theater or at home on videotape. Tell them you don't care.*

_____

Prepositions with the Dative Case

Übung 7　Fragen und Antworten

Antworten Sie mit der richtigen Information.

    BEISPIEL:　Kommt deine Tante aus Italien? (die Schweiz) →
                Nein, sie kommt aus der Schweiz.

1. Ist dein Onkel jetzt bei der Metzgerei? (der Supermarkt)

   _____

2. Siehst du nach dem Abendessen fern? (die Arbeit)

   _____

3. Ist deine Freundin Tanja schon seit einer Woche hier? (ein Monat)

   _____

4. Hörst du oft von deiner Nichte Maxine? (mein Neffe Max)

   _____

5. Gehst du jetzt zum Bioladen? (die Bäckerei)

   _____

6. Gehst du später mit deiner Familie aus? (meine Freunde)

   _____

7. Kommt Pawel aus Polen? (die Slowakei)

   _____

Übung 8   Wer ist Richard? Was macht er?

Schreiben Sie vollständige Sätze.

1. Richard / sein / schon / seit / drei / Monate / in Münster.

   _____

   _____

2. Morgens / gehen / er / zu / die Uni.

   _____

3. Nachmittags / gehen / er / zu / die Arbeit.

   _____

4. Er / wohnen / bei / Herr und Frau Mildner.

   _____

5. Er / sprechen / oft / mit / ein Student / aus / die Schweiz.

   _____

6. Sie / sprechen / besonders gern / von / ihre Freunde.

   _____

   _____

7. Manchmal / gehen / Richard / mit / seine Freunde / zu / der Supermarkt.

   _____

   _____

8. Da / können / er / Lebensmittel / auch / aus / die USA (*pl.*) / finden.

   _____

   _____

9. Nach / das Einkaufen / fahren / Richard / mit / der Bus / nach / Hause.

   _____

   _____

Interrogative Pronouns *wo*, *wohin*, and *woher*

Übung 9 Was sagt Erika? Was fragen Sie?

Erika spricht über sich und ihre Familie. Schreiben Sie Fragen mit **wo, woher** oder **wohin** und der **du**-Form des Verbs.

1. Ich arbeite bei einer Firma in der Stadtmitte.

   Wie, bitte? _____

2. Abends bleibe ich oft zu Hause.

   Wie, bitte? _____

3. Samstagnachmittags gehe ich gern ins Kino.

   Wie, bitte? _____

   _____

4. Meine Eltern wohnen jetzt in München.

   Wie, bitte? _____

5. Mein Bruder arbeitet manchmal in Regensburg.

   Wie, bitte? _____

6. Meine Freundin Maria studiert in Marburg.

   Wie, bitte? _____

7. Mein Freund Peter kommt aus der Schweiz.

   Wie, bitte? _____

8. Meine Kusine kommt aus Fulda.

   Wie, bitte? _____

9. Mein Onkel fährt nächste Woche nach Bonn.

   Wie, bitte? _____

10. Meine Tante will in die Türkei reisen.

    Wie, bitte? _____

The *der*-Words: *dieser, jeder,* and *welcher*

Übung 10 Minidialoge in der Lederboutique

Was sagen die Freunde und Freundinnen zueinander? Ergänzen Sie die Sätze.

A: Ich brauche _____ Lederjacke, und ich kaufe _____. (*this* / *it*)

B: Wie, bitte? _____ Lederjacke kaufst du? (*which*)

C: Ich möchte _____ Lederrock, und ich kaufe _____. (*this* / *it*)

D: Wie, bitte? _____ Lederrock möchtest du? _____ Rock gefällt
    dir am besten? _____ Farbe gefällt dir denn am besten? (*which* / *which* / *which*)

E: Ich muss _____ Gürtel haben. (*each*) Sind sie nicht toll?

F: Ja, wirklich toll. _____ Größe trägst du? (*which*)

G: _____ Ledermantel passt mir super. (*each*) Wie viel kostet

    _____ Mantel hier? (*this*)

H: Ich weiß es nicht. _____ Mäntel sind alle zu teuer für mich—für dich auch! (*these*)

Sprache im Kontext

Lesen

Auf den ersten Blick

Schauen Sie sich die Fotos an, und beantworten Sie die Fragen in vollständigen Sätzen.

DIE GANZE wahrheit

Winterschlaf für die Liebe. Was tut man dagegen?

Der Winter bietet tolle Möglichkeiten[1] zum Flirten! Nach dem Skifahren kommt man sich auf der Hütte schnell näher – speziell bei einem leckeren[2] Jagertee. Außerdem wird's früh dunkel. Und was tut man, wenn's dunkel ist? Kuscheln[3] natürlich.

DUNJA, 28
ERZIEHERIN

Meine Heimat Kanada ist der ideale Ort für Winterromantik. Deshalb würde ich meine Freundin dorthin einladen. Und beim Skifahren bricht auch schnell das Eis. Wenn man doch zu sehr durchgefroren ist, taut man beim Kuscheln vorm Kamin[4] wieder auf.

RUSS, 28
MODEL

Ich finde den Winter geradezu ideal, um Gefühle aufleben zu lassen. Wenn es kalt und dunkel ist, kann man doch ohne schlechtes Gewissen[5] den ganzen Tag im Bett verbringen. Und was ist romantischer als ein Spaziergang durch verschneite Wälder?[6]

IRENE, 28,
REDAKTEURIN

Ich liebe die Wärme und würde immer versuchen, dem Schmuddelwetter[7] Richtung Süden zu entfliehen – am besten natürlich mit der Liebsten. Wenn das nicht klappt, dann bleibt nur noch ein romantisches Häuschen in den schneebedeckten Bergen.[8]

NICK, 25,
FITNESS-TRAINER

[1]*possibilities*

[2]*delicious*

[3]*cuddling, snuggling*

[4]*fireplace*

[5]*schlechtes... guilty conscience*

[6]*verschneite... snow-covered woods*

[7]*grimy weather*

[8]*schneebedeckten... snow-covered mountains*

1. Wie heißen die zwei Frauen?

   _____

2. Wie heißen die zwei Männer?

   _____

3. Wie alt sind diese Leute?

   _____

   _____

4. Was sind sie von Beruf?

   _____

   _____

Zum Text

Wer...	DUNJA	RUSS	IRENE	NICK
1. kommt aus Kanada?	☐	☐	☐	☐
2. trinkt gern Jägertee?	☐	☐	☐	☐
3. fährt gern Ski?	☐	☐	☐	☐
4. reist gern im Winter in den Süden?	☐	☐	☐	☐
5. findet den Winter romantisch?	☐	☐	☐	☐
6. liebt warmes Wetter?	☐	☐	☐	☐
7. kuschelt gern?	☐	☐	☐	☐
8. bleibt gern an Wintertagen im Bett?	☐	☐	☐	☐
9. geht gern durch die Wälder spazieren?	☐	☐	☐	☐

Schreiben

Wer sind sie? Was machen sie? Was tragen sie?

Die Alternative zum Barfußgehen.

Und plötzlich läuft alles viel besser.

Step 1. Use the space around the photo to label each article of clothing worn by the three persons.

> NÜTZLICHE WÖRTER
> der Handschuh, -e   *glove*
> die Weste, -n   *vest*

Step 2. Write at least one descriptive word after each noun in Step 1. Even though colors are not shown, you can guess what they might be.

> BEISPIEL: der Mantel, ¨ → (Winter-, dunkelgrau, lang)

Step 3. Now use your notes in Steps 1 and 2 to write a complete description of each person's attire.

> BEISPIEL: Die Frau trägt einen Pullover,... und einen Wintermantel. Der Pullover ist...
> Der Mantel ist dunkelgrau und lang...

Step 4. Revise and rewrite the draft you prepared in Step 3.

- Make up information about the three persons to make them more interesting.
- Add appropriate adverbs and transition words as necessary to help give your writing a smoother flow: **heute, jetzt, hier, und, auch, dann** (*then*), **später** (*later*).
- Proofread your paper aloud to make sure your ideas are clearly expressed.

BEISPIEL: Sabine Müller (35) arbeitet als Verkäuferin in einem Modegeschäft in Freiburg. Heute geht sie mit ihrem Mann und seiner Schwester spazieren. Später gehen sie in ein Restaurant.

Es ist schon Spätnovember, und Sabine trägt Winterkleidung. Ihr Mantel ist...

SPRACHTIPP

Remember that in German sentences the verb is in the second position, whether the subject or some other word or phrase begins the sentence.

SUBJECT 1	VERB 2	
Sabine Müller (35)	ist...	

ADVERB 1	VERB 2	SUBJECT 3
Heute	geht	sie...

When two independent clauses are joined by **und**, **aber**, or **oder**, the word order of both clauses remains the same, with the verb in second position.

SUBJECT 1	VERB 2			SUBJECT 1	VERB 2	
Es	ist	schon Spätnovember, und		Sabine	trägt	Winterkleidung.

SUBJECT 1	VERB 2			ADVERB 1	VERB 2	
Sie	geht	jetzt spazieren, aber		später	isst	sie in einem Restaurant.

Journal

Wählen (*Choose*) Sie ein Thema. Machen Sie sich zuerst auf diesem Blatt (*page*) Notizen. Schreiben Sie dann mit Hilfe Ihrer Notizen in Ihr Journal.

Thema 1: Ihr Lieblingskleidungsstück

Sybille trägt fast immer Jeans. Sind Jeans auch Ihr Lieblingskleidungsstück? Oder haben Sie vielleicht einen Lieblingshut, eine Lieblingsjacke oder sonst was? Wie beschreiben (*describe*) Sie dieses Kleidungsstück?

- Welche Farbe hat es?

- Ist es groß? klein? eng? lang? kurz? schön? hässlich? alt? neu? __?__

- War es ein Geschenk? Wenn ja: Von wem?

- Woher kommt es? (aus Mexiko? aus Miami? aus der Schweiz? __?__)

- Wann tragen Sie es?

- Wo oder wohin tragen Sie es?

- Warum tragen Sie es gern?

Thema 2: Ein Glücksbringer

Haben Sie einen Glücksbringer (*good luck charm*) oder einen Talisman? Ist er vielleicht ein Ring, ein Ohrring oder ein Paar Ohrringe, eine Kette (*chain*), ein Armband (*bracelet*), eine Figur oder ein Stofftier (*stuffed animal*)?

- Tragen Sie den Talisman immer, oder bleibt er in Ihrem Zimmer oder in Ihrem Auto?

- Wie beschreiben Sie ihn? (Farbe, Größe, Aussehen [*appearance*], __?__)

- Woher kommt er? (aus welchem Land? aus welcher Stadt? aus welchem Geschäft? von wem? __?__)

- Wie bringt er Ihnen Glück? Geben Sie ein Beispiel.

Thema 3: Ein besonderer Einkaufstag (*special shopping day*).

Stellen Sie sich vor (*Imagine*): Sie gewinnen mehrere Millionen in der Lotterie. Planen Sie einen Einkaufstag.

- Wo wollen Sie einkaufen? (in welchem Land? in welcher Stadt? in welchen Geschäften? __?__)

- Wie kommen Sie dorthin? (Fahren Sie mit dem Auto? mit dem Bus? mit einem Taxi? Fliegen Sie? Gehen Sie zu Fuß [*on foot*]? __?__)

- Wer kommt mit?

- Was kaufen Sie alles? Für wen?

- Was machen Sie nach dem Einkaufen?

- ?

Kapitel 6

Wir gehen aus

Alles klar?

Parkrestaurant Rheinaue GmbH
Ludwig-Erhard-Allee • 53175 Bonn
Tel. 0228/37 40 30 • Fax 0228/37 85 22
Internet: www.rheinaue.de

Parkrestaurant – Café – Terrassen
Rheinischer Biergarten

mit dem Bus
mit dem PKW
mit dem Flugzeug
mit der Deutschen Bahn
mit der U-Bahn (Line 66 vom Hbf)
Parkplätze am Haus

Welche Erwartungen (*expectations*) haben Sie vom
Parkrestaurant Rheinaue? Kreuzen Sie an.

- ☐ Partyservice
- ☐ keine alkohischen Getränke
- ☐ Terrassen
- ☐ keine Parkplätze
- ☐ internationale Küche
- ☐ festliche Atmosphäre
- ☐ Aussicht (*view*) auf den Park
- ☐ deutsche Gerichte
- ☐ Feiertage geschlossen
- ☐ eine kurze Speisekarte
- ☐ täglich geöffnet

örter im Kontext

Thema 1

Lokale

Aktivität 1 Sie haben die Wahl

Restaurant zum Webertor

Internationale Küche & vegetarische Gerichte

Mi 28.08. - Mi 11.09.
Betriebsferien
wir freuen uns wieder auf Ihren Besuch

Montag, Dienstag, Samstag - Ruhetag
Mittagstisch 11.30-14h   Abendtisch 19-22h

Familie Matthias Hagler, 92706 Luhe **Tel 09607/394**

. . . und nach dem
Theater ins gemütliche

Restaurant
»Zum
Klösterl«

Sonntage   Unter den Arkaden
und Feiertage   St.-Anna-Straße 2
geschlossen   Telefon 22 50 86

Warme Küche bis 24 Uhr

La Bodega
— Tapas Bar —

Fleischgasse 4   -   Weiden
Tel 0961 / 401 62 39

wenn's Wetter paßt:
auch Samstag 12-15h geöffnet

Annemarie & Egon Schäffer

Sommerpause:
Sa 10. - Do 15.08.

mit: **WEIN & SO . . .**
Weinhandelsagentur

Schauen sie sich die drei Anzeigen an, und vervollständigen Sie die Sätze. Schreiben Sie dann als Kurzantwort auf jede Frage „B" für La Bodega, „K" für Restaurant zum Klösterl oder „W" für Restaurant zum Webertor.

1. Welches Restaurant hat keinen _____ (*closed day*)?

   KURZANTWORT: _____

2. Welches Restaurant ist montags, dienstags und samstags nicht _____ (*open*)?

   KURZANTWORT: _____

3. Welches Restaurant bietet internationale _____ (*cuisine*) und vegetarische

   _____ (*dishes*)?

   KURZANTWORT: _____

4. In welches Restaurant kann man _____ (*after the theater*) gehen?

   KURZANTWORT: _____

5. Welches Restaurant ist an Sonn- und Feiertagen _____ (*closed*)?

   KURZANTWORT: _____

6. In welchem Restaurant kann man nur _____ (*between*) 19 und 22 Uhr zu

   Abend essen?

   KURZANTWORT: _____

7. In welchem Restaurant serviert man warmes Essen _____ (*till*) 24 Uhr?

   KURZANTWORT: _____

8. In welchem Restaurant gibt es mittags _____ (*from*)

   11.30 _____ (*to*) 14 Uhr Mittagstisch?

   KURZANTWORT: _____

9. Und Sie? In welches Restaurant möchten Sie gehen? Warum?

   _____

   _____

   _____

Aktivität 2 Terminologie

Ergänzen Sie die Sätze mit den passenden Wörtern.

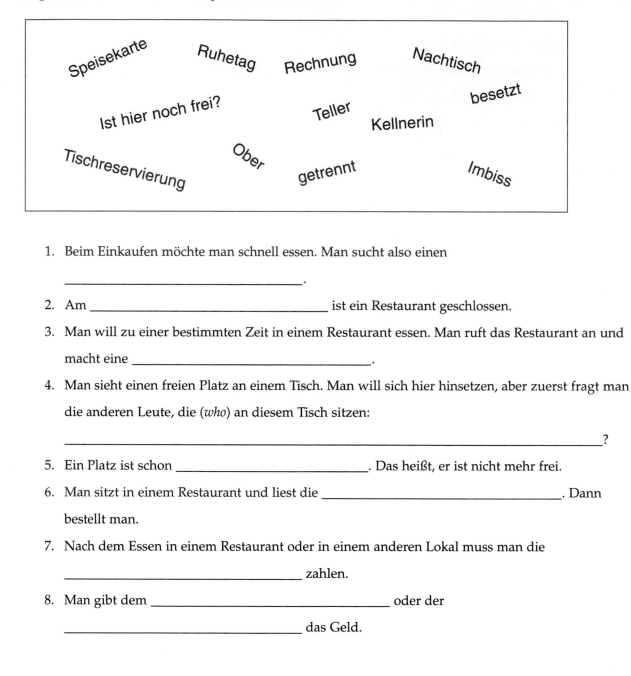

Speisekarte   Ruhetag   Rechnung   Nachtisch

Ist hier noch frei?   Teller   Kellnerin   besetzt

Tischreservierung   Ober   getrennt   Imbiss

1. Beim Einkaufen möchte man schnell essen. Man sucht also einen

   _____.

2. Am _____ ist ein Restaurant geschlossen.

3. Man will zu einer bestimmten Zeit in einem Restaurant essen. Man ruft das Restaurant an und

   macht eine _____.

4. Man sieht einen freien Platz an einem Tisch. Man will sich hier hinsetzen, aber zuerst fragt man

   die anderen Leute, die (*who*) an diesem Tisch sitzen:

   _____?

5. Ein Platz ist schon _____. Das heißt, er ist nicht mehr frei.

6. Man sitzt in einem Restaurant und liest die _____. Dann

   bestellt man.

7. Nach dem Essen in einem Restaurant oder in einem anderen Lokal muss man die

   _____ zahlen.

8. Man gibt dem _____ oder der

   _____ das Geld.

Thema 2

Die Speisekarte, bitte!

Aktivität 3 Was steht auf der Speisekarte?

1. Welche Wörter sieht man wahrscheinlich (*probably*) nicht auf einer Speisekarte? Streichen Sie diese Wörter aus.

Servietten	Sprudel	Messer
Hauptgerichte	Vorspeisen	Hausspezialitäten
Gaststätten	Ober	Pfannengerichte
Nachtische	Nachspeisen	Suppen
Speisen	Rechnung	Beilage
Getränke	Plätze	Ruhetage

2. Ergänzen Sie jetzt den folgenden Absatz mit der richtigen Form (Singular oder Plural) der übrigen (*remaining*) Wörter aus der Liste.

In einem Restaurant nehmen sich die Gäste viel Zeit für ihre

_____ (*foods*) und _____

(*beverages*). Da kann man zuerst eine _____ (*appetizer*)

bestellen. Das kann oft eine _____ (*soup*) oder ein

_____ (*salad*) sein. Dann wählt (*chooses*) man ein

_____ (*main dish*) mit _____

(*side dish*). Das ist vielleicht ein Pfannengericht oder eine _____

(*house speciality*). Dazu wählt man auch ein _____ (*beverage*),

wie zum Beispiel ein Bier oder ein Glas Wein oder sonst was. Nach diesem Gericht kann man

eine _____ (*dessert*) bestellen—wenn man noch Hunger hat.

Aktivität 4 Eine Speisekarte

Markieren Sie die richtigen Satzendungen. Mehr als eine Antwort kann richtig sein.

1. Der Ramspauer Hof ist wahrscheinlich (*probably*)
   a. am Strand (*beach*).
   b. in oder in der Nähe von einer Großstadt.
   c. im Wald (*forest*) oder in der Nähe von einem Wald.

Herzlich willkommen
im
Ramspauer Hof

Zum Abschluss der Romantischen Waldwanderung empfehlen wir Ihnen:

Getränke nach Wahl

Speisen:

Wiener Schnitzel mit Pommes frites und Salat	€ 4,50
Jägerschnitzel mit Spätzle und Salat	€ 4,75
Curry-Wurst mit Pommes frites	€ 2,75
Wurstbrot	€ 2,00
Käsebrot	€ 2,25

---

2. Gäste kommen oft zum Ramspauer Hof
   a. nach dem Einkaufen.
   b. nach dem Wandern.
   c. nach dem Spazierengehen im Wald.

3. Die Atmosphäre im Ramspauer Hof soll
   a. gemütlich sein.
   b. romantisch sein.
   c. kultiviert sein.

4. Auf der Speisekarte stehen
   a. zwei Gerichte mit Kalbsschnitzel.
   b. zwei Wurstgerichte.
   c. zwei Gerichte mit Brot.

5. Welches Gericht möchten Sie besonders gern im Ramspauer Hof bestellen?

Thema 3

Im Restaurant

Aktivität 5 Was steht auf dem Tisch?

1. Identifizieren Sie die Gegenstände (*objects*) auf dem Bild.

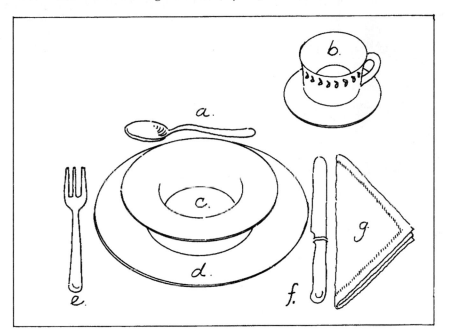

a. _____   e. _____

b. _____   f. _____

c. *der Suppenteller*   g. _____

d. _____

2. Und Sie? Was haben Sie? Was haben Sie nicht? Haben Sie zum Beispiel eine Tasse oder keine Tasse? Benutzen Sie alle sieben Wörter, und erklären (*explain*) Sie, was Sie haben und was Sie nicht haben.

_____

_____

_____

_____

_____

_____

_____

Aktivität 6 Ein Abend in einem Restaurant

1. Was sagt der Ober? Was sagt der Kunde / die Kundin? Schreiben Sie **O** für Ober oder **K** für Kunde / Kundin.

_K_ : Herr Ober, zahlen bitte!   _____

_____ : Vielen Dank. Auf Wiedersehen.   _____

_____ : Ein Pilsener bitte.   _____

_____ : Guten Abend. Möchten Sie die Speisekarte?   _1_

_____ : Eine Pizza Margherita, bitte.   _____

_____ : „Dinner for Two". Also, das macht 17 Euro 50. _____

_____ : Und für mich einen Weißwein.   _____

_____ : Was möchten Sie gern bestellen?   _____

_____ : 18 Euro.   _____

_____ : Und zu trinken?   _____

_____ : Ja, bitte.   _____

2. Bringen Sie jetzt die vorhergehenden Sätze in die richtige Reihenfolge. Der erste Satz ist schon für Sie nummeriert.

Grammatik im Kontext

Two-way Prepositions

Übung 1 Was trägt man wann und wo?

„Was trägt man im Herbst in Tokio?"
Ruf doch mal an!

1. Was trägt man wann?

   Was trägt man _____ (in / der Frühling)?

   _____ (an / der Abend)?

   _____ (an / das Wochenende)?

   _____ (in / die Sommermonate)?

   _____ (an / ein Wintertag)?

2. Und was trägt man wo?

   Was trägt man _____ (in / die USA [*pl.*]?

   _____ (in / die Großstadt)?

   _____ (auf / das Land)?

   _____ (auf / der Markt)?

   _____ (an / die Uni)?

Describing Location

Übung 2 Ein Fernsehabend im Wohnzimmer

A. Wie sieht das Wohnzimmer aus? Schreiben Sie Sätze.

1. ein Mann / sitzen / neben / seine Frau / auf / ein Sofa

   _____

2. neben / das Sofa / stehen / ein Tisch

   _____

3. auf / der Tisch / stehen / eine Tasse

   _____

4. über / der Tisch / hängen / eine Lampe

   _____

5. vor / der Tisch / liegen / ein Hund / und / schlafen

   _____

6. mitten in / das Zimmer / stehen / ein Fernseher

   _____

B. Wer oder was ist im Wohnzimmer? Zeichnen (*draw*) Sie jetzt ein Bild.

Describing Placement

Übung 3 Wo und wohin?

Paul und Anna haben ein neues Restaurant. Was fragt Paul? Was sagt Anna? Ergänzen Sie Pauls Fragen mit dem richtigen Verb: **hängen; stecken; legen/liegen; setzen/sitzen; stehen/stellen.** Schreiben Sie dann Annas Antworten.

> BEISPIEL: PAUL: Wohin soll ich dieses Foto hängen?
> ANNA: Über die Kasse.
> PAUL: Wo liegt meine Zeitung?
> ANNA: Unter den Speisekarten.

PAUL: Wohin soll ich die Gabeln _____?

ANNA: _____. (auf / die Tische)

PAUL: Wo _____ die Tassen?

ANNA: _____. (in / der Schrank)

PAUL. Wo _____ der Schrank?

ANNA: _____. (in / das Foyer)

PAUL: Wohin soll ich die Servietten _____?

ANNA: _____. (in / die Schublade)

PAUL: Wohin soll ich die Blumen _____?

ANNA: _____. (in / diese Vase)

PAUL: Wo _____ das große Poster?

ANNA: _____. (zwischen / die Fenster)

PAUL: Wo _____ der kleine Teppich?

ANNA: _____. (vor / die Tür)

PAUL: Wohin soll ich die Stühle _____?

ANNA: _____. (an / die Tische)

PAUL: Wohin soll ich den ersten Gast _____?

ANNA: _____. (an / dieser Tisch)

PAUL: Wo können die Kellner und Kellnerinnen _____?

ANNA: _____.

(an / der Tisch / neben / die Hintertür)

Expressing Time with Prepositions

Übung 4 Ein Telefongespräch

Thomas und Maria sprechen am Telefon. Ergänzen Sie den Dialog.

MARIA: Also, wir gehen heute Abend ins Theater, nicht?

THOMAS: Ja, wann soll ich vorbeikommen?

MARIA: _____. (in / eine Stunde)

THOMAS: Und um wie viel Uhr soll das sein?

MARIA: _____. (gegen / halb sechs)

Ich habe die Tickets _____ (an/der Computer)

gebucht. Sie liegen _____ (an/die Abendkasse)

für uns bereit.

THOMAS: Wann möchtest du essen? _____?

(vor oder nach / das Theater)

MARIA: Vielleicht können wir schnell etwas _____

essen. (in / die Pause)

THOMAS: Wie lange läuft dieses Stück schon im Theater?

MARIA: _____. (seit / zwei Monate)

THOMAS: Nun, es soll sehr spannend sein. Bis dann.

MARIA: Wiederhören.

Expressing Events in the Past

The Simple Past Tense of sein *and* haben

Übung 5 Wo waren sie?

Schreiben Sie fünf Fragen und fünf Antworten mit den gegebenen Satzteilen (*sentence elements*).

FRAGEN			
wo	sein	du	gegen / sieben Uhr
		ihr	vor / der Film
		Sie	nach / das Abendessen
		die Frauen	zwischen / sechs und sieben Uhr
		Michael	von / sieben bis neun Uhr
		?	?

ANTWORTEN		
ich	sein	in / eine Kneipe
wir		in / das Restaurant
er		zu / Haus
sie (*pl.*)		auf / eine Party
		in / der Gasthof
		?

BEISPIEL: wo / sein / die Kinder / nach / der Film? →
Frage: Wo waren die Kinder nach dem Film?

sie / sein / in / Bett →
Antwort: Sie waren im Bett.

_____

_____

_____

_____

_____

_____

_____

_____

_____

_____

Übung 6 Das Abendessen im Restaurant

Herr Geisler, der Restaurantinhaber, fragt die Familie Schulze nach ihrem Abendessen in seinem Restaurant. Ergänzen Sie den Dialog mit den richtigen Formen von **haben** im Imperfekt.

HERR GEISLER: Was _____ Sie denn zum Abendessen, Herr Schulze?

HERR SCHULZE: Ich _____ das Wiener Schnitzel, meine Frau

_____ die Hausspezialität, und meine drei Kinder

_____ einen Wurstteller.

HERR GEISLER: Was _____ ihr zum Nachtisch, Kinder?

ANGELIKA: Wir, das heißt Corinna und ich, _____ beide einen

Eisbecher. Christoph, etwas anderes.

HERR GEISLER: Und du, Christoph. Was _____ du?

CHRISTOPH: Ich _____ ein Stück Apfelstrudel.

HERR GEISLER: Und wie war denn das alles?

HERR SCHULZE: Ausgezeichnet, wie immer.

HERR GEISLER: Vielen Dank, Herr Schulze.

The Simple Past Tense of Modals

Übung 7 Minidialoge über das Leben als Kind

Ergänzen Sie die Dialoge mit den richtigen Formen des jeweiligen (*respective*) Modalverbs im Imperfekt.

1. **müssen:**

   A: Am Abendtisch _____ wir den ganzen Teller leer essen. Du auch?

   B: Ja, ich _____ das auch. Und ihr?

   C: Nein, wir _____ das nicht, aber unsere Kusine

   _____ das.

2. **dürfen:**

   A: Im Sommer _____ wir bis zehn Uhr aufbleiben. Und ihr?

   B: Ich _____ im Sommer spät am Abend spielen. _____

   du spät aufbleiben?

   C: Ich _____ nur bis neun aufbleiben, aber mein Bruder

   _____ bis zehn oder elf fernsehen.

3. **können:**

    A: Wir _____ freitagabends ins Kino gehen.

    _____ ihr oft ins Kino gehen?

    B: Ich _____ nur samstagnachmittags ins Kino gehen.

    _____ du abends in Kino?

    C: Ich _____ nachmittags oder abends ins Kino gehen, aber mein bester

    Freund _____ nur selten mitkommen.

4. **sollen:**

    A: Wir _____ jeden Samstag unser Zimmer aufräumen. Was

    _____ ihr zu Hause machen?

    B: Ich _____ manchmal für meine Mutter einkaufen, und meine Brüder

    _____ sonntagmorgens das Frühstück für die Familie machen.

    _____ du auch manchmal kochen?

    C: Nein, nie.

5. **wollen:**

    A: _____ du immer fernsehen?

    B: Nein, ich _____ Basketball oder Fußball mit meinen Freunden spielen.

    Was _____ ihr als Kinder machen?

    C: Wir _____ jeden Tag im Park spielen, aber unsere Schwester

    _____ zu Hause bleiben und lesen.

6. **mögen:**

    A: _____ ihr als Kinder Gemüse?

    B: Wir _____ nichts Grünes, aber unsere Eltern

    _____ Brokkoli, Spinat, Spargel—alles, was grün ist.

    _____ du Gemüse?

    C: Ich _____ Gemüse, Obst, Brot, alles. Heute esse ich

    meistens vegetarisch.

§prache im Kontext

Auf den ersten Blick

Schauen Sie sich die Anzeige und Bilder an, und wählen Sie die richtigen Antworten. Mehr als eine Antwort kann richtig sein.

OPERA
GmbH & Co
Kapuzinerstraße 13 · 53111 Bonn
Tel. (0228) 694644 · Fax (0228) 690871
Öffnungszeiten:
täglich von 8.00–1.00 Uhr

Türkische Spezialitäten

Sie haben einen netten Einkaufsbummel[1] in der Bonner City gemacht, einen Spaziergang am Rhein oder sind noch beseelt[2] von Pucks Tanzkünsten im Sommernachtstraum – Wo kann man besser die schönen Erlebnisse[3] vom Tage oder Abend ausklingen lassen, als im Café Restaurant Opera!

Lassen Sie sich einfangen von der eleganten, gemütlichen Atmosphäre des citynah[4] in unmittelbarer[5] Nähe zur Oper gelegenen Restaurants. Feine türkische Köstlichkeiten[6] und ausgewählte Gastfreundschaft[7] erfreuen Gaumen und Seele, das weiß das bunt gemischte[8] Publikum zu schätzen. Ob Sie den Lammrücken mit frischen Pilzen genießen[9] oder den Sonntagmorgen mit einem exklusiven Brunch auf der begrünten Terrasse beginnen möchten – Ihre Erwartungen werden erfüllt.[10]

Liebevoll und mit organisatorischem Geschick[11] richtet das Opera-Team Ihre feierlichen Anlässe[12] aus, ob Firmenjubiläen,[13] Hochzeiten, Weihnachts- oder Silvesterfeiern oder bietet[14] Ihnen einen Außerhaus-Partyservice inklusive Personal, Geschirr,[15] Musik und Schmuck,[16] Bauchtanz[17] und Lifemusik.

Ausgezeichnet mit der exklusiven Feinschmecker-Urkunde[18] und Plakette 2000 gilt das Opera als eins der besten ausländischen Restaurants in Deutschland.

Filiz Tosun und Müslüm Balaban

[1]*shopping stroll*

[2]*inspired*

[3]*experiences*

[4]*near downtown*

[5]*immediate*

[6]*delicacies*

[7]*hospitality*

[8]*bunt... colorfully diverse*

[9]*enjoy*

[10]*Ihre... your expectations will be met*

[11]*skill*

[12]*feierlichen... festive occasions*

[13]*office parties*

[14]*offers*

[15]*dinnerware*

[16]*decorations*

[17]*belly dancing*

[18]*gourmet certification*

1. Das Restaurant heißt Opera. Wo liegt es wahrscheinlich?

    a. ganz in der Nähe von der Oper   b. weit weg von Theatern   c. an der Universität

2. Was kann man im Restaurant Opera bestellen?

    a. Spezialitäten aus der Türkei   b. türkische Küche   c. japanische Gerichte

3. In welcher Stadt findet man das Restaurant Opera?

    a. in Berlin   b. in Bonn

4. Wann hat das Restaurant Opera Ruhetag?

    a. Restaurant Opera ist täglich geöffnet.   b. Es hat keinen Ruhetag.   c. donnerstags

Zum Text

A. Richtig oder falsch? Kreuzen Sie an.

	RICHTIG	FALSCH
1. Das Café Restaurant Opera liegt in der Nähe von Geschäften und Theatern.	☐	☐
2. Man kann ins Café Restaurant Opera nach einem Spaziergang am Rhein, nach einem Einkaufsbummel in der Innenstadt oder nach einem Theaterbesuch gehen.	☐	☐
3. Das Café Restaurant Opera ist täglich nur zum Mittagessen geöffnet.	☐	☐
4. Hier findet man Eleganz und Gemütlichkeit.	☐	☐
5. Filiz Tosun und Müslüm Balaban bieten Ihren Gästen Gastfreundschaft und deutsche Köstlichkeiten.	☐	☐
6. Das Publikum genießt Gerichte wie Lammrücken mit frischen Pilzen.	☐	☐
7. Man kann täglich Brunch auf der Terrasse essen.	☐	☐
8. Hier kann man Firmenjubiläen, Hochzeiten, Weihnachten und Silvester feiern.	☐	☐
9. Café Restaurant Opera bietet keinen Außerhaus-Partyservice wie Geschirr, Musik, Schmuck oder Bauchtanz.	☐	☐

B. Wie beschreibt man das in der Anzeige?

___ 1. Das Restaurant ist   a. elegant und gemütlich.

___ 2. Die Köstlichkeiten sind   b. begrünt (mit Grünpflanzen bedeckt).

___ 3. Die Erlebnisse sind   c. feierlich.

___ 4. Das Publikum ist   d. schön.

___ 5. Der Brunch ist   e. citynah gelegen.

___ 6. Die Terrasse ist   f. bunt gemischt.

___ 7. Die Anlässe sind   g. türkisch und fein.

___ 8. Die Atmosphäre ist   h. sonntagmorgens.

C. Laut (*according to*) einer Feinschmecker-Urkunde und Plakette ist das Café Restaurant Opera eins der besten ausländischen Restaurants in Deutschland. Hat Ihre Stadt ausländische Restaurants? Welches finden Sie am besten?

_____

_____

_____

Schreiben

Schreiben Sie eine Anzeige für Ihr Lieblingsrestaurant, Ihr Lieblingscafé, Ihre Lieblingskneipe oder Ihr Lieblingslokal.

- Wie ist die Adresse? in welcher Stadt?
- Was sind die Öffnungszeiten?
- Gibt es einen Ruhetag?
- Welche Speisen und Getränke serviert man dort?
- Welches Gericht/Getränk ist dort besonders beliebt (populär)?
- Wie ist die Atmosphäre? die Küche? der Service?
- Wie sind die Preise?
- Wer kommt gern in dieses Restaurant? (in dieses Café? in diese Kneipe? in dieses Lokal?) Warum?
- Kann man dort essen und trinken? tanzen? live Musik hören? singen __?__
- Wem empfehlen Sie dieses Restaurant? (dieses Café? diese Kneipe? dieses Lokal?)

Journal

Planen Sie eine Party, ein Picknick oder ein Familienfest.

- Was feiern Sie? Warum? (den Semesteranfang? das Semesterende? einen Geburtstag? eine Hochzeit? Weihnachten? Silvester? __?__)

- Wann ist die Party / das Picknick / das Fest?

- Wer ist der Ehrengast (*guest of honor*)? Warum?

- Wen laden Sie ein?

- Wo feiern Sie? (im Restaurant? in einem Tanzlokal? am Strand [*beach*]? im Wald [*forest*]? an Bord eines Schiffes? im Park? in einem Schloss [*castle*]? __?__)

- Was tragen die Gäste? (Kostüme? Sportkleidung? Winterkleidung? Sommerkleidung? Gesellschaftskleidung [*formal wear*]? Badeanzüge? __?__)

- Welche Dekorationen brauchen Sie? (Ballons? Kerzen [*candles*]? Blumen wie Rosen, Chrysanthemen, Tulpen, Dahlien, Gladiolen oder etwas anderes?)

- Was essen und trinken die Gäste?

- Was machen die Gäste?

Kapitel 7

Freizeit und Sport

Alles klar?

Schauen Sie sich den Cartoon an, und markieren Sie alle richtigen Antworten.

Sonnenbrand

"Hallo, Sie ham Ihr' Haut da liegn lassn . . ."*

Zeichnung: Hürlimann

*ham... (haben Ihre Haut da liegen lassen) *left your skin lying there*

1. Was für ein Schwimmbad ist das?
   a. Das ist ein Hallenbad.
   b. Das ist ein Freibad.

2. Welche Jahreszeit ist es?
   a. Es ist Frühjahr.
   b. Es ist Spätsommer.
   c. Es ist Herbst.

3. Wie ist das Wetter?
   a. Die Sonne scheint.
   b. Es blitzt.
   c. Es ist heiß.

4. Was machen die Menschen auf dem Bild?
   a. Sie zeichnen.
   b. Sie tauchen.
   c. Sie liegen auf dem Gras in der Sonne.
   d. Sie hören Radio.
   e. Sie angeln.
   f. Sie schwimmen.
   g. Sie spielen Badminton.

5. Auf dem Schild steht: „Seitliches hineinspringen verboten." Das heißt:
   a. Man muss von der Seite des Schwimmbads ins Wasser tauchen.
   b. Man darf nur von der Seite des Schwimmbads ins Wasser hineinspringen.
   c. Man darf nicht von der Seite des Schwimmbads ins Wasser hineinspringen.

6. Wie bekommt man einen Sonnenbrand?
   a. Man liegt zu lange ohne Kleidung in der Sonne.
   b. Man verbringt zu viel Zeit draußen ohne Sonnenhut.

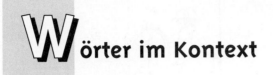örter im Kontext

Thema 1

Sportarten

Aktivität 1 Wie verbringen diese Leute ihre Freizeit?

Schreiben Sie zu jedem Bild eine Bildunterschrift (*caption*).

Herr und Frau
Markus

BEISPIEL: *Herr und Frau Markus* _____

gehen spazieren. _____

1.

Helga

_____

_____

2.

Herr Dietz

_____

_____

3. Werner
_____
_____

4. Käthe
_____
_____

5. Maria
_____
_____

6. Joachim und Sigrid
_____
_____

Aktivität 2 Wohin geht man? Was macht man dort?

Benutzen Sie die Satzteile, und schreiben Sie acht vollständige Sätze.

BEISPIEL: Man geht ins Stadion und spielt Fußball.

ins Stadion	und	Ski fahren
in den Wald		turnen
auf den Tennisplatz		Bodybuilding machen
ins Eisstadion		schwimmen
in die Turnhalle		wandern
ins Fitnesscenter		Fußball spielen
ins Schwimmbad		Schlittschuh fahren
im Winter in die schneebedeckten Berge		Judo machen
in die Sporthalle		Tennis spielen

1. _____

2. _____

3. _____

4. _____

5. _____

6. _____

7. _____

8. _____

Aktivität 3 Sportarten

Was machen sie? Ergänzen Sie jeden Satz mit dem richtigen Verb.

1. Viele Menschen _____ in Ihrer Freizeit Sport.

2. Unsere Freunde _____ oft und gern Fußball.

3. Die Studenten _____ gern Baseball-Karten.

4. Wir _____ im Sommer schwimmen.

5. Die Familie Hubner _____ jeden Winter Schlittschuh.

6. Herr Becker, Sie _____ jedes Wochenende Golf, nicht wahr?

7. Du _____ fast jeden Tag Rad, nicht wahr?

8. Die Kinder _____ gern Rollschuh.

9. Ihr _____ manchmal Bodybuilding, nicht wahr?

Thema 2

Hobbys und andere Vergnügungen

Aktivität 4 Was machen sie gern in ihrer Freizeit?

Sagen Sie, was jede Person gern macht. Schreiben Sie Sätze.

BEISPIEL: *Erika: collects stamps* → Erika sammelt gern Briefmarken.

1. *Willi: does bodybuilding*

   _____

2. *Petra and her (female) friends: jog*

   _____

3. *Claudia: paints*

   _____

4. *Manfred: draws*

   _____

5. *Christel: rides a bicycle*

   _____

6. *Heike and Max: play chess*

_____

7. *Eva: ice skates*

_____

8. *Jürgen and his brothers: swim*

_____

9. *Monika: collects telephone cards*

_____

10. *Stefan: lies around doing nothing*

_____

Thema 3

Jahreszeiten und Wetter

Aktivität 5 Was für Wetter ist das?

Schreiben Sie das passende Substantiv zu jedem Bild.

BEISPIEL: *der Schauer* _____

1. _____   2. _____

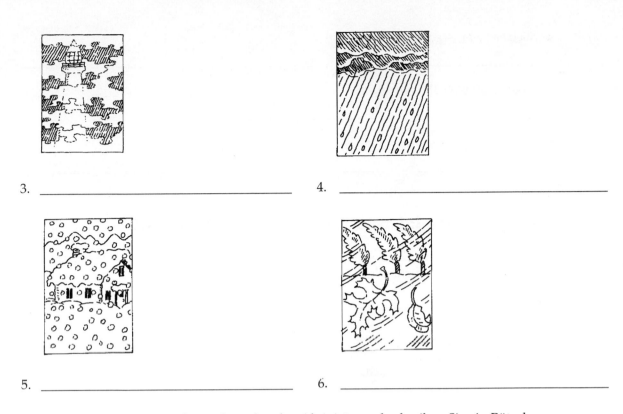

3. _____   4. _____

5. _____   6. _____

Wählen Sie jetzt ein Wort aus der vorhergehenden Aktivität, und schreiben Sie ein Rätsel.

BEISPIEL: Ich komme im Frühling und bringe Wasser für Blumen. Ich bin kühl aber nicht
unangenehm. Was bin ich?*

_____

_____

_____

_____

Aktivität 6 Wie kann man das anders sagen?

Express the meaning of each sentence in a different way.

BEISPIEL: Ist es sonnig? → Scheint die Sonne?

1. Es gibt heute Schnee.

_____

2. Morgen ist es regnerisch.

_____

3. Gibt es morgen auch ein Gewitter?

_____

_____
*Antwort: ein Schauer

4. Gestern war es sonnig.

_____

5. Gibt es oft Nebel?

_____

6. Im Frühling ist es angenehm.

_____

Aktivität 7 Wie ist das Wetter in Deutschland?

Schauen Sie sich die Wetterkarte an. Schreiben Sie einen Wetterbericht für das Wetter an diesem Tag in Deutschland. Sie müssen nicht alle Städte erwähnen (*mention*).

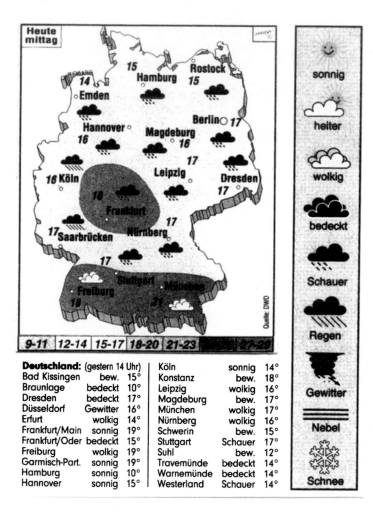

Deutschland: (gestern 14 Uhr)			Köln	sonnig	14°
Bad Kissingen	bew.	15°	Konstanz	bew.	18°
Braunlage	bedeckt	10°	Leipzig	wolkig	16°
Dresden	bedeckt	17°	Magdeburg	bew.	17°
Düsseldorf	Gewitter	16°	München	wolkig	17°
Erfurt	wolkig	14°	Nürnberg	wolkig	16°
Frankfurt/Main	sonnig	19°	Schwerin	bew.	15°
Frankfurt/Oder	bedeckt	15°	Stuttgart	Schauer	17°
Freiburg	wolkig	19°	Suhl	bew.	12°
Garmisch-Part.	sonnig	19°	Travemünde	bedeckt	14°
Hamburg	sonnig	10°	Warnemünde	bedeckt	14°
Hannover	sonnig	15°	Westerland	Schauer	14°

Grammatik im Kontext

Connecting Ideas: Coordinating Conjunctions

Übung 1 Pläne für einen Tag auf dem Land

Welches Satzende passt am besten zu welchem Satzanfang?

1. Die Sonne scheint heute früh, _____
2. Wir wollen nicht zu Hause bleiben, _____
3. Wir wandern im Wald, _____
4. Wir können ins Wirtshaus zum Mittagessen gehen _____
5. In dieser Jahreszeit sind die Wälder _____
6. Auch gibt es nicht so viele Touristen, _____
7. Ich rufe Karin _____
8. Vielleicht möchten sie mitkommen, _____
9. Wir können alle in meinem Auto fahren _____

  a. sondern aufs Land fahren.
  b. denn sie arbeiten heute nicht.
  c. und Gerhard an.
  d. oder wir können zwei Autos nehmen.
  e. oder weiter aufs Land fahren.
  f. aber es ist kühl und windig.
  g. oder vielleicht segeln wir auf dem Kiessee.
  h. und Wiesen besonders schön.
  i. denn die Ferienzeit ist schon vorbei.

Expressing Events in the Past: The Present Perfect Tense

Formation of the Past Participle

WEAK VERBS

Übung 2 Freizeitaktivitäten

Zwei Frauen sprechen miteinander. Schreiben Sie das Gespräch neu im Perfekt auf der nächsten Seite.

FRAU WAGNER: Was machen Sie in Ihrer Freizeit?
FRAU HUBERT: Ich sammle Münzen (*coins*) und spiele Karten. Ich koche auch viel. Und Sie?
FRAU WAGNER: Ich zeichne, male und arbeite im Garten. Mein Mann und ich segeln auch.
FRAU HUBERT: Hören Sie auch Musik?
FRAU WAGNER: Ja natürlich. Wir faulenzen auch. Dann hören wir gern Jazz.

FRAU WAGNER: _____

FRAU HUBERT: _____

_____

_____

FRAU WAGNER: _____

_____

_____

FRAU HUBERT: _____

FRAU WAGNER: _____

_____

_____

STRONG VERBS

Übung 3 Was fragt man sie?

Viele Studenten und Studentinnen haben schon neben dem Beruf studiert. Was fragt man sie? Bilden Sie Fragen im Perfekt.

BEISPIEL: Gehst du am Abend oder Wochenende in die Hochschule? →
Bist du am Abend oder Wochenende in die Hochschule gegangen?

1. Sitzt du stundenlang vor dem Computer?

_____

2. Wie viele Stunden schläfst du pro Nacht?

_____

3. Sprecht ihr oft mit anderen Studenten und Studentinnen?

_____

4. Wie viele Bücher lest ihr pro Kurs?

_____

5. Wie viele Tassen Kaffee trinkst du pro Tag?

_____

6. Bleibst du am Abend und Wochenende zu Hause?

_____

7. Wie oft fahrt ihr in der Freizeit aufs Land?

_____

8. Wie oft geht ihr ins Kino?

_____

9. Wie findet ihr die Kurse?

_____

MIXED VERBS / VERBS WITH INSEPARABLE PREFIXES / VERBS ENDING IN *-IEREN*

Übung 4 Uwes Geburtstagsparty

Vervollständigen Sie alle Fragen im Perfekt.

1. Was _____ denn an deinem Geburtstag _____? (passieren)

2. Wie _____ du den Abend _____? (verbringen)

3. _____ du _____, (wissen) dass deine Freunde das ganze Restaurant für deine Party reserviert hatten?

4. Was _____ du zum Abendessen _____? (bestellen)

5. _____ du alle Partygäste _____? (kennen)

6. _____ deine Eltern viel _____? (fotografieren)

7. Was _____ du zum Geburtstag _____? (bekommen)

8. _____ Claudia dir ein Geschenk _____? (bringen)

The Use of sein in the Present Perfect Tense

Übung 5 Der neue Millionär

„Das kann doch nicht wahr sein: Ich hab' 10 Millionen gewonnen?"

Das können Sie jetzt auch! Lesen Sie weiter!

Der Mann beschreibt, wie er das letzte Jahr als Millionär verbracht hat. Bilden Sie Sätze im Perfekt.

1. ich / aufgeben / meine Arbeit

   _____

2. ich / aufstehen / nie vor zehn Uhr

   _____

3. ich / bleiben / fast nie zu Hause

   _____

4. ich / fahren / oft / in Österreich / Ski

   _____

5. ich / mitbringen / meine Familie und alle meine Freunde

_____

_____

6. meine Frau und ich / ausgehen / abends

_____

7. wir / gehen / oft / in die Oper / und / einladen / Freunde

_____

_____

8. ich / ausgeben / auch viel Geld / für meine Kinder

_____

Übung 6 Max und Moritz

A Lesen Sie die Anzeige, und markieren Sie dann Ihre Antworten auf der nächsten Seite.

Richtig oder falsch?

	RICHTIG	FALSCH
1. Moritz hat das blaue Nesquick probiert (*tried*).	☐	☐
2. Max bleibt beim gelben Nesquick.	☐	☐
3. Moritz hat früher das gelbe Nesquick getrunken.	☐	☐
4. Max ist auf das blaue Nesquick umgestiegen (*switched*).	☐	☐
5. Max trinkt jetzt nur das blaue Nesquick.	☐	☐
6. Nestlé hat den Zucker im blauen Nesquick reduziert.	☐	☐

KULTURTIPP

Heinrich Nestle, a German who later took the name Henri Nestlé, founded the Nestlé company in Switzerland in 1866. Max and Moritz are German storybook characters created by Wilhelm Busch (1832–1908). Most German children are familiar with these characters. In the story, Max and Moritz get into all kinds of mischief and are consequently punished for their acts. Thus, the names Max and Moritz are often used to refer to mischievous children.

B. Schreiben Sie zu jeder Frage eine vollständige Antwort.

1. Haben Sie als Kind Schokoladenmilch getrunken?

   _____

   _____

2. Welche Getränke haben Sie als Kind im Supermarkt oder in Schnellimbissen gekauft?

   _____

   _____

3. Sind Sie jetzt auf Getränke mit keinem oder wenig Zucker umgestiegen? Wenn ja: auf welche?

   Wenn nein: warum nicht? _____

   _____

4. Welche Getränke haben Sie als Kind für Ihre Freunde oder Familie gemacht?

   _____

   _____

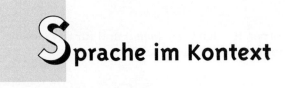

Sprache im Kontext

Lesen

Auf den ersten Blick

Schauen Sie sich das Fest-Kalendarium an. Welches Fest in Sulzbach-Rosenberg interessiert Sie besonders? Warum? Schreiben Sie einen Satz mit **denn**.

_____

_____

_____

"Feste feiern - wir feiern fest:"

Fest-Kalendarium

Interessante Festveranstaltung in Sulz-bach-Rosenberg finden Sie hier:

Frühlingsfestwoche
    Woche um Christi Himmelfahrt
    im Mai

Altstadtfest
    drittes Wochenende im Juni

St. Annaberg-Festwoche
    Woche um St. Anna im Juli

Sulzbacher Woizkirwa
    drittes Wochenende im August

Rosenberger Kirwa
    erstes Wochenende im September

Weihnachtsmarkt
    Ende November bis 4. Advent

Zum Text

Was kann man in Sulzbach-Rosenberg für den Körper, für den Geist (*mind*) und für das Gemüt (*soul, pleasure*) machen? Lesen Sie die Broschüre und füllen Sie die Tabelle aus.

WILLKOMMEN IM

Brauereigasthof Hotel

Sperber BRÄU

"Unsere Heimat:"

Vielfältig wertvoll[1]

Ab vom hektischen *Trubel* der Zentren und dennoch[2] pulsierend im Leben..., so könnte man am besten unsere Heimat[3] beschreiben.[4]
Bei uns finden Sie:
   ... für den *Körper* die Sportanlage mit Tennis, Squash und Fitnesscenter, das Waldbad, golfen (auf 7 verschiedenen Plätzen), entspanntes[5] Wandern in der Umgebung oder Radeln[6] on Tour;
   ... für den *Geist* das 1. Bayerische Schulmuseum, das Literaturarchiv und im Stadtmuseum die Geschichte[7] der über 1000-jährigen Altstadt;
   ... für's *Gemüt* vielfältige Aktivitäten der örtlichen[8] Vereine und Institutionen.
   Nah gelegene Ziele[9] wie Bayreuth, Regensburg, Nürnberg, München, Prag, Weiden oder Amberg sind einen Tagesausflug wert.[10]
   Übrigens ist die *Nürnberg Messe* sehr schnell und günstig über die Nahverkehrsanbindung in ca. 45 Min. mit der Bahn zu erreichen.

   Wenn Sie möchten arrangieren wir gerne für Sie alles weitere.

Sulzbach-Rosenberger
Stadtwappen

[1]Vielfältig... *valuable in many ways*
[2]*nonetheless*
[3]*home town*
[4]*describe*
[5]*relaxed*
[6]Rad fahren
[7]*history*
[8]*local*
[9]*destinations*
[10]Tagesausflug... *worth a day trip*

Was gibt's in Sulzbach-Rosenberg?

FÜR DEN KÖRPER	FÜR DEN GEIST	FÜR DAS GEMÜT

Schreiben

 Lesen Sie die folgende Beschreibung von einem Wochenende in Sulzbach-Rosenberg. Schreiben Sie sie im Perfekt neu.

Max, Sonja und ich finden das Leben im Stadtzentrum sehr hektisch und kompliziert. Am Wochenende fahren wir aus der Stadt, denn wir suchen Ruhe. Max und Sonja spielen Tennis, und ich gehe ins Fitnesscenter. Dann fährt Max mit der Bahn nach Nürnberg, aber Sonja und ich bleiben in Sulzbach-Rosenberg. Max besucht die Nürnberg Messe (*fair*), aber Sonja und ich verbringen zwei Stunden im Stadtmuseum. Wir sehen dort viel, und wir hören auch die Geschichte von der Altstadt. Das Hotel arrangiert alles für uns.

Journal

Was haben Sie letztes Wochenende gemacht? Schreiben Sie darüber. Die folgenden Fragen geben Ihnen vielleicht einige (*some*) Ideen.

- Sind Sie zu Hause geblieben?

  Wenn ja: Waren Sie krank (*sick*)?

  War jemand (*someone*) bei Ihnen zu Gast?

  Hatten Sie viel Arbeit?

  Haben Sie für Ihre Kurse gearbeitet? lange geschlafen? ferngesehen? Videos gesehen? gekocht? Briefe geschrieben? Freunde angerufen? E-Mails geschickt? Bücher oder Zeitung gelesen? __?__

- Sind Sie ausgegangen?

  Wenn ja: Wohin sind Sie gegangen? ins Kino? ins Restaurant? ins Rockkonzert? in die Oper? ins Theater? _?_

  Wie war der Film? das Essen? das Konzert? die Oper? das Schauspiel (*play*)?

- Sind Sie vielleicht auf eine Party gegangen?

  Wenn ja: Wer war dabei?

  Was haben Sie gegessen und getrunken?

  Haben Sie Musik gehört? getanzt?

- Sind Sie irgendwohin (*somewhere*) mit dem Auto, mit dem Bus oder mit dem Flugzeug gefahren?

  Wenn ja: Ist jemand mitgefahren oder sind Sie allein gefahren?

  Haben Sie Freunde oder Familie besucht?

  Was haben Sie mit ihnen unternommen?

- Haben Sie eingekauft?

  Wenn ja: Wohin sind Sie einkaufen gegangen?

  Was haben Sie gekauft?

  Haben Sie jemandem etwas geschenkt?

Kapitel 8

Wie man fit und gesund bleibt

Alles klar?

Was wissen Sie schon über Baden-Baden? Was erfahren Sie über Baden-Baden von dieser Anzeige? Kreuzen Sie alles an, was richtig ist.

1. Baden-Baden ist
   a. eine Großstadt in der Schweiz.   b. ein Kurort in Süddeutschland.   c. eine Kleinstadt in Norddeutschland.

2. Baden-Baden liegt
   a. in den bayerischen Alpen.   b. an der Küste der Nordsee.   c. im Schwarzwald.

3. Baden-Baden liegt in

   a. Schleswig-Holstein.   b. Baden-Württemberg.   c. Bayern.

4. In Baden-Baden findet man

   a. Freibäder.   b. frische Luft.   c. einen großen See.

5. In Baden-Baden will man

   a. etwas Gutes für die Gesundheit tun.   b. arbeiten.   c. sich fit halten.

6. In Baden-Baden kann man

   a. eine Kur machen.   b. Urlaub machen.   c. Sport treiben.

7. Baden-Baden hat

   a. Spielcasinos.   b. eine Rennbahn.   c. Museen.

8. In den Casinos können Gäste

   a. Geld verdienen (*earn*).   b. Geld gewinnen.   c. Geld verlieren.

Wörter im Kontext

Thema 1

Fit und gesund

Aktivität 1 Die Gesundheit

1. Machen Sie in jeder Reihe einen Kreis um das Wort, das nicht passt.

   a. Gesundheit   Grippe   Erkältung

   b. Fieber   Rat   Kopfschmerzen

   c. Termin   Kur   Erholung

   d. Schnupfen   Naturkostladen   Ökolebensmittel

   e. Heilbad   Trinkkur   Husten

2. Ergänzen Sie jetzt die Sätze mit den passenden Wörtern.

   a. Wenn man krank ist, ruft man einen/eine _____ an.

   b. Wenn man die Grippe hat, hat man oft _____ und

      _____ .

c. Im Naturkostladen kann man _____ kaufen.

d. Man soll einen _____ haben, bevor man zum Arzt oder

zur Ärztin geht.

Aktivität 2 Gute Ratschläge für ein gesundes Leben

Ergänzen Sie die Sätze. Nicht alle Verben passen. Mehr als ein Verb kann manchmal richtig sein.

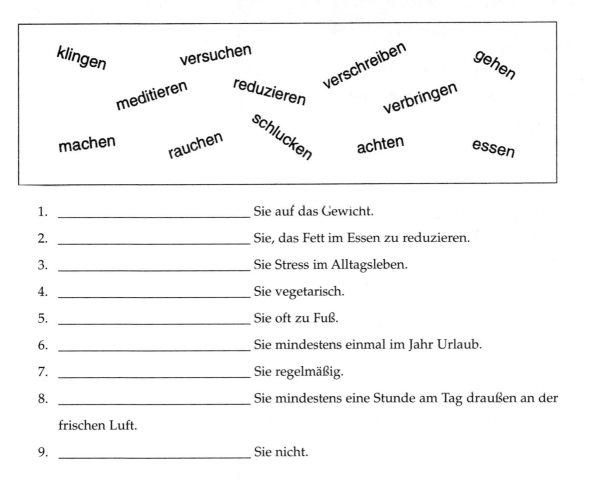

1. _____ Sie auf das Gewicht.

2. _____ Sie, das Fett im Essen zu reduzieren.

3. _____ Sie Stress im Alltagsleben.

4. _____ Sie vegetarisch.

5. _____ Sie oft zu Fuß.

6. _____ Sie mindestens einmal im Jahr Urlaub.

7. _____ Sie regelmäßig.

8. _____ Sie mindestens eine Stunde am Tag draußen an der

frischen Luft.

9. _____ Sie nicht.

Aktivität 3 Wie definieren Sie „Gesundheit"?

Lesen Sie die drei Anzeigen.

Schreiben Sie jetzt Ihre eigene (*own*) Definition von „Gesundheit". Sie können einen oder mehrere Sätze schreiben. Sie können auch ein Bild zeichnen, wenn Sie wollen.

Thema 2

Der menschliche Körper

Aktivität 4 Körperteile

Schreiben Sie die Paare auf Deutsch.

1. *head and hair* _____

2. *eyes and ears* _____

3. *nose and mouth* _____

4. *face and chin* _____

5. *neck and shoulders* _____

6. *stomach and back* _____

7. *arms and legs* _____

8. *hands and feet* _____

9. *elbows and knees* _____

10. *fingers and toes* _____

Morgenroutine

Aktivität 5 Aktivitäten aus dem Alltag

Was machen diese Menschen?

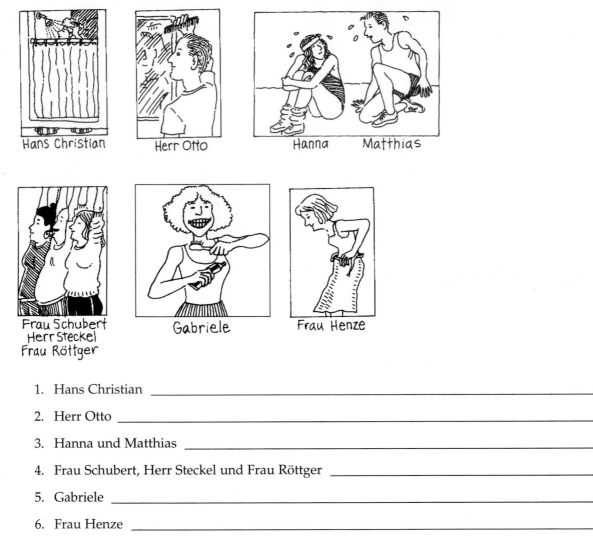

1. Hans Christian _____.

2. Herr Otto _____.

3. Hanna und Matthias _____.

4. Frau Schubert, Herr Steckel und Frau Röttger _____.

5. Gabriele _____.

6. Frau Henze _____.

Aktivität 6 Und Sie?

Beantworten Sie jede Frage. (*Notice that the pronoun* sich [*yourself*] *becomes* mich [*myself*] *in the answer.*)

BEISPIEL: Duschen Sie sich jeden Tag?
　　　　　　Ja, ich dusche mich jeden Tag.
oder　Nein, ich dusche mich nicht jeden Tag.

1. Kämmen Sie sich jeden Morgen?

   _____

2. Strecken Sie sich oft?

   _____

3. Verletzen Sie sich manchmal?

   _____

4. Müssen Sie sich immer beeilen?

   _____

5. Können Sie sich am Abend entspannen?

   _____

6. Möchten Sie sich fit halten?

   _____

7. Fühlen Sie sich immer gesund?

   _____

8. Erkälten Sie sich leicht?

   _____

Aktivität 7 Wie sagt man das auf Deutsch?

Schreiben Sie den Dialog auf Deutsch.

STEFAN: *You sound depressed.*
BETTINA: *I feel sick as a dog.*
STEFAN: *What's the matter with you?*
BETTINA: *I have the flu. My throat hurts, and I can hardly swallow.*
STEFAN: *Do you have (a) fever?*
BETTINA: *Yes, also (a) cough and a runny nose.*
STEFAN: *What a shame. Have you called your doctor?*
BETTINA: *I'm going to do that today.*
STEFAN: *Well, get well.*
BETTINA: *Thanks.*

STEFAN: _____

BETTINA: _____

STEFAN: _____

BETTINA: _____

_____

STEFAN: _____

BETTINA: _____

STEFAN: _____

BETTINA: _____

STEFAN: _____

BETTINA: _____

Grammatik im Kontext

Connecting Sentences: Subordinating Conjunctions

Übung 1   Alles für die Gesundheit

Schreiben Sie Sätze mit den Konjunktionen.

> BEISPIEL: Vitamine sind gut für die Gesundheit. (Du weißt, dass...) →
> Du weißt, dass Vitamine gut für die Gesundheit sind.

1. Der Arzt hat montags bis freitags Sprechstunde. (Ich weiß, dass...)

   _____

   _____

2. Die Ärztin will uns morgen sehen. (Ich weiß, dass...)

   _____

   _____

3. Sind Ökolebensmittel wirklich besser für die Gesundheit? (Ich möchte wissen, ob...)

   _____

   _____

4. Sollen wir diese Vitamine täglich einnehmen? (Wir möchten wissen, ob...)

   _____

   _____

5. Er braucht dringend Freizeit. (Peter macht jetzt Urlaub, weil...)

   _____

   _____

6. Sie muss sich entspannen. (Effi macht jetzt Urlaub, weil...)

   _____

   _____

7. Wir haben Zeit und Geld. (Wir fahren nach Baden-Baden, wenn...)

   _____

   _____

8. Ich will eine Kur machen. (Ich fahre nach Baden-Baden, wenn...)

_____

_____

Übung 2 Karl und Rosa wissen nicht, was sie wollen.

SPRACHTIPP

The German words **die Ferien** (*pl.*) and **der Urlaub** both correspond to the English word *vacation*. **Ferien** refers to all holidays and school vacations, whereas **Urlaub** refers to the vacation time that one earns from a job.

„*Jetzt sind schon drei Urlaubstage um, und wir wissen immer noch nicht, wo wir eigentlich hinwollen*"

1. Edit the following paragraph to combine sentences with the conjunctions in parentheses. The first portion is done for you to indicate the types of changes you will need to make and how to mark those changes.

    ℰ = delete: Sie wissen ~~das~~,

    ∧ = insert: Sie wissen, dass sie... verbringen *wollen.*

    ℰ = lowercase the letter: dass 𝒮ie...

   Karl und Rosa haben Urlaub, ~~aber~~ 𝒮ie haben noch keine Pläne. Sie wissen ~~das~~. (dass)

   𝒮ie ~~wollen~~ den ganzen Urlaub nicht im Hotelzimmer verbringen. *wollen.* Karl liest laut aus

   Reisebroschüren vor. Rosa spricht nicht. (sondern) Sie hört zu. Die beiden können nicht in

   die Oper gehen. (denn) Sie haben nicht genug Geld dafür. Sie können nicht schwimmen

   gehen. (weil) Das Hotel hat weder Hallenbad noch Freibad. Karl weiß das. (dass) Rosa

   möchte durchs Einkaufszentrum bummeln. (aber) Er will nicht mitgehen. Rosa weiß das.

   (dass) Karl möchte gern ein Fußballspiel im Stadion sehen. (aber) Sie interessiert sich nicht

   dafür. Rosa sagt: (wenn) „Du gehst ins Stadion. Ich gehe einkaufen." (aber) Karl sagt:

   (wenn) „Wir sind in Urlaub. Wir sollten (*should*) die Zeit zusammen verbringen."

 2. Now rewrite the paragraph, making all the changes you indicated.

Übung 3 Was durfte das Kind (nicht) machen, wenn...?

Die Sätze sind alle im Präsens aus der Perspektive des Kindes. Schreiben Sie sie jetzt im Perfekt (Imperfekt mit Modalverben).

BEISPIEL: Wenn ich schön brav bin und alles aufesse, darf ich mit Papi noch „Kinder Ruck Zuck" anschauen. →
Wenn ich schön brav war und alles aufgegessen habe, durfte ich mit Papi noch „Kinder Ruck Zuck" anschauen.

1. Wenn ich mein Zimmer aufräume, darf ich fernsehen.

_____

_____

2. Wenn ich meine Hausaufgaben mache, kann ich noch draußen spielen.

_____

_____

3. Wenn ich samstags früh aufstehe, fahren wir aufs Land.

_____

_____

4. Wenn ich mein Gemüse esse, darf ich Schokolade haben.

_____

_____

5. Wenn ich mir die Hände nicht wasche, darf ich nicht am Tisch essen.

_____

_____

Reflexive Pronouns and Verbs

Übung 4 Minidialoge

Setzen Sie die fehlenden Reflexivpronomen ein.

A: Was wünschst du _____ zum Geburtstag?

B: Ich wünsche _____ ein Fahrrad.

C: Wo hast du _____ erkältet?

D: Ich habe _____ letzte Woche beim Schwimmen erkältet.

E: Bevor ich _____ morgens dusche, putze ich _____ die Zähne.

Danach ziehe ich _____ an.

F: Interessiert ihr _____ für Tennis?

G: Nein, wir interessieren _____ nur für Fußball.

H: Wo hast du _____ den Trainingsanzug gekauft?

I: Den habe ich _____ nicht gekauft, sondern als Geschenk bekommen.

Übung 5   Ein Rezept für ein langes, gesundes Leben

Herr Kahn ist ein Gesundheitsfanatiker. Vor dreißig Jahren hat er zu seinem Enkel gesagt:

Ich halte mich fit. Ich esse gesund und trinke viel Wasser. Ich treibe regelmäßig Sport. Zweimal pro Woche spiele ich Tennis. Ich gehe jeden Morgen schwimmen, und jedes Wochenende laufe ich. Ich rauche nie und nehme nur selten Medikamente. Manchmal erkälte ich mich. Dann nehme ich Vitamintabletten ein und trinke viel Orangensaft. Ich bleibe zu Hause und erhole mich. Bald werde ich wieder gesund. Einmal pro Jahr gehe ich zum Arzt. Ich halte die Gesundheit für wichtig.

 Heute ist Herr Kahn fast neunzig Jahre alt. Er erklärt jetzt seinen Urenkelkindern, was er früher gemacht hat, um (*in order*) ein langes, gesundes Leben zu haben. Schreiben Sie den vorhergehenden Absatz im Perfekt.

_____

_____

_____

_____

_____

_____

_____

_____

_____

_____

_____

_____

Übung 6 Freundlicher Rat?

Schreiben Sie die Sätze auf Deutsch.

BEISPIEL: *Why don't you put on a sweater.* →
Zieh dir doch einen Pullover an.

1. *Why don't you comb your hair.*

_____

2. *Why don't you wash your hands.*

_____

3. *Why don't you brush your teeth.*

_____

4. *Why don't you relax.*

_____

5. *Why don't you put your coat on.*

_____

6. *Why don't you get dressed.*

_____

7. *Why don't you make yourself some tea.*

_____

8. *Why don't you lie down on the sofa.*

_____

9. *Why don't you shave.*

_____

10. *Why don't you hurry.*

_____

11. *Why don't you put your shoes on.*

_____

Sprache im Kontext

Lesen

Auf den ersten Blick

10 Fragen an Christian Wolff

„Stress lasse ich nicht an mich ran"[1]

Parade-Rolle: Christian Wolff als Förster in der TV-Serie „Forsthaus Falkenau"

1. Wann hatten Sie zuletzt richtig Spaß am Leben?
Vorhin beim Spaziergang mit meiner Frau und unseren Hunden.

2. Welchem Genuss[2] können Sie nicht widerstehen[3]?
Einem guten Rotwein.

3. Wie reagieren Sie auf Stress?
Ich lasse ihn gar nicht erst an mich ran.

4. Welche Erfahrungen[4] haben Sie mit Diäten?
Ich muss mich cholesterinbewusst ernähren[5]: keine Eier, keine Butter – wenig tierische Fette. Und daran halte ich mich auch konsequent.[6]

5. Was ist Ihr dominierender Charakterzug[7]?
Mein Gerechtigkeitssinn.[8]

6. Welche Dinge machen Sie „krank"?
Unprofessionalität und Unordnung.[9]

7. Was ist Ihr schönstes Urlaubsziel und warum?
Italien – wegen seiner Landschaft, der Menschen, der Küche und der Nähe.

8. Was ist Ihr größtes Versäumnis[10]?
Dass ich nie ein Musikinstrument erlernt habe.

9. Mein schönster Grund morgens aufzustehen ...
Der Blick[11] durchs Schlafzimmerfenster in die Natur.

10. Ihr Lebensmotto?
Wer in die Vergangenheit blickt, verdient keine Zukunft.[12]

[1]Stress... *I don't let stress get to me.* [2]*pleasure* [3]*resist* [4]*experiences* [5]*nourish* [6]Und... *And I do that consistently* [7]*character trait* [8]*sense of justice* [9]*untidiness, disorder* [10]*regret (having neglected to do something)* [11]Mein... *My main reason for getting up in the morning* [12]*view* [13]Wer... *He who looks to the past deserves no future.*

Schauen Sie sich das Bild an und lesen Sie die Bildunterschrift (*caption*) und die Überschriften (*headings*). Vervollständigen Sie dann die Sätze.

1. _____ ist Schauspieler (Fernsehstar).

2. Er spielt die Rolle von einem _____ (*forest ranger*).

3. Sein Charakter hat einen _____. Christian Wolff hat auch selbst Hunde.

4. Die Fernsehserie heißt _____.

5. Hier stellt man zehn _____ an Christian Wolff.

6. Für Christian Wolff ist _____ kein Problem.

Zum Text

Lesen Sie nur die zehn Fragen im Artikel. Lesen Sie dann jede Frage mit Antwort mindestens zweimal. Lesen Sie dann den ganzen Artikel noch einmal durch, und füllen Sie die Tabelle aus.

	Christian Wolff	ich
1. Was bringt Ihnen Spaß am Leben?		
2. Welchem Genuss können Sie nicht widerstehen?		
3. Wie reagieren Sie auf Stress?		
4. Welche Probleme haben Sie mit Diäten?		
5. Welche Eigenschaft beschreibt Sie besonders gut?	Gerechtigkeitssinn; ich will immer fair sein.	
6. Was macht Sie „krank"?		
7. Wo möchten Sie Urlaub machen? Warum?		
8. Was haben Sie noch nicht gemacht?		
9. Was ist Ihr schönster Grund, morgens aufzustehen?		
10. Was ist Ihr Lebensmotto?	Ich sehe nicht in die Vergangenheit, sondern in die Zukunft.	

Schreiben

Wählen Sie ein Thema und schreiben Sie darüber.

- **Thema 1: Zehn Fragen an Sie.** Wie haben Sie die Fragen beantwortet? Benutzen Sie Ihre Notizen vom Lesetext auf Seite 150, und schreiben Sie eine vollständige Antwort zu jeder Frage.

- **Thema 2: Arztbesuch.** Schauen Sie sich den Cartoon an, und schreiben Sie einen Dialog. Warum ist der Mann heute beim Arzt? Was fragt der Arzt? Wie beantwortet der Mann jede Frage? Was ist mit diesem Mann los? Benutzen Sie Ideen von diesem Kapitel und auch vom Lesetext.

Journal

Schauen Sie sich den Cartoon auf der nächsten Seite an. Was sagt das erwachsene Mondwesen (*moon creature*) zu den Kleinen? Wie verhält sich (*behaves*) der Mensch auf dem Mond? Verhält er sich total anders (*differently*) auf der Erde?

Wählen Sie ein Thema, und schreiben Sie darüber.

Thema 1: Sie als Mensch. Schreiben Sie über einige oder alle der folgenden Aspekte Ihres Lebens auf der Erde.

- Aussehen: wie Sie als Mensch aussehen

- Orte: woher Sie kommen, wo Sie wohnen, wohin Sie reisen

- tägliche Routine: was Sie jeden Tag machen müssen

- Freizeitaktivitäten: was Sie gern machen

- soziales Leben: Familie und Freunde

- Berufspläne: was Sie von Beruf sind oder sein möchten und warum

- Träume: was Sie wollen, was für Sie im Leben wichtig ist

Thema 2: Der Mensch. Beschreiben Sie so ausführlich wie möglich (so... *as fully, in as much detail as possible*) das menschliche Leben.

- wie ein Mensch aussieht

- wie ein Mensch sich verhält

- was ein Mensch im Leben macht oder will

- die Beziehungen (*relationships*) zwischen Menschen

- ?

Kapitel 9

In der Stadt

Alles klar?

Schauen Sie sich die Anzeige an.

UNIVERSITÄTSSTADT
GÖTTINGEN

Täglich 14.30 Uhr
Stadtführung rund ums Gänseliesel
Treffpunkt: Altes Rathaus

TOURIST-INFORMATION
Fremdenverkehrsverein Göttingen e.V.

Altes Rathaus · Markt 9 · 37073 Göttingen ☎ (05 51) 5 40 00 FAX (05 51) 4 00-29 98

A. Beantworten Sie jede Frage mit einem vollständigen Satz.

1. Was für eine Stadt ist Göttingen?

_____

2. An welchen Tagen kann man eine Stadtführung (*tour*) in Göttingen machen?

_____

_____

3. Um wie viel Uhr fängt die Stadtführung an?

_____

4. Geht man zum alten Rathaus oder zum Museum, wenn man eine Stadtführung machen will?

_____

_____

B. Wie gut kennen Sie Göttingen? Markieren Sie die richtigen Antworten.

1. Man findet das alte Rathaus

    a. in der Innenstadt.   b. in einer Vorstadt (*suburb*).

2. Das Gänseliesel ist eine berühmte Statue aus Bronze. Man sieht sie

    a. in einem Museum.   b. auf einem Brunnen (*fountain*) im Marktplatz.

3. Der Marktplatz liegt

    a. vor der Universität.   b. vor dem alten Rathaus.

4. Göttingen liegt

    a. im Bundesland Bayern in der Nähe von München.   b. im Bundesland Niedersachsen südlich von Hannover.

5. Göttingen ist

    a. eine Stadt mit ungefähr 135 000 Einwohnern.   b. eine Großstadt mit über zwei Millionen Einwohnern.

C. Was wissen Sie noch über Göttingen? Markieren Sie „richtig" oder „falsch".

	RICHTIG	FALSCH
1. Göttingen war 1351 bis 1572 eine Hansestadt.	☐	☐
2. In Göttingen findet man schöne gotische (*Gothic*) Kirchen.	☐	☐
3. Viele Nobelpreisträger waren in Göttingen Professoren oder Studenten.	☐	☐
4. Die Göttinger Universität ist besonders für die Naturwissenschaften (*sciences*) bekannt.	☐	☐
5. Bevor sie den Doktorgrad bekommen, müssen die Studenten traditionell den Mund des Gänseliesels küssen.	☐	☐

Wörter im Kontext

Thema 1

Auf der Suche nach Unterkunft

Aktivität 1 Was für Unterkunft sucht man?

Was sehen Sie? Identifizieren Sie jedes Ding und schreiben Sie die Wörter mit Pluralform in die Liste auf der nächsten Seite.

1. _das Einzelzimmer, -_
2. _____
3. _die Wäsche_
4. _____
5. _das Handtuch, ¨er_
6. _____
7. _____
8. _____
9. _____

10. _____
11. _____
12. _____
13. _____
14. _die Heizung_
15. _die Klimaanlage, -n_
16. _____
17. _die Toilette, -n_
18. _____

Welche Wörter und Ausdrücke beschreiben das Zimmer? Kreuzen Sie an.

☐ Einzelzimmer ohne Bad
☐ Fernsehen
☐ Dusche und WC
☐ Einzelzimmer mit Bad
☐ Klimaanlage und Heizung
☐ Mehrbettzimmer mit WC

Aktivität 2 Unterkunft in der Stadt

Ergänzen Sie die Sätze.

1. Die Stadtmitte heißt auch die _____.

2. Ein Hotel hat eine günstige _____, wenn es in der Nähe von

   Restaurants, Kinos, Museen usw. liegt.

3. Man kann das Auto auf einen _____ stellen.

4. Junge Leute können billige Unterkunft in einer _____ finden.

5. Ein Zimmer mit zwei Betten heißt ein _____.

6. Ein Zimmer mit nur einem Bett heißt ein _____.

Thema 2

Im Hotel

Aktivität 3 Erika besucht Koblenz.

Vervollständigen Sie die Sätze mit den richtigen Wörtern.

Aufenthalt   Aufzug   Unterschrift   Erdgeschoss

Frühstücksraum   Reisepass   Reiseschecks   Stockwerke

Stock   Einzelzimmer mit Bad   Unterkunft   Anmeldeformular

1. Erika will das Wochenende in Koblenz verbringen. Sie braucht

    _____. Sie ruft ein Hotel an und fragt: Haben Sie ein

    _____?

2. Erika geht an die Rezeption des Hotels in Koblenz und meldet sich an. Die Rezeption

    ist im _____ des Hotels. Das Hotel hat sechs

    _____. Erikas Zimmer liegt im fünften

    _____.

3. Die Frau sagt: Füllen Sie bitte dieses _____ aus.

4. Erika will jetzt aufs Zimmer gehen. Sie fragt: Entschuldigen Sie, wo ist der

    _____?

5. Am Morgen will Erika frühstücken. Sie sagt: Entschuldigung, wo finde ich den

    _____?

Aktivität 4 Was macht man, wenn man reist?

Bringen Sie die folgenden Sätze in die richtige Reihenfolge.

_____ Dann bekommt man einen Schlüssel zum Hotelzimmer.

_____ Am Morgen geht man in den Frühstücksraum.

_____ Man füllt ein Anmeldeformular aus.

_____ Man geht an die Rezeption und bezahlt die Rechnung.

_____ Man reist dann ab und fährt zum nächsten Reiseziel oder zurück nach Hause.

_____ Man sucht ein Hotel in einer günstigen Lage.

_____ Ein Gepäckträger / Eine Gepäckträgerin bringt das Gepäck aufs Zimmer.

_____ Man kommt in einer Stadt an.

_____ Hier bekommt man ein sogenanntes „kontinentales Frühstück".

_____ Man geht an die Rezeption und meldet sich an.

Thema 3

Ringsum die Stadt

Aktivität 5 Kleinstadt, Großstadt

Was findet man in oder in der Nähe von einer Stadt? Ergänzen Sie die Sätze.

Eine Kleinstadt oder ein Dorf
(*village*) hat vielleicht

_____eine_____ Ampel,

_____ Kreuzung,

_____ Bank,

_____ Jugendherberge,

_____ Hotel,

_____ Pension,

_____ Kirche,

_____ Museum,

und _____ Tankstelle.

Eine Großstadt wie Bonn hat

_____Ampeln_____,

_____,

_____,

_____,

_____,

_____,

_____,

_____,

und _____.

Aktivität 6 Der Weg zum Museum

Sie wollen das Museum besuchen und fragen einen Passanten nach dem Weg. Schreiben Sie alle Sätze auf Deutsch.

1. *Excuse me. Is the museum far from here?*

   _____

2. *No. It's only about ten minutes by foot.*

   _____

3. *What's the best way to get there?*

   _____

4. *Walk here along Schotten Street.*

   _____

5. *Go straight to the street light.*

   _____

6. *Then turn left into Schützen Street.*

   _____

7. *Keep on going straight ahead.*

   _____

8. *The museum is located across from the Christus Church.*

   _____

9. *Many thanks.*

   _____

 rammatik im Kontext

The Genitive Case

Übung 1 Was für ein Haus ist das?

A. Lesen Sie die Anzeige durch. Lesen Sie sie dann noch einmal und unterstreichen Sie alle fünf Artikel im Genitiv.

NÜTZLICHE WÖRTER

Kultur (*f.*)	*culture*
Welt (*f.*)	*world*
Beziehung (*f.*)	*relationship*
Veranstaltung (*f.*)	*event*
Kunst (*f.*)	*art*

Haus der Kulturen der Welt

An einem „Netzwerk der Beziehungen zwischen den Kulturen"
arbeitet das Haus der Kulturen der Welt in Berlin seit 1989.
Mit jährlich 780 Veranstaltungen zu Musik, Tanz, Theater, Kunst,
Film und Literatur aus Afrika, Asien und Lateinamerika ist
daraus inzwischen ein engmaschiges Geflecht geworden. Höhe-
punkte 2002: „Kunst und Kultur aus Zentralasien" und
das mexikanische Festival „MEXartes-berlin.de"

www.hkw.de

B. Vervollständigen Sie jetzt den folgenden Satz.

Ich möchte die Musik _____ (das Land) hören, die Kunst _____

(die Kinder) ansehen, die Literatur _____ (die Periode) lesen und die Filme

_____ (der Kontinent) sehen.

Übung 2 Das gehört den Zeiten.

A. Schreiben Sie Substantive im Genitiv.

der buchstabe des tages.

k

wie „kasimir und karoline",
bühnenstück von georg büchner,
gestorben mit 24 jahren.

das montags in der süddeutschen zeitung liegt.

jetzt

das heft

BEISPIEL: der Buchstabe / der Tag → der Buchstabe des Tages

1. die Zeitung / das Moment _____

2. das Wort / die Stunde _____

3. das Buch / die Woche _____

4. der Roman (*novel*) / der Monat _____

5. der Film / das Jahr _____

6. das Symbol / die Zeiten _____

B. Schreiben Sie jetzt jede Frage auf Deutsch.

1. *Have you seen the film of the month?* (**ihr**-Form)

   _____

2. *Have you read the novel of the year?* (**du**-Form)

   _____

Übung 3 Wem gehört das?

Schreiben Sie jeden Satz neu.

BEISPIEL: Der Koffer gehört unserem Gast. →
Das ist der Koffer unseres Gastes.

1. Das Auto gehört meinem Onkel.

   _____

2. Der Schlüssel gehört deiner Freundin.

   _____

3. Das Gepäck gehört meinen Freunden.

   _____

4. Die Kreditkarte gehört eurem Vater.

   _____

5. Das Anmeldeformular gehört diesem Herrn.

   _____

6. Das Geld gehört Ihrem Mann.

   _____

7. Die Fotos gehören diesen Männern. (Das sind...)

   _____

8. Die DVDs gehören einem Studenten aus Kanada. (Das sind...)

   _____

Übung 4 Was fragt man im Hotel?

Ergänzen Sie die Fragen mit den Interrogativpronomen **wer, wen, wem** oder **wessen**.

1. _____ will meinen Reisepass sehen?

2. _____ Koffer ist das vor der Rezeption?

3. _____ sehen Sie an der Rezeption?

4. _____ soll das Anmeldeformular ausfüllen?

5. _____ Name steht auf dem Formular?

6. _____ gibt man das Formular?

7. Für _____ ist dieser Schlüssel?

8. _____ bringt das Gepäck aufs Zimmer?

9. Mit _____ sollen die Touristen sprechen?

10. _____ kann die Klimaanlage reparieren?

11. _____ Fernseher funktioniert nicht?

12. _____ empfehlen Sie dieses Hotel?

Proper Names in the Genitive

Übung 5 Beethoven in Bonn und in Wien

Ergänzen Sie die Sätze über Beethoven und die Stadt Bonn mit den passenden Genitivformen.

Das Haus _____ (die Familie

Beethoven) steht in Bonn. Hier wurde Ludwig van Beethoven 1770

geboren. Dieses Haus ist für viele Besucher ein wichtiges Symbol

_____ (die Stadt) Bonn. Die zweite Heimat

_____ (der Komponist [**-en** *masc.*]) war Wien

und im „Wiener Zimmer" _____ (das

Beethoven-Haus) kann man Dokumente über sein Leben und seine

Werke in Wien sehen.

　　　Die moderne Beethovenhalle dient seit 1959 als Konzerthalle,

und sie ist eigentlich die dritte _____ (dieser

Name) in Bonn. Das Orchester _____ (die

Beethovenhalle) spielt eine große Rolle im kulturellen Leben

_____ (diese Musikstadt) am Rhein. Es

hat auch wichtige Funktionen im Rahmen (im... *as part of*) _____ (die

Beethovenfeste) in Bonn.

　　　Das erste Beethovenfest fand an _____ (Beethoven) 75.

Geburtstag statt (fand... statt *took place*). Der Komponist Franz Liszt war ein Mitglied

1 Die Beethovenhalle

2 Das Beethoven-Haus

3 Das Grab der
Mutter Beethovens

4 Das Beethoven–
Denkmal

5 „Beethon"

(member) _____ (das Festkomitee). Man hat zu diesem Fest eine

Bronzfigur von Beethoven, das Beethoven-Denkmal, errichtet.

Ein neues Symbol _____ (die Beethovenstadt) Bonn ist

„Beethon", eine Skulptur aus Beton (Zement). „Beethon" ist das Werk

_____ (ein Künstler [*artist*]) aus Düsseldorf, Professor Klaus

Kammerichs.

Man findet das Grab _____ (die Mutter)

_____ (Beethoven) auf dem Alten Friedhof in Bonn. Ludwig van

_____ (Beethoven) Mutter wurde als Maria Magdalene Keverich

geboren. Sie starb (*died*) am 17. Juli 1787. Auf dem Grabstein

_____ (diese Frau) stehen die Worte: „Sie war mir eine so gute

liebenswürdige Mutter, meine beste Freundin." Das Grab _____

(ihr Sohn) findet man in Wien.

Prepositions with the Genitive

Übung 6 Kaufen statt Mieten?

Bilden Sie Sätze.

KAUFEN STATT[1] MIETEN
Steuern sparen[2]!
POTSDAM
Büro-Teileigentum
Nähe Stadtzentrum & Regierungssitz[3]
Kauf direkt vom Bauherrn

BC Berlin

BC Berlin-Consult GmbH
Telefon: 254 67 - 204

[1]*instead of*
[2]Steuern... *Save on taxes!*
[3]*seat of government*

1. wegen / die hohen Mieten / wollen / viele Leute / ein Haus / kaufen

   _____

   _____

2. trotz / die Kosten / können / man / in / diese Stadt / ein Haus / haben

   _____

   _____

3. innerhalb / ein Monat / können / man / in / das Traumhaus / wohnen

   _____

   _____

4. wir / kaufen / Häuser / innerhalb / die Stadt / in / die Nähe / das Stadtzentrum

   _____

   _____

5. wir / verkaufen / keine Häuser / außerhalb / die Stadt

   _____

   _____

6. man / können / wir / während / die Woche / und auch / während / das
   Wochenende / anrufen

   _____

   _____

Attributive Adjectives

Adjectives after a Definite Article or Other der-Word

Übung 7 Wie heißt...?

Lesen Sie die Anzeige, und schreiben Sie dann Fragen in verschiedenen Variationen.

```
Wie heißt die farbige,          TV
fröhliche Fernsehzeitschrift    Hören
für die ganze Familie?          Sehen
```

BEISPIEL: Auto / Mann →
           Wie heißt das neue, preiswerte Auto für den praktischen Mann?
     oder   Wie heißt das schnelle, sportliche Auto für den modernen Mann?
     oder   ?

alt	groß	schnell
amerikanisch	interessant	schön
beliebt	jung	sonnig
bequem	klein	sportlich
berühmt	konservativ	vorsichtig
deutsch	modern	warm
fröhlich	praktisch	?
gemütlich	preiswert	
gesund	ruhig	

1. Wagen / Frau:

   _____

   _____

2. Ferieninsel / Familie:

   _____

   _____

3. Fahrrad / Studentin:

   _____

   _____

4. Reisebüro / Tourist:

   _____

   _____

5. Kurort / Leute:

   _____

   _____

6. Mode /Student:

_____

_____

Übung 8 Richards Aufenthalt in der Stadt

Schreiben Sie die richtigen Formen der Adjektive.

1. Ich habe hier in dieser _____ _____ Stadt schon sehr viel

   gemacht. (schön / deutsch)

2. Ich habe den _____ Hafen, die _____ Kirchen und den

   _____ Marktplatz fotografiert. (groß / alt / historisch)

3. Ich habe die _____ Museen besucht. (interessant)

4. Ich habe jeden Morgen in dem _____ Frühstücksraum des Hotels gesessen

   und mit den _____ Gästen gesprochen. (gemütlich / freundlich)

Adjectives after an Indefinite Article or Other ein-Word

Übung 9 Pause

Ergänzen Sie den Aufsatz mit den richtigen Formen der entsprechenden Adjektive.

1. jung	6. weiß	11. zehnjährig
2. bequem	7. blau	12. rot
3. rund	8. grau	13. gelb
4. gemütlich	9. alt	14. sechsjährig
5. klein	10. groß	15. stressfrei

Ein _____¹ Mann sitzt auf einem _____² Stuhl

an einem _____³ Tisch in einem _____⁴ Café.

Nichts als eine _____⁵ Tasse Kaffee steht auf dem Tisch. Der Mann trägt

ein _____⁶ Hemd, eine _____⁷ Krawatte und

eine _____⁸ Hose. Neben dem Stuhl stehen seine

_____⁹ Brieftasche und eine _____¹⁰

Einkaufstasche. Er hat seiner _____¹¹ Nichte einen

_____¹² Pullover zum Geburtstag gekauft. Er hat auch ein

_____¹³ T-Shirt für seinen _____¹⁴

Neffen gekauft. Jetzt entspannt er sich. Dann macht er eine _____¹⁵

Busfahrt nach Hause.

Stadt statt Streß!

Münster erfahren

Übung 10 An der Rezeption im Hotel

Wählen Sie Adjektive aus der Liste, und ergänzen Sie die Sätze. (*Use your imagination.*)

blau	alt	elegant	(un)freundlich
braun	jung	international	gemütlich
gelb	groß	modern	nett
grün	klein	traditionell	(un)sympathisch
rot			?

Eine _____, _____ Frau kommt an die

Rezeption im Hotel Eden. Sie trägt zwei _____,

_____ Koffer. Sie hat _____ Haar und

trägt ein _____ Sommerkleid und _____

Ohrringe. Die _____ Atmosphäre des _____

Hotels gefällt ihr. Sie spricht mit dem _____ Empfangschef (*desk clerk*),

aber er kann ihr nicht helfen, weil das _____ Hotel für heute Abend

leider keine Zimmer frei hat.

Adjectives without a Preceding Article

Übung 11 Kurstädte

ZAUBERHAFTE MOMENTE

...FÜR FRÖHLICHE HERZEN

BAD KISSINGEN

DIE HEITERE KURSTADT

Bayerisches Staatsbad
97688 Bad Kissingen, Am Kurgarten 1
Telefon: 09 71 / 80 48-0, Fax: 09 71 / 80 48-40

Vervollständigen Sie die Sätze mit den richtigen Formen der Adjektive.

1. Es gibt _____ _____ Kurstädte in Deutschland.

   (viel / schön)

2. Hier genießt (*enjoys*) man _____ Sonnenschein und _____

   Luft. (warm / frisch)

3. Eine Kurstadt hat gewöhnlich _____ Gaststätten mit

   _____ Zimmern. (historisch / gemütlich)

4. Man findet auch _____ Hotels mit _____ Zimmern in den

   _____ Kurstädten. (luxuriös / elegant / berühmt [*famous*])

5. Natürlich haben _____ Hotels eine Schwimmhalle und eine Sauna. (groß)

6. Man findet in jeder Stadt _____ Restaurants mit _____

   oder _____ Küche. (gut / deutsch / international)

7. Gäste gehen gern in den _____ Gärten spazieren und wandern gern in den

   _____ Wäldern. (schön / ruhig)

8. Leute aus aller Welt verbringen _____ Tage und _____

   Nächte in _____ Kurstädten. (fröhlich [*happy*] / zauberhaft [*magical*] /

   deutsch)

Adjectives Referring to Cities and Regions

Übung 12 Wo? In welcher Stadt?

Schreiben Sie eine positive Antwort auf jede Frage.

> BEISPIEL: A: Haben Sie an der Universität in Freiburg studiert?
> B: Ja, ich habe an der Freiburger Universität studiert.

C: Haben Sie den Hafen in Hamburg fotografiert?

D: _____

   _____

E: Haben Sie das Theater in Berlin besucht?

F: _____

   _____

G: Haben Sie die Philharmoniker in Wien gehört?

H: _____

   _____

I: Sind Sie vom neuen Flughafen in München abgeflogen?

J: _____

   _____

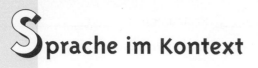prache im Kontext

Lesen

Auf den ersten Blick

1. Schauen Sie sich die ersten zwei Zeilen und die letzten zwei Zeilen der Anzeige an, und machen Sie sich einige Notizen dazu.

   der Name des Hotels:

   _____

   in welcher Stadt:

   _____

   in welcher Lage der Stadt:

   _____

   in der Nähe von:

   _____

2. Überfliegen Sie jetzt den ganzen Text.

   wie weit vom Viktualienmarkt:

   _____

   wie weit von Theatern und Museen:

   _____

   wie viele Zimmer und Suiten:

   _____

Zu Fuß in 2 Minuten:

Der Münchner Viktualienmarkt.

„München leuchtet"
rund um das neue
Platzl Hotel.
Von hier sind
es nur wenige
Schritte
zu Theatern,
Museen und
zum Viktualienmarkt, der lebensfrohen Oase der Münchner. Wenn Sie neben der zentralen Lage persönliche Atmosphäre und First-Class-Komfort schätzen, werden Sie sich im Platzl Hotel wohlfühlen. In 170 bequemen Zimmern und Suiten, Veranstaltungsräumen mit modernster Tagungstechnik, Fitneßbereich und der gemütlichen Hotelbar erleben Sie Gastlichkeit im Münchner Stil. Wir freuen uns auf Ihren Besuch!
Platzl Hotel, Platzl 1, 8 München 2, Telefon 0 89/2 37 03-0.

PLATZL HOTEL
IN MÜNCHENS HISTORISCHER ALTSTADT

Zum Text

Lesen Sie jetzt den Text. Ergänzen Sie den folgenden Satz mit den richtigen Formen der Adjektive aus dem Text.

Das _____ Platzl Hotel in der _____ Altstadt

Münchens hat eine _____ Lage, eine _____

Atmosphäre, _____ Zimmer und Suiten und eine

_____ Hotelbar.

Schreiben

Stellen Sie sich vor: Letzten Sommer waren Sie Gast im Platzl Hotel. Jetzt erzählen Sie Ihren Freunden von Ihrem Aufenthalt in München. Wie haben Sie die Unterkunft gefunden? Hat die Lage des Hotels Ihnen gefallen? Wohin sind Sie vom Hotel zu Fuß gegangen? Was haben Sie gesehen und gemacht? Schreiben Sie einen Monolog mit Hilfe Ihrer Notizen und Ihrer Fantasie. Benutzen Sie das Perfekt.

Journal

Willkommen in...! Schreiben Sie über Ihre Heimatstadt oder Ihre Lieblingsstadt—vielleicht ist Ihre Heimatstadt ja auch Ihre Lieblingsstadt. Warum sollten Touristen und Touristinnen aus deutschsprachigen Ländern unbedingt (*absolutely*) Ihre Stadt besuchen?

Before you begin writing in your journal, read the following "welcome" to German-speaking visitors in Santa Fe. This text encourages visitors to use the tourist magazine *Travel Guide* as a source of information. However, notice the greetings and expressions of welcome that it extends to readers.

Willkommen in Santa Fe

Wir freuen uns über Ihren Besuch in Santa Fe und hoffen, Sie werden einen angenehmen Aufenthalt haben. Da es hier viel Schönes zu sehen und sehr viel zu unternehmen gibt, würden wir Ihnen gerne bei der Planung Ihres Aufenthalts mit unserem TravelGuide Reiseführer behilflich sein. Im TravelGuide Reiseführer finden Sie Adressen, Hotels, Restaurants, Öffnungszeiten, Preislisten und zahllose Tips für Unternehmungen. Mit unserem Reiseführer können Sie das Meiste aus Ihrem Besuch hier machen. Wir wünschen Ihnen eine schöne Zeit in Santa Fe und sagen noch einmal: „Herzlich willkommen!"

Check any of the following items that apply to your city, modifying them as necessary to make them accurate. Use the extra space next to the items to jot down names, adjectives, phrases, or other facts that you might want to mention.

Think about which ideas you want to include and how you want to organize your journal entry. Finally, write! Advertise your city!

Was für Attraktionen hat Ihre Stadt? Hat sie...?

☐ viele interessante, historische Gebäude (*buildings*)
☐ einen Hafen
☐ einen Bahnhof
☐ einen Flughafen
☐ ein Rathaus
☐ Kirchen aller Glaubensrichtungen (*faiths*)
☐ viele Hotels
☐ eine alte Innenstadt
☐ große Schwimmhallen
☐ Sportstadien, Sporthallen und Sportplätze
☐ Tennisplätze

☐ Golfplätze
☐ internationale Restaurants
☐ Kinos
☐ Theater
☐ ein Opernhaus
☐ Bars und Kneipen
☐ Geschäfte
☐ Bäckereien und Konditoreien
☐ eine Fußgängerzone
☐ Einkaufszentren
☐ Supermärkte
☐ Parks und Gärten
☐ Schulen und Universitäten

☐ _____

Kann man dort überallhin (*everywhere*)...?

☐ mit dem Bus fahren
☐ mit dem Taxi fahren
☐ mit der Straßenbahn fahren

☐ mit der U-Bahn fahren
☐ mit dem Fahrrad fahren
☐ zu Fuß gehen

☐ _____

Wo liegt Ihre Stadt?

☐ In den Bergen.
☐ In der Mitte des Landes.
☐ An der Küste (*coast*).
☐ Im Süden (im Norden, im Westen, im Osten) des Landes.
☐ Südlich von _____ .
☐ Nördlich von _____ .
☐ Westlich von _____ .
☐ Östlich von _____ .
☐ In der Nähe von _____ .

☐ _____

Ist Ihre Stadt...?

☐ die Hauptstadt des Staates   ☐ eine Kleinstadt

☐ die Hauptstadt des Landes   ☐ eine Universitätsstadt

☐ eine Großstadt   ☐ ein Ferienort

☐ _____

Wie ist das Wetter in Ihrer Stadt?

☐ Schneit es im Winter?   ☐ Ist es heiß und schwül im Sommer?

☐ Regnet es im Herbst?   ☐ Ist es kühl und neblig?

☐ Ist es kalt und windig im Frühling?   ☐ Ist es meistens heiter und sonnig?

☐ _____

Wofür ist Ihre Stadt berühmt? _____

_____

Wie fühlt man sich in Ihrer Stadt? _____

_____

Kapitel 10

Auf Reisen

Alles klar?

A. Wo kann man was erleben? Lesen Sie die drei Anzeigen. Schreiben Sie dann A für Afrika, C für China oder U für Ungarn (*Hungary*).

Hier kann man das erleben.

_____ große, historische Städte wie Peking und Shanghai

_____ die Puszta und ihre Bewohner

_____ Tiere in der Wildnis

_____ eine Yangtzefahrt

_____ Pferdereiten

_____ ein legendäres Reitervolk

_____ die Tschikosch

_____ atemberaubende (*breathtaking*) Natur

_____ alles individuell

B. Was machen Sie gern im Urlaub? Kreuzen Sie Ihre Interessen an.

☐ fotografieren ☐ schwimmen ☐ die Natur erleben

☐ segeln ☐ einkaufen ☐ die Kultur erleben

☐ reiten ☐ Tennis spielen ☐ _____

Wörter im Kontext

Thema 1

Ich möchte verreisen

Aktivität 1 Auf Reisen

A. Welches Wort passt nicht? Machen Sie einen Kreis um dieses Wort.

BEISPIEL:

_____ Schiff   _____ Bahn   _____ (Reiseprospekt)   _____ Fahrrad

1. _____ Wagen   _____ Angebot   _____ Zug   _____ Flugzeug

2. _____ Gepäckaufbewahrung _____ Fahrkarte   _____ Platzkarte   _____ Personalausweis

3. _____ Reise   _____ Fahrt   _____ Busreise   _____ Reiseführer

4. _____ Anschluss   _____ Abfahrt   _____ Auskunft   _____ Ankunft

5. _____ Gleis   _____ Bahnhof   _____ Bahnsteig   _____ Bargeld

6. _____ Taxi   _____ Bahnhof   _____ Bus   _____ Zug

B. Schreiben Sie jetzt den bestimmten Artikel für jedes Wort.

BEISPIEL:

das Schiff _die_ Bahn _der_ (Reiseprospekt) _das_ Fahrrad

C. Schreiben Sie eine vollständige Antwort auf jede Frage.

BEISPIEL: Sind Sie einmal mit dem Schiff gereist? Wenn ja: Wann? →
            Ja, ich bin vor drei Jahren mit dem Schiff gereist.
    oder Nein, ich bin noch nie mit dem Schiff gereist.
    oder ?

1. Sind Sie einmal mit dem Zug gefahren? Wenn ja: Wohin? Wenn nein: Wohin möchten Sie mit
   dem Zug fahren?
2. Fahren Sie mit dem Bus? Wenn ja: Wie oft und wohin? Wenn nein: Warum nicht?
3. Haben Sie einen Segelkurs gemacht? Wenn ja: Segeln Sie gern? Wenn nein: Warum nicht?
4. Wann haben Sie zum letzten Mal einen Flugschein oder eine Fahrkarte gekauft? Wohin sind Sie
   gereist?
5. Fliegen Sie gern mit dem Flugzeug? Warum (nicht)?

Aktivität 2 Antonyme und Synonyme

A. Schreiben Sie die Antonyme.

1. bequem: _____

2. kurz: _____

3. langsam: _____

4. sicher: _____

5. teuer: _____

6. alt: _____

B. Schreiben Sie die Synonyme.

1. die Bahn: _____

2. die Ferien: _____

3. der Fotoapparat: _____

4. die Information: _____

5. der Kondukteur: _____

6. die Kondukteurin: _____

7. die Reise: _____

8. das Ticket: _____

C. Ergänzen Sie die Fragen mit einigen Wörtern, die (*which*) Sie in Teil B geschrieben haben.

1. Wohin fährst du in _____?

2. Wie lange dauert _____?

3. Hast du schon _____ gekauft?

4. Fährst du gern mit _____?

5. Findest du _____ oder _____ gewöhnlich

   freundlich, wenn du mit der Bahn reist?

6. Nimmst du _____ mit, um alles zu fotografieren?

Thema 2

Im Reisebüro

Aktivität 3 Eine Bustour

Lesen Sie die folgende Anzeige für Thüringen.

Thüringen Bustour zu historischen Stätten

● Deutsche Geschichte, wohin man kommt: uraltes Glasbläser-Handwerk, Goethe-Gedenkstätten, Schillers Wohnhaus, Martin Luthers Studierstube – Thüringen lockt als historisches Kulturzentrum. Stadtjuwel Weimar, Eisenach mit Wartburg, Erfurt und Gotha zählen u. a. zu den Stationen einer Bustour vom 18. bis 21. 8., die für 260 Euro mit Halbpension und Busfahrt ab München zu buchen ist. Näheres bei: Schmetterling Reisen, Maxstr. 26, 83278 Traunstein.

A. Markieren Sie jetzt alle passenden Antworten. Mehr als eine Antwort kann richtig sein.

1. Thüringen ist
   a. ein deutsches Bundesland.   b. eine Stadt in Deutschland.   c. ein Bundesland in Österreich.

2. Diese Anzeige ist für
   a. eine Bahnreise durch Thüringen.   b. eine Bustour durch Thüringen.   c. eine Reise mit dem Flugzeug nach Thüringen.

3. Goethe und Schiller waren
   a. deutsche Komponisten der klassischen Periode.   b. deutsche Architekten der Barockzeit.
   c. deutsche Autoren der Klassik und Romantik.

4. Weimar, Eisenach, Erfurt und Gotha sind alle
   a. Städte in Thüringen.   b. Bundesländer in Deutschland.   c. historische Stätten (*places*) in Thüringen.

5. Die Wartburg ist
   a. eine Stadt in der Nähe von Weimar.   b. eine Burg (*castle, fortress*) in der Nähe von Eisenach.   c. eine große Attraktion in Thüringen.

6. Das Angebot ist für
   a. eine zweitägige Tour.   b. eine viertägige Tour.   c. eine sechstägige Tour.

7. Auf dieser Tour braucht man bestimmt
   a. kein Zelt.   b. kein Sonnenschutzmittel.   c. keinen Flugschein.

B. Was fragen oder sagen Ihre Freunde? Schreiben Sie alles auf Deutsch. Benutzen Sie die *du*-Form.

1. *Do you have the travel brochure?*

   _____

2. *Have you already booked the tour?*

   _____

3. *Have you already bought your ticket?*

   _____

4. *Don't forget your camera.*

   _____

Aktivität 4 Urlaub in Gifhorn

A. Schauen Sie sich die Anzeige an, und lesen Sie den Text.

113

Gifhorn in der Heide
Wälder – Wasser – Windmühlen

Idyllische Landschaft, historische Altstadt, Intern. Mühlenpark, attraktive Sport- und Freizeiteinrichtungen, 80 km markierte Wanderwege, behagliche Gastlichkeit, Pauschalangebote. Auskünfte und Prospekte: **Stadt Gifhorn, Tourist-Information Postfach 1450 T, 38516 Gifhorn Tel. (05371), ☎ 881 75 + 880**

B. Kreuzen Sie die richtigen Antworten an. Benutzen Sie dabei das Bild und den Werbetext als Hilfe. Mehr als eine Antwort kann richtig sein.

1. Gifhorn liegt
   □ an der Aller (*a river in northern Germany*).
   □ in der Heide (*heath*) in Norddeutschland.
   □ in den bayrischen Alpen.

2. In oder in der Nähe von Gifhorn kann man
   □ segeln.
   □ wandern.
   □ Golf spielen.

3. Hier findet man
   □ eine idyllische Landschaft.
   □ einen internationalen Mühlenpark.
   □ 80 Kilometer markierte Wanderwege.

4. Hier könnte man vielleicht
   □ einen Segelkurs machen.
   □ im Fluss schwimmen.
   □ tagelang wandern.

5. Die Stadt Gifhorn bietet (*offers*) Besuchern/Besucherinnen
   □ große Museen.
   □ eine historische Altstadt.
   □ behagliche (*comfortable*) Gastlichkeit (*hospitality*).

6. In dieser Region findet man Attraktionen wie
   □ Wälder.
   □ Wasser.
   □ Windmühlen.

7. Man kann an die Stadt Gifhorn schreiben und
   □ Auskünfte bekommen.
   □ Reiseprospekte bekommen.
   □ Fahrpläne bekommen.

8. Man sollte auch nach
   □ Pauschalangeboten (*package deals*) fragen.
   □ Skikursen fragen.
   □ Unterkunft fragen.

C. Ergänzen Sie den Dialog. Schreiben Sie Joachims Antworten mit Hilfe der Anzeige und den Sätzen in Teil B.

MICHAELA: Dieses Jahr möchte ich einen schönen, entspannenden Urlaub machen. Was schlägst du vor?

JOACHIM: Hast du diese Anzeige für Gifhorn gesehen? Vielleicht möchtest du dort einen Aktivurlaub im Freien (*outdoors*) machen.

MICHAELA: Wo liegt Gifhorn?

JOACHIM: _____

_____

MICHAELA: Was kann man in Gifhorn machen?

JOACHIM: _____

_____

_____

_____

MICHAELA: Was für Attraktionen und Sehenswürdigkeiten (*sights*) gibt es in Gifhorn?

JOACHIM: _____

_____

_____

_____

Aktivität 5 Reisefragen

Welche Satzteile passen zusammen?

1. _____ Sind wir alle damit einverstanden,
2. _____ Fahren Sie manchmal mit dem Bus,
3. _____ Ist die Platzkarte so teuer
4. _____ Wie komme ich möglichst schnell
5. _____ Möchten Sie mit Stil reisen
6. _____ Möchtest du eine Woche
7. _____ —Willst du per Autostop reisen?

   —Vielleicht,
8. _____ Wann fährt der nächste Zug

a. und in Luxushotels übernachten?
b. auf dem Land verbringen?
   —Ja, das klingt gut.
c. aber ist das nicht gefährlich?
d. nach Basel ab?
e. oder gehen Sie immer zu Fuß?
f. zum Flughafen?
g. wie die Fahrkarte?
h. dass wir dieses Jahr unseren Urlaub in Italien verbringen?

Thema 3

Eine Fahrkarte, bitte!

Aktivität 6 Eine Reise mit der Bahn

A. Identifizieren Sie alles auf dem Bild.

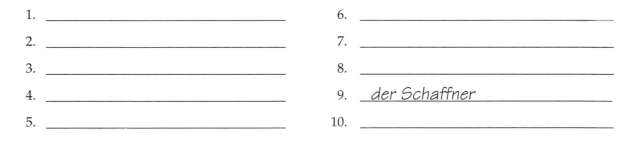

1. _____	6. _____
2. _____	7. _____
3. _____	8. _____
4. _____	9. *der Schaffner* _____
5. _____	10. _____

B. Ergänzen Sie jetzt die Sätze mit Wörtern aus der Liste in Teil A.

Frau Lüttge macht eine Reise mit dem _____. Sie ist mit einem Taxi zum

_____ gefahren. Dann trägt sie ihr _____, das

heißt einen _____ und eine Reisetasche in die Bahnhofshalle. Sie geht

gleich an den _____, wo sie ihre _____ kauft.

Sie isst etwas im Bahnhofsrestaurant und geht dann zum _____ 10,

wo ihr Zug zehn Minuten später auf _____ 4 abfährt. Der

_____ kommt dann etwas später in ihren

_____ und kontrolliert (checks) die Fahrkarten.

Aktivität 7 Urlaubsreisen

A. Woran denkt man, wenn man das Wort „Urlaub" sieht oder hört? Identifizieren Sie die Gegenstände (objects) auf dem Bild. Schreiben Sie die fehlenden Wörter.

1. der Federball, ⸚e

12. der Ball, ⸚e

2. _____

13. _____

3. _____

14. die Insel, -n

4. _____

15. die Palme, -n

5. _____

16. der Rettungsring, -e

6. _____

17. das Meer, -e / der Ozean, -e

7. _____

18. _____

8. die Sonnenbrille, -n

19. die Möwe, -n

9. _____

20. der Fisch, -e

10. der Eistee

21. der Seestern, -e

11. _____

B. Ergänzen Sie die Sätze mit passenden Wörtern aus der Liste in Teil A.

Anja packt ihre Bekleidung in einen _____. Weil die

_____ im Süden so hell ist, nimmt sie eine Sonnenbrille und

einen _____ mit. Weil sie auch gern fotografiert, packt sie auch

ihre _____ ein.

Sie fliegt zuerst mit dem _____ nach Barcelona. In Barcelona

nimmt sie ein _____ nach Mallorca. In Palma mietet sie einen

_____ und fährt damit um die Insel herum. Weil es dort schön

warm ist, isst sie oft _____ und trinkt Eistee.

Anja wohnt in Innsbruck, wo sie jeden Tag hohe _____

sieht, und wo es im Winter viel _____ gibt. Auf Mallorca sieht

sie überall Palmen und Olivenbäume. Die _____ sind malerisch

(*picturesque*) aber nicht sehr hoch.

Grammatik im Kontext

Comparing Things and People

Comparing Two Items / The Comparative of Adjectives and Adverbs

Übung 1 Nicht einverstanden

Schreiben Sie zwei verschiedene Antworten auf jede Frage.

> BEISPIEL: Ist der Bus so bequem wie der Zug? →
> a. Nein, der Bus ist nicht so bequem wie der Zug.
> b. Der Bus ist bequemer als der Zug.

1. Ist es heute so kalt wie gestern?

    a. _____

    b. _____

2. Ist diese Kirche so alt wie die Universität?

    a. _____

    b. _____

3. Ist der Flughafen (*airport*) so groß wie der Bahnhof?

    a. _____

    b. _____

4. Ist der Flugschein (*airplane ticket*) so teuer wie die Fahrkarte?

    a. _____

    b. _____

5. Finden Sie Deutschland so schön wie Österreich? (Nein, ich... / Ich...)

    a. _____

    b. _____

6. Finden Sie den Film so gut wie das Buch?

    a. _____

    b. _____

7. Finden Sie die Jacke so warm wie den Pullover?

a. _____

b. _____

8. Finden Sie die Bahnreise so lang wie die Autofahrt?

a. _____

b. _____

Übung 2 Mit der Bahn

Ergänzen Sie die folgenden Sätze mit Wörtern aus der Anzeige.

Immer öfter ab und an.

Unternehmen Zukunft
Die Deutschen Bahnen

Von Jahr zu Jahr wird das Fernverkehrsnetz der Bahn
dichter, damit Sie unabhängiger werden. Das gesamte
System von ICE, IC, EC und IR ist so aufeinander abge-
stimmt, daß Sie schneller umsteigen und dadurch früher
aussteigen können. Weitere Informationen erhalten Sie
über Btx *25800# oder bei allen Fahrkartenausgaben,
DER-Reisebüros und DB-/DR-Agenturen.

1. Man kann immer _____ abfahren und ankommen.

2. Das Verkehrsnetz der Bahn wird immer _____ (*denser*).

3. Man kann aber _____ (*more independent*) werden.

4. Man kann _____ umsteigen und dadurch (*thereby*)

_____ aussteigen (*get off*).

Ergänzen Sie die folgenden Sätze mit den angegebenen Wörtern.

5. Die Wagen werden immer _____. (*more comfortable*)

6. Die Züge werden immer _____. (*safer*)

7. Die Fahrmöglichkeiten werden immer _____. (*greater*)

8. Die Bahnpassagiere werden sowohl immer _____ (*younger*) als auch

immer _____. (*older*)

Übung 3 Wie wird alles?

Schreiben Sie Sätze.

BEISPIEL: Urlaube / schön → Die Urlaube werden immer schöner.

1. Flugzeuge / schnell

_____

_____

2. Straßen / gefährlich

_____

_____

3. Häuser / teuer

_____

_____

4. Computer / gut

_____

_____

5. Fahrten / lang

_____

_____

6. Aufenthalte / kurz

_____

_____

The Superlative of Adjectives and Adverbs

Übung 4 Wo ist es am besten in Deutschland?

Schreiben Sie Sätze mit dem Superlativ.

BEISPIEL: Im Verein ist Sport schön. → Im Verein ist Sport am schönsten.

1. Der Frankfurter Messeturm ist hoch.

   _____

2. Die Ruinen in Trier sind alt.

   _____

3. Die Architektur der Kirchen ist interessant.

   _____

4. Der Bodensee ist groß.

   _____

5. Die ICE-Züge sind schnell.

   _____

6. Der Leipziger Bahnhof ist modern.

   _____

Übung 5   Vergleiche

Bilden Sie Sätze mit den Adjektiven im Positiv, im Komparativ und im Superlativ.

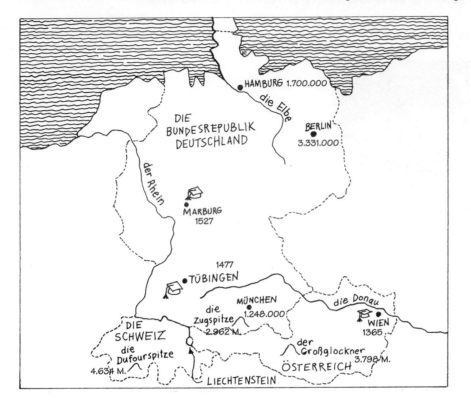

BEISPIEL: Diese Flüsse sind lang: die Elbe, der Rhein und die Donau. →
Die Elbe ist lang, aber nicht so lang wie der Rhein. Der Rhein ist länger als die
Elbe, aber die Donau ist am längsten.

1. Diese Länder sind klein: Österreich, die Schweiz und Liechtenstein.

_____

_____

_____

2. Diese Berge sind hoch: die Zugspitze, der Großglockner und die Dufourspitze.

_____

_____

_____

3. Diese Städte sind groß: München, Hamburg und Berlin.

_____

_____

_____

4. Diese Universitäten sind alt: die Universität in Marburg, die Universität in Tübingen und die Universität in Wien.

_____

_____

_____

_____

Adjectival Nouns

Übung 6 Was willst du?

Schreiben Sie Antworten mit substantivierten Adjektiven.

BEISPIEL: Was für einen Film möchtest du heute Abend sehen? (etwas / spannend) →
Ich möchte etwas Spannendes sehen.

1. Was für ein Theaterstück möchtest du sehen? (etwas / modern)

_____

2. Was für ein Poster willst du kaufen? (etwas / interessant)

_____

3. Was für Musik möchtest du hören? (etwas / romantisch)

_____

4. Was für ein Buch willst du im Urlaub lesen? (nichts / technisch)

_____

5. Was willst du dieses Wochenende machen? (nichts/ sportlich)

_____

6. Was für einen Urlaub möchtest du dieses Jahr planen? (nichts / teuer)

_____

7. Was willst du fotografieren? (viel / ungewöhnlich)

_____

Narrating Events in the Past: The Simple Past Tense

Weak Verbs

Übung 7 Eine Autofahrt

Schreiben Sie die Sätze im Imperfekt.

1. Ich plane eine Autofahrt.

   _____

2. Ich mache einen Fahrplan.

   _____

3. Ich brauche eine Unterkunft in der Stadt.

   _____

4. Ich buche ein Zimmer in einer Pension.

   _____

5. Die Autofahrt dauert sechs Stunden.

   _____

6. Ich kann den Stadtplan nicht verstehen.

   _____

7. Ich muss Passanten nach dem Weg fragen.

   _____

8. Ich danke ihnen für die Hilfe.

   _____

9. An der Rezeption der Pension fülle ich das Anmeldeformular aus.

   _____

   _____

10. Ich übernachte in einem kleinen Zimmer im ersten Stock.

    _____

    _____

11. Um sechs Uhr wache ich auf.

    _____

12. Ich dusche mich und frühstücke.

    _____

13. Ich bezahle die Rechnung.

_____

14. Dann bin ich wieder unterwegs.

_____

Strong Verbs and Irregular Weak Verbs

Übung 8 Ein Urlaub für wenig Geld

Lesen Sie den Cartoontext. Ergänzen Sie dann die Geschichte (*story*). Schreiben Sie jedes Verb im Imperfekt.

Herr Kleist _____ (wollen) für seinen Urlaub sehr wenig Geld ausgeben.

Er _____ (gehen) ins Reisebüro und _____

(sprechen) mit Herrn Vogt über Preise für Fahrkarten und Pensionen. Er

_____ (finden) alles viel zu teuer.

   Herr Vogt _____ (fragen) ihn darauf: „Haben Sie schon einmal eine

Tour durch unsere Stadt gemacht?"

   Herr Kleist _____ (antworten): „Nein, das habe ich noch nicht

gemacht."

Herr Vogt _____ (vorschlagen): „Bleiben Sie doch zu Hause, und lernen Sie unsere Stadt besser kennen." Herr Kleist _____ (sein) damit einverstanden.

Er _____ (verbringen) also seinen Urlaub zu Hause. Es gibt viel in der Stadt zu tun und sich anzuschauen, und jeden Tag _____ (unternehmen) er etwas Interessantes. Er _____ (machen) drei Stadtrundfahrten, _____ (gehen) durch die Parks spazieren, und so _____ (lernen) er seine eigene Stadt kennen. Sonntags _____ (besuchen) er Museen, und danach _____ er Freunde zu sich _____ (einladen). Nachmittags _____ (arbeiten) er im Garten, und abends _____ (sitzen) er stundenlang im Wohnzimmer und _____ (fernsehen). Sein Urlaub zu Hause _____ (sein) schöner als alle Reisen.

The Conjunction *als*

Übung 9 Was machten sie?

Machen Sie aus den zwei Sätzen einen Satz. Beginnen Sie mit der Konjunktion „als". Benutzen Sie das Imperfekt.

BEISPIEL: Erich ist im Flughafen. Er kauft einen Flugschein. →
Als Erich im Flughafen war, kaufte er einen Flugschein.

1. Michael ist im Reisebüro. Er spricht mit einem Reiseleiter.

   _____

   _____

2. Anna sieht das Angebot. Sie will sofort eine Fahrkarte kaufen.

   _____

   _____

3. Konrad fährt mit dem Taxi. Die Fahrt zum Bahnhof dauert nur zehn Minuten.

   _____

   _____

4. Corinna ist in Mainz. Sie übernachtet in einer Jugendherberge.

   _____

   _____

5. Monika kommt am Bahnhof an. Der Zug fährt ab.

_____

_____

6. Paul verbringt den Tag am Strand. Er bringt kein Sonnenschutzmittel mit.

_____

_____

_____

7. Sofie liest den Fahrplan. Sie macht Reisepläne.

_____

_____

8. Stefan geht aus dem Hotelzimmer. Er vergisst den Schlüssel.

_____

_____

The Past Perfect Tense

Übung 10 Das erste Märchenfest

Lesen Sie den Artikel über das Fest am Märchenbrunnen (*fairy tale fountain*) mit Hexen (*witches*), Zauberern (*magicians*) und auch Schneewittchen (*Snow White*).

FRIEDRICHSHAIN

Hexen feierten am Märchenbrunnen

■ Das Kulturamt hatte zum 1. Märchenfest am Märchenbrunnen eingeladen. Alle waren da: Prinzessinnen, Hexen, Zauberer. Sie feierten am Sonnabend mit Musik und Spielen im Volkspark Friedrichshain. Viele Gäste waren trotz des schlechten Wetters gekommen.

Höhepunkt: Schneewittchens Hochzeit. Manfred zeigte Straßenzauberstücke, die Tanzteenys und Gruppen tanzten den Hochzeitsreigen. Michaelle Spitczack begeistert: „Das Puppentheater war gut."

Bodo Pfeiffer (35) aus Prenzlauer Berg: „Für die vielen Kinder war das Fest erlebnisreich." Antje Rettig wohnt gleich in der Nähe des Volksparkes: „So schöne Veranstaltungen müßte es öfter am Märchenbrunnen geben."   *Fux*

Beantworten Sie die zwei Fragen, und füllen Sie dann die Tabelle aus.

1. Was hatte das Kulturamt gemacht?

   _____

   _____

2. Was hatten die Gäste trotz des Wetters gemacht?

   _____

   _____

wer da war:	
an welchem Tag:	
wo:	
wie sie feierten:	
wie das Wetter war:	

 **Sprache im Kontext**

Lesen

Auf den ersten Blick

Schreiben Sie die folgenden zusammengesetzten (*compound*) Wörter. Diese Wörter stehen alle in der Anzeige.

1. der Fluss + das Kreuz + die Fahrt + das Schiff =

   _____

2. wohn + die Fläche (*area*) = _____

3. das Quadrat (*square*) + der Meter = _____

4. die Musik + die Anlage = _____

5. die Farbe + das Fernsehen = _____

6. das Video + der Anschluss (*connection*) = _____

7. die Donau + das Tal (*valley*) = _____

Komm auf's Schiff:

Elegant. Einzigartig. Die *MS MOZART*, das größte Fluß-
kreuzfahrtschiff der Welt.
4 großflächige Decks. 108 geräumige Kabinen: Mit einer
Wohnfläche von 19 Quadratmetern, vollklimatisiert, Telefon,
Musikanlage, Farbfernsehen mit Videoanschluß, Bad mit
Dusche und WC. 80 Mann Besatzung. Fitnesscenter mit:
Indoorpool, Hot Whirlpool, Sauna, Solarium und Massageraum. First Class-Service rund um die Uhr. 5 Mahlzeiten
täglich. Eine unvergeßliche Reise durch das zauberhafte
Donautal. Wien – Passau – Wien – Budapest – Wien,
ab 30. April wöchentlich.

Erste Donau-Dampfschiffahrts-Gesellschaft
Bei allen guten Reisebüros und bei DDSG-Donaureisen.
Handelskai 265, A-1021 Wien, Telefon: (0222) 26 65 36-0, Telefax: 26 65 36-250, Telex: 131698.

Zum Text

Schreiben Sie zu jeder Frage eine kurze Antwort.

1. Welche Adjektive beschreiben das Schiff? _____ und

   _____

2. Wie heißt das Schiff? _____

3. Ist das Flusskreuzfahrtschiff sehr groß oder nicht so groß? _____

4. Wie viele Decks hat es? _____ Wie viele Kabinen? _____

5. Wie viele Quadratmeter (*square meters*) hat jede Kabine? _____

6. Ist jede Kabine vollklimatisiert (*fully air-conditioned*)? _____

7. Was findet man in jeder Kabine? _____

_____

_____

8. Womit ist das Fitnesscenter ausgestattet (*equipped*)? _____

_____

_____

9. Wie viele Mahlzeiten (Essen) bekommt man täglich? _____

10. Durch welches Flusstal (*river valley*) fährt das Schiff? _____

11. Welche Städte besuchen die Passagiere? _____

_____

12. Ab wann kann man jedes Jahr mit diesem Schiff reisen? _____

13. Wie oft macht das Schiff diese Reise? _____

Schreiben

Write an advertisement for the ship and the trip on the Danube in the form of a testimonial from a passenger who took the tour last year.

- Use the past tense, since the passenger will be telling about his/her impressions and experiences.
- Use ideas from the ad and from the questions and answers in **Zum Text.**
- Use coordinating and subordinating conjunctions whenever appropriate to combine thoughts and ideas.
- The ideas in **Zum Text** describe the ship and the route. Make up and insert commentary wherever appropriate to make the testimonial more personal and more interesting. (**Wie war das Wetter? Wie war das Essen? Lernte der Passagier / die Passagierin viele Leute kennen? Wie verbrachte er/sie die Zeit? usw.**)

Begin as follows:

Letztes Jahr machte ich eine Reise mit der „MS MOZART" durch das Donautal. Das Schiff war...

Journal

 Sie haben sicherlich schon einmal eine Reise mit dem Flugzeug, mit dem Auto, mit dem Bus oder mit dem Zug unternommen. Schreiben Sie darüber im Imperfekt. Erzählen Sie unter anderem,

wohin Sie reisten.

was Sie gemacht hatten, bevor Sie verreisten.

was Sie mitnahmen.

wer mitkam. / wer mitfuhr.

wann Sie abfuhren. / wann Sie abflogen.

ob Sie irgendwo (*somewhere*) Aufenthalt hatten. / ob Sie umsteigen mussten, und wenn ja: wo Sie umstiegen.

wann Sie ankamen.

wo Sie übernachteten.

was Sie machten, nachdem Sie im Hotel (in der Pension, in der Jugendherberge, bei Freunden, zu Hause) angekommen waren.

ob Sie ins Konzert (ins Theater, ins Kino, ins Hallenbad, ins Freibad) gingen.

ob Sie schwimmen gingen.

ob Sie wandern gingen.

ob Sie einen Einkaufsbummel machten.

ob Sie segelten, ritten, angelten oder Tennis (Golf, Volleyball, __?__) spielten.

ob Sie ein Auto oder ein Rad mieteten.

ob Sie Postkarten schrieben.

ob Sie ein Buch lasen.

ob Sie nach Hause telefonierten.

was Sie aßen und tranken.

was Sie kauften.

was Sie sahen.

ob Sie interessante Leute kennen lernten, und wenn ja: wen?

ob Sie sich amüsierten.

ob es irgendwelche Probleme gab.

?

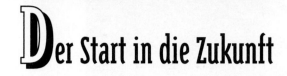

Der Start in die Zukunft

Alles klar?

Lesen Sie die Anzeige auf der nächsten Seite. Suchen Sie dann die richtigen Satzendungen.

1. GEHE ist _____.

2. GEHE hat _____.

3. GEHE braucht _____.

4. Die Firma braucht diesen

    Menschen _____.

5. Der Bewerber / die Bewerberin muss in

    einem zwei-Schicht-Betrieb (*two-shift*

    business) arbeiten. Er/sie muss auch

    _____, _____ und _____ vorweisen

    (*possess*).

6. Der Bewerber / die Bewerberin soll

    auch Erfahrung (*experience*) mit

    _____ besitzen.

7. Die Anzeige beschreibt das

    Arbeitsumfeld als _____.

8. Wer Interesse hat, soll der Firma

    _____ senden.

a. eine kaufmännische Ausbildung
b. modern
c. eine Niederlassung in Weiterstadt
d. Engagement
e. einen Operator / eine Operatorin
f. seine/ihre kompletten Bewerbungsunterlagen
g. eine pharmazeutische Firma
h. Flexibilität
i. IBM-EDV (elektronische Daten-
   verarbeitung)-Anlagen
j. möglichst bald

Wörter im Kontext

Meine Interessen, Wünsche und Erwartungen

Aktivität 1 Was ist Ihnen am wichtigsten?

A. Lesen Sie die Liste, und nummerieren Sie Ihre Prioritäten: Nummer 1 ist bei einer Arbeitsstelle für Sie am wichtigsten, Nummer 2 am zweitwichtigsten, Nummer 3 am drittwichtigsten usw.

_____ eine wichtige Stelle in einer großen internationalen Firma

_____ ein lebenslanger Beruf

_____ eine gute Ausbildung

_____ das beste Einkommen

_____ sympathische Mitarbeiter / Mitarbeiterinnen

_____ soziales Prestige

_____ Gelegenheit zu Weltreisen

_____ großer Erfolg im Geschäft und im Leben

_____ täglicher Kontakt mit wichtigen, interessanten Menschen

_____ finanzielle Unabhängigkeit

B. Schreiben Sie jetzt einen Satz über Ihre Prioritäten. Erklären Sie, was für Sie am allerwichtigsten, am zweitwichtigsten und am drittwichtigsten ist. Vergleichen Sie Ihren Satz mit denen der anderen Studenten und Studentinnen.

_____

_____

_____

_____

_____

Aktivität 2 Auf Arbeitssuche

Was sagen diese Menschen? Ergänzen Sie die Sätze mit den Wörtern und Ausdrücken im Kasten.

BERLINER MORGENPOST

Im Stellen-Markt die Nr. 1

Kompetent in Berlin und Brandenburg

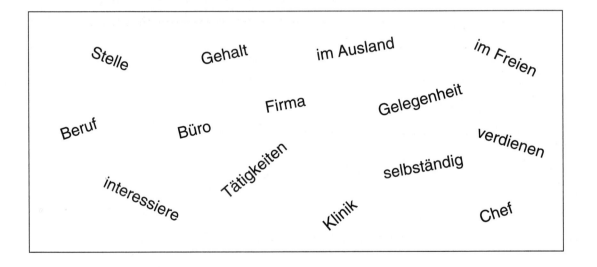

Stelle   Gehalt   im Ausland   im Freien

Firma   Gelegenheit

Beruf   Büro   verdienen

Tätigkeiten   selbständig

interessiere   Klinik   Chef

1. FRAU REINECKE: Am liebsten möchte ich einen _____ im kulturellen

    Bereich. Ich will keinen _____ und keine Chefin haben. Ich will

    _____ arbeiten und viel Geld _____.

2. HERR HARTWIG: Ich suche eine Stelle mit _____ zum Reisen. Ich will

    Geschäftsreisen um die Welt machen und vielleicht eines Tages auch bei einer internationalen

    _____ oder _____ arbeiten.

3. HERR BERGER: Ich _____ mich für Tiermedizin, aber ich will in

keiner _____ arbeiten. Vielleicht kann ich Tierarzt auf dem Land

werden und viel Zeit _____ verbringen.

4. HERR OPITZ: Eine feste _____ mit einem guten

_____ ist mir wichtig. Eines Tages will ich ein berühmter Koch in

einem erstklassigen Restaurant in Berlin sein.

Aktivität 3 Stefan hat Fragen.

Stefan spricht mit jemandem in einem Pharmakonzern. Was will er wissen? Ergänzen Sie jeden Satz
mit der richtigen Form des passenden Verbs.

sich beschäftigen	sich freuen	verdienen
besitzen	herstellen	sich vorbereiten
sich bewerben	nachdenken	sich vorstellen

STEFAN: Ich möchte wissen,

1. was für pharmazeutische Produkte man hier _____.

2. ob die Firma _____ mit Umweltproblemen (*environmental issues*)

_____.

3. wie ich _____ auf einen Beruf in diesem Bereich

_____ kann.

4. wie man _____ um einen Ausbildungsplatz hier

_____.

5. was für eine Ausbildung man _____ muss.

6. wie viel Geld man im ersten Jahr hier _____.

7. ob ich eine Weile über diese Informationen _____ darf.

Thema 2

Berufe

Aktivität 4 Männer und Frauen

Schreiben Sie die männliche oder weibliche Form des Wortes.

1. Herr Stengel ist Rechtsanwalt, Frau Keller ist _____.

2. Frau Maier ist Geschäftsfrau, Herr Konrad ist _____.

3. Diese Männer arbeiten als Zeichner, diese Frauen arbeiten als _____.

4. Herr Nickel ist Bibliothekar, auch seine Frau ist _____.

5. Diese Frauen sind Dolmetscherinnen, diese Männer sind _____.

6. Ein Kaufmann und eine _____ treffen sich diese Woche

   auf einer Tagung (*conference*) in Berlin.

7. Unsere Tochter ist Künstlerin, unser Sohn ist _____.

8. Man sollte mindestens einmal im Jahr zum Zahnarzt oder zur _____

   gehen.

9. Wir suchen noch eine Informatikerin oder einen _____.

10. Die jungen Frauen wollen Mechanikerinnen werden, die jungen Männer

    _____.

11. Viele Menschen suchen einen Psychologen oder eine _____, wenn

    sie Probleme haben.

12. Das ist der Mann der Journalistin, und das ist die Frau des _____.

Aktivität 5 Wer macht was?

Die folgenden Fragen basieren auf den Bildern. Schreiben Sie eine kurze Antwort auf jede. (Die Antworten sind *nicht* auf den Bildern!)

1. Wer arbeitet jeden Tag mit Computern und weiß sehr viel darüber?
   Ein Informatiker. / Eine Informatikerin. _____

2. Wer kann Bilder oder Graphiken für einen Katalog zeichnen?

   _____

3. Wer kann das Familienauto reparieren?

   _____

4. Wer sucht ein gutes Ladenlokal?

   _____

5. Was ist ein anderes Wort für einen Manager / eine Managerin?

   _____

6. Wer malt Bilder so, wie das von einem Hexenhaus?

   _____

7. Wer repräsentiert eine Firma und verkauft Produkte wie zum Beispiel Herde und andere

   Küchengeräte an Einzelhändler oder Küchengeschäfte?

   _____

8. Wer arbeitet im Krankenhaus oder in einer Klinik und hilft kranken Menschen?

   _____

9. Ein Transportfahrer hatte einen Unfall (*accident*) auf der Autobahn. Ein Autofahrer verklagt

   (*is suing*) ihn auf Schadenersatz (*damages*). Mit wem sollte der Transportfahrer sprechen?

   _____

10. Viele Leute hören gern Musik, aber wer macht Musik?

    _____

11. Wer spielt Rollen—zum Beispiel die Rolle eines Sekretärs oder einer Sekretärin—auf der Bühne

    (*stage*) oder in Filmen?

    _____

12. Wer beschäftigt sich jeden Tag mit Büchern?

    _____

Stellenangebote und Bewerbungen

Aktivität 6 Wortfamilien

A. Lesen Sie die Synonyme oder Definitionen, und schreiben Sie die passenden Substantive.

arbeiten

1. jemand, der arbeitet: *der Arbeiter / die Arbeiterin* _____

2. Leute, die miteinander arbeiten: _____

3. Leute, die Arbeit geben: _____

4. Platz der Arbeit: _____

5. ein Dienst (ein Service) für Leute, die Arbeit suchen: _____

sich bewerben

6. was man macht, wenn man sich bewirbt: _____

7. ein Formular zur Bewerbung: _____

beraten

8. jemand, der Menschen mit Berufsfragen hilft: _____

stellen

9. ein Job: _____

10. ein Angebot für einen Job: _____

B. Was soll ein Bewerber / eine Bewerberin besitzen? Was soll ein Arbeitgeber / eine Arbeitgeberin bieten (*offer*)? Schreiben Sie B für Bewerber/Bewerberin oder A für Arbeitgeber/Arbeitgeberin.

1. _____ Einen Lebenslauf.

2. _____ Ein Vorstellungsgespräch.

3. _____ Eine Stelle.

4. _____ Ein Bewerbungsformular.

5. _____ Ein Zeugnis.

6. _____ Bewerbungsunterlagen.

7. _____ Einen Arbeitsplatz.

8. _____ Ein Gehalt.

C. Schauen Sie sich die Anzeige an. Vervollständigen Sie dann den folgenden Aufsatz. Benutzen Sie Wörter aus Teil B.

Josef suchte einen _____[1] beim Rundfunk (*radio*). Letzten Monat sah

er dieses Stellenangebot in der Zeitung. Weil er die Anzeige hochinteressant fand, rief er die Station

sofort an und fragte: „Können Sie mir bitte ein _____[2] schicken?" Dann

bereitete er seinen _____[3] vor. Natürlich hatte er auch sein

_____[4] von der technischen Fachhochschule. Er schickte seine

kompletten _____[5] an Valerie Weber. Sie rief Josef an und lud ihn zum

_____[6] ein. Heute hat Josef eine neue _____[7]

als Techniker mit einem guten _____.[8]

Grammatik im Kontext

Future Tense

Übung 1 Wie wird das Wetter sein?

Sehen Sie sich die Bilder an, und schreiben Sie eine Antwort auf jede Frage. Benutzen Sie das Futur.

Wetterlage:
Der Wetterablauf wird heute sehr unbeständig sein. Wechselnd stark bewölkt, einzelne Schauer, mäßiger bis frischer, zeitweise starker und böiger Wind aus West bis Südwest. Die höchste Temperatur beträgt 17 Grad Celsius. Nachts teils wolkig, teils gering bewölkt, kaum noch Niederschläge, Temperatur bei 10 Grad.
Norddeutschland: Meist stark bewölkt, kurze Gewitter, Tageshöchstwert bei 18°.
Süddeutschland: Föhnig aufgelockert und trocken, im Südosten bis 21 Grad.
Westdeutschland: Stark bewölkt und einzelne Schauer, schwacher Südwestwind.

(Alle Daten: Wetteramt Berlin)

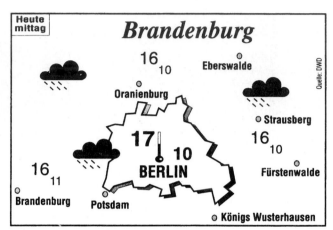

Morgen:
Wolkig bis bedeckt, gelegentlich Regen. Höchste Temperatur bei 18°. Schwacher bis mäßiger Südwestwind.

Werte in Berlin (gestern, 15 Uhr):
Der Luftdruck blieb von vorgestern zu gestern bei 1008 hPa. – Tendenz: fallend. – Relative Luftfeuchtigkeit: 81 %. – Lufttemperatur: 15° Celsius.

1. Wie wird das Wetter am Montag, Dienstag und Mittwoch sein?

   _____

2. Was wird am Mittwoch passieren?

   _____

3. Was für Wetter wird es am Freitag geben?

   _____

Lesen Sie jetzt die Wetterlage für Brandenburg für heute und für morgen. Schreiben Sie dann eine Wettervorhersage für die nächsten fünf Tage in Ihrer Gegend (Region). Benutzen Sie das Futur.

_____

_____

_____

_____

_____

_____

_____

Expressing Probability

Übung 2 Was werden sie in der Zukunft machen?

Schreiben Sie Sätze mit **wohl** und **werden.**

> BEISPIEL. Helga: eine berühmte (*famous*) Schauspielerin sein. →
> Helga wird wohl eine berühmte Schauspielerin sein.

1. du: ein hohes Gehalt verdienen

_____

2. Max und Karin: im Ausland wohnen

_____

3. Sie: großen Erfolg haben

_____

4. ich: sich um eine Stelle bei einer Bank bewerben

_____

5. wir: sich mit Politik beschäftigen

_____

6. ihr: einen Beruf im künstlerischen Bereich ausüben

_____

_____

Describing People or Things: Relative Clauses

The Relative Pronoun

Übung 3 Arbeiter und Arbeitslose

Lesen Sie zuerst die Anzeige vom Arbeitsamt. Ergänzen Sie dann die folgenden Sätze mit Relativpronomen.

Das ist Franz Seitz, Inhaber einer Firma für Dämmtechnik, mit vier seiner Mitarbeiter. Einer davon war mehr als 365 Tage arbeitslos. Dessen Leistungen sind hochgeschätzt. Eine Einstellung, die sich gelohnt hat – für alle Beteiligten.

685.000 Menschen sind länger als ein Jahr arbeitslos. Sie brauchen eine Chance. Vielleicht die Chance, die Sie als Unternehmer oder Freiberufler bieten können. Rufen Sie an – bitte bald!

 Ihr Arbeitsamt

1. Wie heißt der Mann, _____ der Inhaber (*owner*) einer Firma für Dämmtechnik (*insulation*) ist?

2. Das ist die Firma, bei _____ die vier Angestellten arbeiten.

3. Ist Herr Seitz ein Mann, _____ alle Angestellten respektieren?

4. Wer sind die Menschen, mit _____ er zusammen auf dem Foto steht?

5. Erkennen Sie den Mitarbeiter, _____ mehr als 365 Tage arbeitslos war?

6. Wer ist der Mitarbeiter, _____ Leistungen (Arbeit) hoch geschätzt (*highly valued*) sind?

7. Wo wohnt der Mitarbeiter, von _____ das Arbeitsamt spricht?

8. Wer ist der Mitarbeiter, _____ Herr Seitz die Gelegenheit gegeben hat, sich zu bewähren (*to prove himself*)?

9. Langzeitarbeitslose sind Menschen, _____ eine Chance brauchen, zu zeigen, was sie können.

10. Diese Menschen brauchen eine Chance, _____ man als Unternehmer oder Freiberufler (*self-employed person*) bieten kann.

11. In welchem Land wohnen die 685.000 Menschen, _____ länger als ein Jahr arbeitslos sind?

Übung 4 Was soll ich lesen, wenn ich Karriere machen will?

Schreiben Sie Sätze wie im Beispiel.

BEISPIEL: Soll ich eine Zeitung lesen? Sie hat Informationen über Berufsmöglichkeiten. →
            Soll ich eine Zeitung lesen, die Informationen über Berufsmöglichkeiten hat?

1. Soll ich ein Buch lesen? Die Autorin des Buches hatte viel Erfolg in der Industrie.

   _____

   _____

   _____

Lesen Sie,
was Leute lesen,
die Karriere
machen wollen.

2. Soll ich einen Roman (*novel*) lesen? Der Hauptcharakter des Romans ist ein erfolgreicher Geschäftsmann.

   _____

   _____

   _____

   _____

3. Soll ich Magazinartikel lesen? Sie beschreiben meine Traumkarriere.

_____

_____

_____

4. Soll ich diesen Artikel lesen? Er gibt viele Statistiken.

_____

_____

_____

5. Soll ich das Stellenangebot lesen? Es interessiert mich am meisten.

_____

_____

_____

Übung 5 Ihre Lieblingsprodukte

Schreiben Sie kurze Anzeigen für vier Produkte, die Sie besonders mögen.

BEISPIEL: (*Brand name*) ist der Käse, der mir am besten schmeckt.
    oder (*Brand name*) ist der Käse, den ich immer im Haus habe.
    oder ?

der Apfelsaft	die Rasiercreme
das Eis	die Schokolade
die Hustenbonbons	die Seife
der Käse	das Shampoo
die Kekse	der Tee
das Mineralwasser	die Vitamintabletten
das Parfüm	der Wein
die Pizza	?

1. _____

_____

2. _____

_____

3. _____

_____

4. _____

_____

The Interrogative Pronoun *was für (ein)*

Übung 6 Ein interessantes Stellenangebot

Schreiben Sie Fragen mit **was für (ein)**.

> BEISPIEL: eine Anzeige (*subj.*) / sein / das →
> Was für eine Anzeige ist das?

1. ein Mensch / werden / so eine Anzeige (*subj.*) / interessieren

    _____

    _____

    _____

2. Qualifikationen / müssen / ein Bewerber (*subj.*) / haben

    _____

    _____

    _____

3. Menschen (*subj.*) / werden / bei so einer Firma / sich bewerben

    _____

    _____

    _____

4. mit / ein Gimmick / präsentieren / man (*subj.*) / diese Stelle

    _____

    _____

5. eine Zeitschrift / empfehlen / man (*subj.*) / in / diese Stelle / als Werbeträger (*advertiser*)

    _____

    _____

6. bei / eine Firma / arbeiten / Herr Magister* Bogner

    _____

    _____

---

*Herr Magister / Frau Magister** is the title for someone holding a master's degree.

Lesen Sie jetzt die ganze Anzeige, und markieren Sie dann alle richtigen Antworten auf jede Frage.

7. Welche Sprache müssen die Bewerber im Klartext (*straightforward language*) sprechen?

   a. Italienisch.

   b. Holländisch.

   c. Deutsch.

   d. Englisch.

8. Welche Sprachen brauchen die Bewerber nicht?

   a. Deutsch.

   b. Holländisch.

   c. Japanisch.

   d. Italienisch.

9. Was sollte man bei dieser Firma tun, wenn man „im Klartext" Deutsch sprechen kann?

   a. Man sollte Deutsch sprechenden Leuten überall in der Welt die Automobilzeitschrift empfehlen.

   b. Man sollte die italienischen Medien verkaufen.

   c. Man sollte erklären, warum diese Zeitschrift besonders erfolgreich für die Tourismuswerbung (*advertising for tourism*) ist.

   d. Man sollte bei dieser Firma mehr als bei anderen verdienen.

Schreiben Sie jetzt eine Antwort auf die folgende Frage.

10. Sind Sie neugierig geworden, nachdem (*after*) Sie diese Anzeige gelesen haben? Warum (nicht)?

   _____

   _____

   _____

   _____

Negating Sentences

Summary: The Position of nicht

Übung 7 Herr Königs Krone

Schreiben Sie jeden Satz mit „nicht".

Cartoon: Erik Liebermann

1. Das ist Herr Königs Krone.

   _____

2. Der Hauswirt hat die Krone auf den Briefkasten gestellt.

   _____

3. Herr Königs Frau hat ihm diese Krone gekauft.

   _____

4. Die Krone gefällt dem Hauswirt.

   _____

5. Der Mann, der spricht, ist der Hauswirt.

   _____

6. Herr König muss aus seiner Wohnung kommen.

   _____

7. Er muss die Krone entfernen (*remove*).

   _____

8. Herr König trägt die Krone gern.

   _____

Negation: noch nicht, noch kein(e); nicht mehr, kein(e)... mehr

Übung 8 So ist das nicht.

Sonja und Erich bewerben sich um eine Stelle. Beantworten Sie jede Frage mit **nicht, noch nicht** oder **noch kein(e).**

BEISPIEL: Hat Erich die Anzeige in der Zeitung
schon gelesen? →
Nein, er hat sie noch nicht gelesen.

1. Glaubt Erich, dass er für die Stelle als Fotograf qualifiziert ist?

   _____

   _____

2. Will Sonja sich um die Stelle bei der Telefonzentrale bewerben?

   _____

   _____

3. Kennt Sonja Frau Monien und Herrn Hansen?

   _____

   _____

4. Hat Sonja Frau Monien angerufen?

   _____

   _____

5. Hat Sonja schon einen Termin bei Frau Monien?

   _____

   _____

6. Wohnt Erich in der Nähe von der Firma Wüstefeld?

   _____

   _____

7. Kann Erich sich an die Adresse der Firma erinnern?

   _____

   _____

8. Haben Sonja und Erich sich schon bei der Firma beworben?

   _____

   _____

9. Hat Sonja ihren Lebenslauf schon abgeschickt?

_____

_____

Übung 9 Damals und jetzt

Vor ein paar Jahren war eine junge Frau Kommunikationselektronikerin. Und jetzt? Schreiben Sie auf jede Frage eine negative Antwort mit **nicht mehr** oder **kein(e) mehr.**

Telefone installieren. Breitbandkabel verlegen. Mikrocomputer programmieren. Das ist solides Handwerk, kombiniert mit hochentwickelter Technik. Ein Job für Frauen, die auf die Zukunft setzen

1. Ist sie noch Kommunikationselektronikerin?

_____

_____

2. Arbeitet sie noch immer bei der Post?

_____

_____

3. Hat sie noch ein Gehalt von 1530 Euro?

_____

_____

4. Installiert sie noch Telefone?

_____

_____

5. Verlegt sie noch Breitbandkabel?

_____

_____

6. Programmiert sie noch Mikrocomputer?

_____

_____

7. Ist das noch ein Job für sie?

_____

_____

Sprache im Kontext

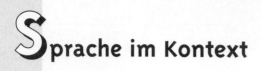

Lesen

Auf den ersten Blick

Schauen Sie sich die Anzeige an. Was wissen Sie schon? Mehr als eine Antwort kann richtig sein.

1. Ravensburg ist der Name

   a. eines Freizeitparks.

   b. einer Stadt.

   c. eines Bundesstaats.

2. Animateure sind Leute, die oft

   a. Sport für Gäste organisieren.

   b. Spiele für Kinder planen.

   c. Attraktionen und Spielshows in Parks betreuen.

3. Man könnte einen Animateur / eine Animateurin vielleicht als _____ beschreiben.

   a. einen Gast

   b. einen Gastwirt / eine Gastwirtin

   c. einen Gastgeber / eine Gastgeberin

4. „Animateure (m/w)" heißt

   a. Animateure und auch Animateurinnen.

   b. männlich und weiblich (*female*).

   c. Männer und Frauen dürfen sich bewerben.

Ravensburger

Arbeiten – wo andere Urlaub machen – in einem Freizeitpark in Deutschland.

Die Ravensburger Spieleland AG sucht für ihren Freizeitpark in **Meckenbeuren** in der Nähe des Bodensees und die Ravensburger Freizeit- und Promotion-Service GmbH sucht für ihre Nivea-Kinderländer im Europapark in **Rust** und im Heide-Park in **Soltau**

Animateure[1] (m/w)

für die Saison 2001 (April–November 2001).

Sie betreuen[2] Attraktionen und Spielshows in den verschiedenen Themenbereichen.[3]

Am Besten passen Sie zu uns, wenn Sie Spaß an der Arbeit und im Umgang[4] mit Menschen haben. Sie sind kontaktfreudig, belastbar und arbeiten gerne im Team. Ein hohes Maß an Flexibilität und Organisationstalent sind weitere wesentliche Eigenschaften, die Sie mitbringen.

Hohe Motivation und Freundlichkeit ist für Sie selbstverständlich. Für die Tätigkeit in Rust benötigen Sie französische Sprachkenntnisse.

Sie sammeln sicherlich viele Erfahrungen, die Ihr Leben bereichern und Sie positiv beeinflussen. Der Job ist also nichts für Menschenscheue![5]

Wir freuen uns auf Ihre Bewerbung unter Angabe des gewünschten Einsatzortes.

Ravensburger AG
Personalabteilung
Postfach 1860
88188 Ravensburg

www.ravensburger.de

[1]*hosts / hostesses*
[2]*look after*
[3]*theme areas*
[4]*interaction*
[5]*shy, unsociable people*

Zum Text

Lesen Sie jetzt den Text und dann alle Fragen durch. Nachdem Sie die Fragen gelesen haben, werden Sie den Text besser verstehen. Lesen Sie den Text noch einmal und dann schreiben Sie eine Antwort auf jede Frage.

1. Möchten Sie arbeiten, wo andere Leute Urlaub machen?

   _____

2. Möchten Sie in einem Freizeitpark in Deutschland arbeiten?

   _____

3. Möchten Sie lieber in dem Freizeitpark in der Nähe vom Bodensee oder im Europapark in Rust oder im Heide-Park in Soltau arbeiten?

   _____

4. Möchten Sie nur für die Saison arbeiten, das heißt vom April bis zum November?

   _____

5. Möchten Sie Attraktionen und Spielshows in den verschiedenen Themenbereichen betreuen?

   _____

6. Möchten Sie Spaß an der Arbeit haben?

   _____

7. Möchten Sie einen Job, in dem Sie Umgang (Kontakt) mit Menschen haben?

   _____

8. Arbeiten Sie gern im Team?

   _____

9. Sind Sie flexibel, was Ihre Arbeit betrifft?

   _____

10. Haben Sie Organisationstalent?

    _____

11. Sind Sie hoch motiviert und freundlich?

    _____

12. Wenn Sie die Tätigkeit in Rust wollen, müssen Sie Französisch sprechen. Können Sie Französisch?

    _____

13. Möchten Sie sich für eine Stelle als Animateur / Animateurin bewerben? Warum (nicht)?

    _____

Wie reagieren Sie auf dieses Stellenangebot? Möchten Sie für eine Saison als Animateur / Animateurin in Meckenbeuren, Rust oder Soltau arbeiten? Warum (nicht)? Benutzen Sie Ihre Antworten auf die Fragen als Notizen, und erklären Sie Ihre Reaktion.

Journal

Wählen Sie eines der folgenden Themen.

Thema 1: Das Leben in der Zukunft. Stellen Sie sich das Jahr 2030 vor, und beschreiben Sie Ihr Leben.

- Wo werden Sie leben? Warum?

- In was für einem Haus oder einer Wohnung werden Sie wohnen?

- Werden Sie noch Student/Studentin sein?

- Werden Sie Erfolg haben? Was werden Sie von Beruf sein?

- Werden Sie viel Geld verdienen?

- Werden Sie vielleicht mehr Zeit für sich selbst haben?

- Was für Sportarten werden Sie treiben? Wie werden Sie sich fit halten?

- Wohin werden Sie reisen, wenn Sie Urlaub haben?

- Werden Sie ledig oder verheiratet sein?

- Werden Sie Kinder oder vielleicht schon Enkelkinder haben?

Thema 2: Das vierte Millennium. Beschreiben Sie die Welt und das Leben im Jahr 3000, so wie Sie sich alles vorstellen. Könnten wir so eine Welt noch erkennen (*recognize*)? Warum (nicht)?

Kapitel 12

Haus, Haushalt und Finanzen

Alles klar?

A. Schauen Sie sich die Anzeige an. Warum würde Stadthaus Graimberg für die folgenden Menschen ideal sein? Schreiben Sie die Gründe (*reasons*) dafür.

1. Eine Studentin braucht eine Wohnung. Sie hat eine Mitbewohnerin und kein Auto. Das Stadthaus...

    a. _____

    b. _____

    c. _____

2. Ein Kaufmann wohnt allein und hat ein Auto. Das Stadthaus...

    a. _____

    b. _____

B. Wie beschreiben Sie Ihr Traumhaus (*dream house*)?

- Wo möchten Sie eines Tages leben?
    - ☐ im Zentrum einer Großstadt?
    - ☐ in der Vorstadt einer großen Metropole?
    - ☐ in einer Kleinstadt?
    - ☐ in einem europäischen Kurort?
    - ☐ auf dem Land?
    - ☐ in den Bergen?
    - ☐ im Wald?
    - ☐ am Strand?
    - ☐ an einem See?
    - ☐ an einem Fluss?
    - ☐ in der Wüste (*desert*)?
    - ☐ im Dschungel?
    - ☐ auf einer Insel im Südpazifik?
    - ☐ ?

- Was für ein Zuhause möchten Sie haben?
    - ☐ eine Villa?
    - ☐ ein großes Schloss?
    - ☐ eine renovierte Burg?
    - ☐ ein altes Bauernhaus?
    - ☐ ein modernes Einfamilienhaus?
    - ☐ eine Wohnung in einem Stadthaus?
    - ☐ ein Penthaus?
    - ☐ eine Dachwohnung?
    - ☐ ein Hausboot?
    - ☐ eine Kabine auf einem Schiff?
    - ☐ eine Jacht?
    - ☐ ein Zelt?
    - ☐ ?

- Was muss Ihr Zuhause haben?
    - ☐ einen Lift?
    - ☐ einen Balkon?
    - ☐ eine Terrasse?
    - ☐ einen großen majestätischen Eingang?
    - ☐ einen Abstellraum (*storage room*)?
    - ☐ ein Hallenbad?
    - ☐ ?

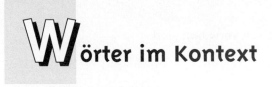örter im Kontext

Thema 1

Finanzen der Studenten

Aktivität 1 Kein Geld übrig

A. Der Mann im Cartoon hat einen Job mit einem guten Gehalt. Die Frau studiert noch ein Jahr und arbeitet abends. Der Mann rechnet (*calculates*) immer wieder, aber jedesmal kommt er zu diesem Resultat: Wenn er den Pool bauen lässt, ist kein Geld für die folgenden Dinge übrig. Schreiben Sie die Liste auf Deutsch.

_____ (*food*)

_____ (*rent*)

_____ (*electricity*)

_____ (*water*)

_____ (*garbage*)

_____ (*insurance*)

_____ (*gas*)

_____ (*repairs*)

_____ (*telephone*)

_____ (*tuition*)

_____ (*notebooks*)

_____ (*pencils*)

_____ (*pens*)

_____ (*paper*)

_____ (*computer disks*)

_____ (*other things*)

B. Welche monatlichen Ausgaben haben Sie? Welche haben Sie nicht? Schreiben Sie einen kurzen Aufsatz über Ihre Ausgaben für den letzten Monat. Wofür mussten Sie zum Beispiel das meiste Geld ausgeben? das wenigste? Welche spezifischen Ausgaben hatten Sie unter der Kategorie „Sonstiges"? Vergleichen Sie Ihren Aufsatz mit dem der anderen Studenten und Studentinnen.

Aktivität 2 Wortfamilien

A. Schreiben Sie die Verben, die mit diesen Substantiven verwandt sind.

1. der Bau: _____

2. die Miete: _____

3. die Vermietung: _____

4. die Ausgabe: _____

5. der Vergleich: _____

6. die Sparkasse: _____

7. die Leihgabe: _____

8. die Einrichtung: _____

9. die Bitte: _____

B. Ergänzen Sie jetzt die folgenden Fragen mit Verben aus Teil A.

1. Wie viel Geld müssen Sie monatlich _____?

2. Möchten Sie eines Tages Ihr eigenes Haus _____? _____ Sie

   Geld jetzt schon für Ihr eigenes Haus? Müssen Sie es dann auch _____?

3. _____ Sie sich manchmal Geld von Ihren Freunden?

4. _____ Sie eine Wohnung, oder haben Sie ein Haus oder eine

   Wohnung, wo Sie Zimmer an andere Studenten und Studentinnen _____?

5. Müssen Sie Ihre Eltern oft um Geld _____? Wie würden Sie Ihre

   finanzielle Situation mit der der anderen Studenten und Studentinnen

   _____?

Thema 2

Unsere eigenen vier Wände

Aktivität 3 Ein Haus auf dem Land

Sehen Sie sich den Cartoon auf der nächsten Seite an. Was fragt der eine Maulwurf den anderen?

ERSTER MAULWURF: Hat das Haus...

1. _einen Keller_ _____? (*a basement*)

2. _____? (*stairs*)

3. _____? (*an entrance*)

4. _____? (*a front hall*)

5. _____? (*a hallway*)

6. _____ ? (*a garage*)

7. _____ ? (*balconies*)

8. _____ ? (*two floors*)

9. _____ ? (*top floor*)

10. _____ ? (*a roof*)

11. _____ ? (*guest rooms*)

ZWEITER MAULWURF: Dieses Haus hat fast alles. Schau es dir nur an!

ERSTER MAULWURF: In welchem Raum kocht man denn?

ZWEITER MAULWURF: Man kocht in der _____.

ERSTER MAULWURF: Wie heißt das Zimmer, in dem man isst?

ZWEITER MAULWURF: Das heißt das _____.

ERSTER MAULWURF: Und wie heißen die Zimmer, in denen man schläft?

ZWEITER MAULWURF: Sie heißen die _____.

ERSTER MAULWURF: Wo sieht man gewöhnlich fern?

ZWEITER MAULWURF: Im _____.

ERSTER MAULWURF: Und in welchem Raum badet man?

ZWEITER MAULWURF: Im _____.

Aktivität 4 Wie beschreibt man das neue Haus?

Beschreiben Sie das Haus auf dem Bild in Aktivität 3 so vollständig wie möglich. Wo liegt es? Wie sieht es aus? Spekulieren Sie auch: Was für Räume hat es? Wer wird dieses Haus kaufen? Warum? Wer wird hier wohnen? Was wird dieser Mensch (Was werden diese Menschen) von Beruf sein? Wird dieser Mensch (Werden diese Menschen) hier glücklich sein? Warum (nicht)?

Thema 3

Mieten und Vermieten

Aktivität 5 Eine Wohnung zu vermieten

Stellen Sie sich vor: Der Freund von Fräulein Pöske will seine Wohnung vermieten. Deshalb zeigt Fräulein Pöske sie Herrn Werner. Herr Werner stellt Fräulein Pöske einige Fragen. Welche Antwort passt zu jeder Frage?

1. ungeheuer...
   *immensely
   tasteful*
2. *notices*
3. *sensitive*

1. *junk*

<table>
<tr><td>

HERR WERNER

1. Wann hat man dieses Mietshaus

   gebaut? _____

2. Wie weit ist dieses Mietshaus von der

   Innenstadt? _____

3. Wie viel Quadratmeter hat diese Wohnung?

   _____

4. Wie viel kostet die Wohnung im Monat? _____

5. Die Küche ist eingerichtet, nicht? _____

6. Und ist die Heizung in den Nebenkosten mit

   eingeschlossen? _____

7. Erlauben Sie Haustiere? Ich habe nämlich

   einen kleinen Hund. _____

8. Ich brauche eine Wohnung möglichst bald.

   Wann kann ich einziehen? _____

</td><td>

FRAULEIN PÖSKE

a. Ja, Tiere sind erlaubt. Wie Sie sehen
   können, hat mein Freund eine Katze.

b. Ja, es gibt einen Mikrowellenherd,
   eine Spülmaschine, einen
   Kühlschrank und andere Geräte.

c. Es wurde 1960 gebaut.

d. Ab dem 1. September.

e. Ungefähr 15 Minuten zu Fuß.

f. Monatlich beträgt die Miete 375 Euro
   plus 40 Euro Nebenkosten.

g. 50 Quadratmeter.

h. Ja, natürlich.

</td></tr>
</table>

Aktivität 6 Eine Kleinanzeige

Benutzen Sie das folgende Formular, und schreiben Sie eine Kleinanzeige für die Wohnung in Aktivität 5. Der Dialog gibt Ihnen Informationen über die Wohnung. (*Make up any further information that you would like to include.*)

PRIVATE KLEINANZEIGEN KOSTENLOS

CHIFFRE-ANZEIGEN kosten 4,- €, Bearbeitungsgebühr, zahlbar per Scheck oder in kleinen Briefmarken. Bitte die Chiffre-Nummer deutlich angeben. Die Antworten werden zweiwöchentlich zugesandt.

GEWERBLICHE KLEINANZEIGEN kosten pro Zeile 4,- €, zahlbar per Scheck oder in kleinen Briefmarken.

ANZEIGENAUFGABE erfolgt schriftlich.

KLEINANZEIGENCOUPON

Adresse und Telefonnummer nicht vergessen. Coupon ausschneiden und einsenden an **GIG · HAFENWEG 48 · 4400 MÜNSTER.**

Name

Vorname

Straße, Nr.

PLZ / Ort

Telefon

Unterschrift

Rubriken
- ☐ Bildung
- ☐ Flohmarkt
- ☐ Jobs
- ☐ Kontakte
- ☐ Musik
- ☐ Reisen
- ☐ Wohnen

☐ **Chiffre** ☐ Vermischtes

rammatik im Kontext

Verbs with Fixed Prepositions / *da-* and *wo-*Compounds

Prepositional Objects: da-*Compounds*

Übung 1   Gestern und heute

Schreiben Sie eine vollständige Antwort auf jede Frage. Antworten Sie mit **ja** oder **nein** und einem Adverbialpronomen (**da**-*compound*).

WAS KANN ICH DAFÜR...

...TUN?

IMMER MEHR MENSCHEN LEBEN
AM RANDE. DIE CARITAS HILFT.
HELFEN SIE MIT.

SPENDE JETZT!

caritas

1. Haben Sie sich als Kind über Geburtstagsgeschenke gefreut?

   _____ *Ja, ich habe mich darüber gefreut.* _____

   oder *Nein, ich habe mich darüber nicht gefreut.* _____

2. Haben Sie sich als Kind auf die Sommerferien gefreut?

   _____

3. Mussten Sie als Kind immer lange auf die Sommerferien warten?

_____

4. Interessieren Sie sich für den sozialen Dienst (*community service*)?

_____

5. Interessieren Sie sich für die politische Lage (*situation*) anderer Länder?

_____

6. Haben Sie Angst vor Krankheiten?

_____

7. Denken Sie oft über Probleme wie Armut (*poverty*) und Hunger nach?

_____

8. Ärgern Sie sich manchmal über die Politik?

_____

9. Glauben Sie, dass die Regierung (*government*) mit der Sozialhilfe aufhören sollte?

_____

10. Haben Sie je (*ever*) etwas für wohltätige Zwecke (*charitable purposes*) gespendet (*donated*)?

_____

11. Gehen Sie oft zur Bank?

_____

Asking Questions: *wo*-Compounds

Übung 2 Wie sagt man das auf Deutsch?

Schreiben Sie die folgenden Fragen auf Deutsch. Benutzen Sie die **du**-Form.

1. *What are you afraid of?*

_____

2. *What are you thinking about?*

_____

3. *What are you waiting for?*

_____

4. *What are you looking forward to?*

_____

5. *What are you busy with?*

_____

6. *What are you happy about?*

_____

7. *What are you asking for?*

_____

8. *What are you annoyed about?*

_____

The Subjunctive

Expressing Requests Politely / Forms of Present Subjunctive (II)

Übung 3 Höfliche Ausdrücke im Café

Schreiben Sie einen Dialog. Benutzen Sie die Konjunktivform des Verbs sowie (*as well as*) die richtigen Formen der anderen Wörter in jedem Satz.

A: was / haben / Sie / gern?
    Was hätten Sie gern?
_____

B: ich / haben / gern / eine Tasse Tee.

_____

C: ich / mögen / gern / eine Tasse Kaffee.

_____

A: dürfen / ich / Sie / auch / ein Stück Kuchen / bringen?

_____

C: werden / Sie / ich / bitte / den Marmorkuchen / beschreiben?

_____

A: ich / können / Sie / ein Stück Marmorkuchen / zeigen.

_____

C: das / sein / sehr / nett.

_____

The Use of würde with an Infinitive

Übung 4 Fragen Sie höflich.

Schreiben Sie jeden Imperativsatz neu als eine höfliche Frage mit **würde.**

> BEISPIEL: Öffne mir die Tür. →
> Würdest du mir bitte die Tür öffnen?

1. Hilf mir.

   _____

2. Ruf mich morgen an.

   _____

3. Kommt am Samstagmorgen vorbei.

   _____

4. Bringt eure Fotos mit.

   _____

5. Beschreiben Sie mir die Wohnung.

   _____

6. Hören Sie damit auf.

   _____

Übung 5 Was sagen Sie zu Ihren Freunden/Freundinnen?

Schreiben Sie noch je zwei Sätze.

> BEISPIEL: Du trinkst zu viel. →
> Du solltest nicht so viel trinken.
> Ich würde nicht so viel trinken.

1. Du fährst zu schnell.

   _____

   _____

2. Du gibst zu viel Geld aus.

   _____

   _____

3. Ihr verbringt zu viel Zeit am Strand.

   _____

   _____

4. Ihr geht auf zu viele Partys.

   _____

   _____

Expressing Wishes and Hypothetical Situations
Talking About Contrary-to-Fact Conditions

Übung 6 Zeit und Geld: Tatsachen und Wünsche

Hier sind die Tatsachen! Machen Sie einen Wunsch für jede Tatsache.

WAS IST ZEIT OHNE GELD

Private Vorsorge
beginnt bei der Sparkasse

BEISPIEL: Wir haben zu wenig Zeit für uns. →
Wenn wir nur mehr Zeit für uns hätten!

1. Die Ferien sind zu kurz.

_____

2. Wir müssen Tag und Nacht arbeiten.

_____

3. Ich habe zu wenig Geld.

_____

4. Die Mieten in dieser Stadt sind zu hoch.

_____

5. Häuser kosten zu viel Geld.

_____

6. Ich kann mir kein neues Auto kaufen.

_____

Übung 7 Was wäre Ihnen lieber?

Möchte der Mann im Bild lieber einen Kuss von einem Bären bekommen, oder hätte er lieber einen Kuss von jemand anderem? Was hätten Sie lieber? Bilden Sie Sätze mit den folgenden Ausdrücken:

> Ich möchte lieber...
> Ich hätte lieber...
> ...wäre mir lieber.

Benutzen Sie jeden Ausdruck mindestens einmal.

Ein Kuß von einem Star wäre mir lieber!

Schlagersänger Rainhard Fendrich

BEISPIELE: Möchten Sie lieber einen Kuss von einem Bären oder von einem berühmten Star? →
Ich möchte lieber einen Kuss von...
oder Ich hätte lieber einen Kuss von...
oder Ein Kuss von... wäre mir lieber.

1. Möchten Sie lieber mehr Zeit zum Arbeiten oder mehr Freizeit haben?

_____

_____

2. Möchten Sie lieber mehr Geld oder mehr Zeit haben?

_____

_____

3. Möchten Sie lieber zwei Karten für ein Rapkonzert oder für eine Oper haben?

_____

_____

4. Möchten Sie lieber ein Haus am Strand (*beach*) oder im Wald haben?

_____

_____

5. Möchten Sie lieber einen neuen Sportwagen oder ein neues Segelboot haben?

_____

_____

6. Möchten Sie lieber eine Reise nach Afrika oder nach Australien machen?

_____

_____

Übung 8 Eine Einladung

1. Lesen Sie die folgende Einladung, und unterstreichen Sie jedes Verb. Machen Sie dann einen Kreis um jede Konjunktivform.

Liebe Susan!

Am Freitagabend fahre ich zum Wochenende nach Bridgeport zu meinen Eltern. Ich würde mich sehr freuen, wenn du mitkommen könntest. Ich habe meinen Eltern schon viel von dir erzählt, und sie möchten dich endlich kennen lernen.

Ich könnte am Freitag gleich nach deiner letzten Vorlesung bei dir vorbeikommen. Die Fahrt dauert ungefähr drei Stunden mit dem Wagen. Wir könnten unterwegs in einem Restaurant essen und wären dann gegen acht Uhr bei mir zu Hause.

Wir hätten bestimmt viel Spaß zusammen. Könntest du mich Donnerstagabend anrufen und mir deine Antwort geben? Bis dann

deine Kristin

2. Schreiben Sie jetzt eine Einladung an einen Studenten oder eine Studentin. Wählen Sie eine der folgenden Möglichkeiten.

> ins Restaurant (Kino, Theater, Museum, __?__) gehen
> eine Stadtrundfahrt (*tour of the city*) machen
> zum Abendessen einladen
> ins Café gehen
> einen Einkaufsbummel machen
> im Park spazieren gehen
> ein Picknick machen
> ?

The Past Subjunctive

Übung 9 Es ist einfach nicht passiert.

A. Schauen Sie sich das Bild an. Was denkt die Frau?

EINEN KURZEN MOMENT LANG *schien alles möglich zu sein, damals, in den Achtundsechzigern. „Traue keinem über 30" heißt der Comic-* Band des Carlsen Verlags, in dem sich 21 Zeichner gefragt haben, was nach 30 Jahren übrig geblieben ist. Abbildung: Alfred von Meysenbug

1. Machen Sie einen Kreis um die Verbform im Konjunktiv.

2. Unterstreichen Sie die Verbform im Perfekt.

3. Wie könnte man diese Idee auf Englisch ausdrücken (*express*)?

   _____

   _____

B. Wenn nur...! Schreiben Sie jetzt jeden Satz auf Deutsch.

   BEISPIEL: *If only the sun had shone.* →
   Wenn nur die Sonne geschienen hätte!

1. *If only we had known that.*

   _____

2. *If only he had stayed home.*

   _____

3. *If only she had said something.*

   _____

4. *If only I hadn't forgotten that.*

   _____

5. *If only they had been there for you.* (**du**-Form)

   _____

6. *If only we had waited one day.*

   _____

Sprache im Kontext

Lesen

Auf den ersten Blick

Auf den folgenden Seiten sehen Sie zwei Texte. Der erste Text (A) geht um ein Theaterstück. Es heißt „Ein Traum von Hochzeit". Der zweite Text (B) ist eine kurze Geschichte.

A. Was erwarten Sie von diesem Titel? Kreuzen Sie an.

_____ ein Mysterienspiel?   _____ eine Komödie?   _____ ein Musical?

_____ eine Liebesgeschichte?   _____ eine Tragödie?

Zum Inhalt des Stück

Traum

Ein Traum von Hochzeit

22. August – 27. Oktober 2002

Komödie von Robin Hawdon
Regie Folke Braband

Am Morgen seiner Hochzeit wird Bill wach. Neben ihm: eine fremde[2] Frau! Vor ihm: Eine Katastrophe!
Es bleiben nur noch wenige Minuten bis Rachel, seine Braut, eintreffen[3] wird, und Bill steht da – fremdgegangen[4]... und ach – es ist ein Unglück. Bill muss seinen besten Freund und Trauzeugen[5] Tom als Casanova hinstellen.[6] Der aber weigert sich,[7] da er zur Hochzeit seine eigene Freundin erwartet. Die aber ist schon längst da, in Bills Hochzeitsbett. Glücklicher Zufall,[8] dass gerade das Zimmermädchen[9] zur Stelle ist, um als falscher One-Night-Stand einzuspringen, wäre da nur nicht ihre ganz spezielle

Einstellung[10] zu untreuen Männern. Kann sich Bill aus dieser Zwickmühle[11] noch in den Ehehafen retten?[12] Die Katastrophe könnte noch abgewendet[13] werden, wäre da nicht die misstrauische Schwiegermutter, und dann ist da auch noch ein hysterischer Hoteldirektor. Und die Hochzeitsglocken[14] läuten schon...
Robin Hawdon beweist[15] mit „Ein Traum von Hochzeit" einmal mehr sein Können: Er vermischt Farce, Slapstick und Kritik an moralinsauren Besserwissern mit Spott[16] über den untreuen Bräutigam.[17] Diese Mischung präsentiert er temporeich, zielsicher und pointiert.

[1]_dream_
[2]_strange_
[3]_walk in_
[4]untreu
[5]_best man_
[6]_represent_
[7]weigert... _refuses_
[8]Chance
[9]_maid_
[10]_attitude_
[11]Dilemma
[12]_save_
[13]_turned around_
[14]_wedding bells_
[15]_proves_
[16]_sarcasm_
[17]_groom_

B. Lesen Sie den Titel des zweiten Textes. Was finden Sie am wichtigsten, wenn Sie an „Hochzeit" denken? Ordnen Sie die folgenden Ideen: Nummer 1 ist am wichtigsten, Nummer 2 am zweitwichtigsten, Nummer 3 am drittwichtigsten und so weiter.

_____ Essen und Getränke   _____ Braut und Bräutigam

_____ Musik   _____ Liebe

_____ Zeremonie   _____ Respekt

_____ Gäste: Freunde und Familie   _____ Tanzen

_____ Geld und Finanzen   _____ Blumen

_____ Ringe   _____ das Leben als Ehepaar

_____ _____

Die Hochzeit ist wichtig

Dies geschah[1] in einem jugoslawischen Dorf:

Die Hochzeit war vorbereitet, achtzig geladene Gäste waren versammelt,[2] und wer nicht gekommen war, war die Braut.[3] Sie verschwand,[4] niemand wusste, wann und wohin. Der junge Bräutigam überlegte[5] nicht lange, sondern bat[6] eine junge Nachbarin[7] um ihre Hand; auch sie zögerte[8] nicht lange und gab sie ihm, samt[9] Herz, Unschuld[10] und Mitgift[11] oder was man sonst Schönes in so einem wojwodinischen Dorf in die Ehe mitbringt. Die Hochzeit fand statt,[12] mit Schmaus und Braus,[13] und alle waren zufrieden.[14]

Gabriel Laub

[1]passierte
[2]gathered
[3]bride
[4]disappeared
[5]considered
[6]requested
[7]neighbor
[8]hesitated
[9]along with
[10]innocence
[11]dowry
[12]fand... *took place*
[13]Schmaus... *Essen und Getränke*
[14]*content, happy*

Zum Text

A. Lesen Sie den ersten Text (A). Bringen Sie dann die folgenden Sätze in die richtige Reihenfolge.

_____ Seine Braut Rachel kommt bald zur Hochzeit.

_____ Ein Zimmermädchen ist gerade zur Stelle, um als falscher One-Night-Stand

einzuspringen.

_____ Neben ihm findet er eine fremde Frau.

_____ Er stellt seinen besten Freund Tom als Casanova hin.

_____ Die Sache wird kompliziert: Das Zimmermädchen hat ihre eigene Ideen über untreue

Männer.

_____ Tom will nicht Casanova spielen, weil er seine eigene Freundin zur Hochzeit erwartet.

_____ Bill steht da fremdgegangen. Was kann er tun?

_____ Bill wacht am Morgen seiner Hochzeit auf.

_____ Toms Freundin ist aber schon längst in Bills Hochzeitsbett.

B. Lesen Sie jetzt den zweiten Text (B) und beantworten Sie jede Frage.

1. Wo fand diese Geschichte statt?

_____

2. Wie viele Gäste waren schon angekommen?

_____

3. Wer war nicht zur Hochzeit gekommen?

_____

4. Wer wusste, wann und wohin sie verschwand?

_____

5. Was machte der junge Bräutigam?

_____

6. Gab die Nachbarin ihm die Hand?

_____

7. Wie endete die Geschichte?

_____

_____

Schreiben

Lesen Sie noch einmal beide Texte. Wählen Sie dann entweder Text A oder B, und schreiben Sie darüber.

Text A: Wie wäre es, wenn...

- Könnte Bill leicht das Problem abwenden, wenn die misstrauische Schwiegermutter und der hysterische Hoteldirektor nicht da wären?

- Wäre es so ein Problem für Bill, wenn das Zimmermädchen einfach nach dem Plan mitspielte?

- Würde Tom sich weigern, wenn er selbst keine Freundin hätte?

- Würde Rachel mit Tom in die Ehe gehen, wenn sie die Wahrheit wüsste?

- Würden Tom und Bill Freunde bleiben, wenn Tom die Wahrheit wüsste?

- Hätte Bill ein Problem, wenn er nur treu gewesen wäre?

- Wie würden Sie diese Geschichte zu Ende bringen?

Text B: Wie wichtig ist die Hochzeit?

- Würden Sie diese Geschichte ebenso interessant finden, wenn der Bräutigam statt der Braut verschwunden wäre? wenn ein Nachbar die Braut um ihre Hand gebeten hätte? wenn die Geschichte in einer Großstadt stattgefunden hätte? Warum (nicht)?

- Was meinen Sie? Warum würde eine Braut nicht zur Hochzeit kommen? Warum würde ein Bräutigam in diesen Umständen (*circumstances*) eine Nachbarin um ihre Hand bitten? Warum würde die Nachbarin ihm ihre Hand geben? Warum musste die Hochzeit an diesem Tag stattfinden?

- War für diesen Mann auf dem Land die Hochzeit wichtiger als die Ehepartnerin? Wieso? Was für eine Ehe würde so ein Paar haben?

Journal

Wählen Sie eins der folgenden Themen.

Thema 1: Sind Sie ein guter Mensch? Schreiben Sie über sich selbst. Benutzen Sie einige oder alle der folgenden Ideen.

- Würden Sie von sich sagen, dass Sie ein guter Mensch sind? Warum (nicht)?

- Wie wichtig ist Geld für Sie? Hat Geld Ihren Charakter beeinflusst?

- Helfen Sie anderen Menschen oder Organisationen durch Spenden oder Tätigkeiten (*deeds*)? Wenn ja: Welche? Wieso? Wenn nein: Warum nicht?

- Was haben Sie einmal getan, was Sie jetzt bereuen (*regret*)? Was würden Sie anders machen, wenn Sie alles noch einmal erleben könnten?

- Woran glauben Sie? Warum?

- Was für ein Verhältnis haben Sie mit Ihrer Familie und Ihren Freunden?

- Welche Rolle spielen Tiere in Ihrem Leben?

- Was wäre die absolute Katastrophe für Sie? das absolute Glück?

Thema 2: Wer ist Ihnen ein gutes Vorbild? Warum? Warum möchten Sie wie dieser Mensch sein? Welche Eigenschaften hat er/sie? Was ist diesem Menschen wichtig? unwichtig? Wie würden Sie seinen/ihren Lebensstil beschreiben? seine/ihre Lebensphilosophie? Schreiben Sie über diesen Menschen.

Kapitel 13

Medien und Technik

Alles klar?

Schauen Sie sich das Bild an.

Beantworten Sie die Fragen.

1. Was fragt das Kind die Eltern?

   _____

2. Warum kann er sich die Kindersendungen nicht ansehen?

   _____

   _____

3. Was sieht der Junge im Fernsehen? Er sieht sich _____ an.
   a. einen Dokumentarfilm über die Wirtschaft
   b. die Tagesschau
   c. einen Spielfilm aus den USA, heute Abend nämlich ein Musical
   d. eine Detektivsendung / einen Krimi
   e. eine Werbesendung für Bier
   f. einen politischen Bericht

4. Wie heißt die Sendung, die der Junge sich ansieht? Sie heißt _____

   (*Scene of the Crime*) und ist seit Jahren eine populäre Fernsehserie in Deutschland.

5. Es ist schon nach Mitternacht, und Sie können nicht einschlafen. Was machen Sie?
   ☐ Ich überfliege eine Mode- oder Sportzeitschrift.
   ☐ Ich sehe mir einen alten Spielfilm im Fernsehen an.
   ☐ Ich lese mein Horoskop in der Zeitung.
   ☐ Ich sehe mir einen Dokumentarfilm im Fernsehen an.
   ☐ Ich lese einen Kriminalroman.
   ☐ Ich surfe im Internet.

Wörter im Kontext

Thema 1

Medien

Aktivität 1 Zeitungen

Goslar ist eine Kleinstadt im Harz (*Harz mountain area*). Lesen Sie die Anzeige über die „Goslarsche Zeitung", und beantworten Sie jede Frage mit einem kurzen aber vollständigen Satz.

1. Ist die „Goslarsche" eine Morgen- oder eine Abendzeitung?

   _____

2. Ist sie eine Tages- oder eine Wochenzeitung?

   _____

3. Worüber informiert die „Goslarsche"?

   _____

   _____

4. Wie viele Leser hat diese Zeitung?

   _____

5. Seit wann existiert diese Zeitung?

   _____

Aktivität 2 Lesen Sie Zeitung?

Schreiben Sie die fehlenden Wörter, und markieren Sie Ihre Antworten. Wenn Sie Zeitung lesen, lesen Sie

		JA	NEIN
1. _____? (*the headlines*)		☐	☐
2. _____? (*the news*)		☐	☐
3. _____? (*the local news*)		☐	☐
4. über _____? (*the economy*)		☐	☐
5. über _____? (*politics*)		☐	☐
6. über _____? (*the stock market*)		☐	☐
7. _____? (*the horoscope*)		☐	☐

Aktivität 3 Ihrer Meinung nach

Wie finden Sie diese Sendungen? Kreuzen Sie an. Benutzen Sie die letzte Spalte für Ihre eigenen Ideen.

Wie finden Sie...	SPANNEND	INTERESSANT	AKTUELL	UNTERHALTSAM	KOMISCH	LANGWEILIG	SCHLECHT	?
Sportsendungen?								
die Nachrichten?								
Krimis?								
Wetterberichte?								
Dokumentarfilme?								
Talk-Shows?								
Komödien?								
Spielfilme?								
Reportage?								
Unterhaltungssendungen?								
Quizsendungen								
Zeichentrickfilme (*animated cartoons*)								
Science-Fiction-Sendungen								
?								

Leben mit Technik

Aktivität 4 Technik im Haushalt

Schauen Sie sich das Bild an, und schreiben Sie den Namen von jedem Gerät auf.

1. _die Waschmaschine, -n_____   5. _____

2. _____   6. _____

3. _____   7. _____

4. _____   8. _der Kopierer, -_____

Welche dieser Geräte haben Sie? Welche haben Sie nicht? Welche könnten Sie gut gebrauchen?
Schreiben Sie drei Sätze, in denen Sie diese Informationen geben.

_____

_____

_____

_____

_____

Aktivität 5 Spaß mit Wörtern

Schreiben Sie die fehlenden Wörter.

Definitionen

1. Was man erfindet, ist eine _____.

2. Eine _____ ist ein Gerät, mit dem man das Geschirr spülen kann.

3. Das Gegenteil (*opposite*) von Inland ist _____.

4. Wenn man eine Zeitung oder eine Zeitschrift abonniert, hat man ein

   _____.

5. Wenn man mit den Augen schnell über einen Text hinweggeht,

   _____ man ihn.

Sinnverwandte Wörter

6. Ein anderes Wort für **das Automobil** ist _____.

7. Ein anderes Wort für **intelligent** ist _____.

8. Ein anderes Wort für **absolut** ist _____.

9. Ein anderes Wort für **das Magazin** ist _____.

10. Ein anderes Wort für **ansehen** ist _____.

$\mathcal{G}$rammatik im Kontext

The Verbs *brauchen* and *scheinen*

Übung 1 Was für ein Haus scheint das zu sein?

Schauen Sie sich die Anzeige für ein Haus in Zell am
Moos an. Was für ein Haus ist das? Antworten Sie
auf die Fragen mit **scheinen.**

> BEISPIEL: Ist das Haus auf dem Land? →
> Das Haus scheint auf dem Land zu sein.

ZELL AM MOOS
Bauernhaus, in ländlicher Umgebung, Seeblick, nach alter Tradition wiederaufgebaut, sonnige Lage, angeboten um € 520.000.
SELINA IMMOBILIEN GMBH
5310 Mondsee
Tel. 0 62 32/23 30, 34 48

1. Ist es ein Bauernhaus?

   _____

2. Ist das Haus in der Nähe des Mondsees?

   _____

   _____

3. Ist es total renoviert?

   _____

4. Ist es in einer sonnigen Lage?

   _____

5. Ist der Preis des Hauses höher als 500 000 Euro?

   _____

   _____

Übung 2 Ein neues Haus, ein neues Leben

Familie Werner ist in ein neues Haus eingezogen. Herr Werner macht Pläne, aber Frau Werner sagt, dass das alles gar nicht nötig ist. Schreiben Sie ihre Antworten auf die Vorschläge (*suggestions*) ihres Mannes. Benutzen Sie **brauchen + zu.**

HERR WERNER: Wir müssen viel Geld ausgeben.

FRAU WERNER: *Wir brauchen nicht viel Geld auszugeben.* _____

HERR WERNER: Wir müssen Haushaltsgeräte kaufen.

FRAU WERNER: _____

_____

HERR WERNER: Wir müssen uns einen Computer und einen Drucker anschaffen.

FRAU WERNER: _____

_____

HERR WERNER: Wir müssen uns einen größeren Fernseher kaufen.

FRAU WERNER: _____

_____

HERR WERNER: Wir müssen Zeitungen und Zeitschriften abonnieren.

FRAU WERNER: _____

_____

HERR WERNER: Wir müssen unsere ganzen Freunde zu uns einladen.

FRAU WERNER: _____

_____

Infinitive Clauses with *zu*

Übung 3 Wie kann man das Leben mehr genießen?

Erwin und Petra Berger haben entdeckt, dass ihr Leben nur noch aus Arbeit und Stress besteht (*consists*). Deshalb haben sie sich entschlossen (*decided*), von jetzt ab alles anders zu machen.

A. Was sind ihre Vorsätze (*resolutions*)? Bilden Sie vier Sätze mit Ausdrücken aus beiden Spalten.

sie haben sich entschlossen	einen Computer kaufen
sie versprechen (*promise*) sich selbst	im Sommer Urlaub machen
sie dürfen nicht mehr vergessen	mehr Bücher lesen
es ist wichtig	jeden Tag spazieren gehen
	mehr Zeit zusammen verbringen
	mehr mit den Kindern unternehmen
	öfter ins Kino gehen
	am Wochenende lange schlafen
	?

BEISPIEL: Sie haben sich entschlossen, mehr Zeit zusammen zu verbringen.

1. _____

_____

2. _____

_____

3. _____

_____

4. _____

_____

B. Besteht Ihr Leben nur noch aus Arbeit und Stress? Wie könnten Sie es verbessern? Ergänzen Sie die Sätze.

1. Ich habe mich entschlossen, _____

_____

2. Ich verspreche mir selbst, _____

_____

3. Ich darf nicht mehr vergessen, _____

_____

4. Es ist wichtig, _____

_____

Indirect Discourse

The Indirect Discourse Subjunctive: Present Tense

Übung 4 Ein Interview

Der folgende Auszug aus einem Interview mit einem Lehrer an einem deutschen Gymnasium erschien (*appeared*) in der Schülerzeitung „Profil".

1. Lesen Sie zuerst die Fragen und Antworten im Interview.

WIR STELLEN VOR:

Bert Carl

Profil: Was haben Sie für Hobbys?
Carl: Ich bin ein sportlicher Mensch. Ich spiele Volleyball. Außerdem surfe ich gern und mache jetzt wieder mehr Langlauf. Und wandern kann man in dieser Landschaft auch sehr schön.
Profil: Welche Fernsehprogramme sehen Sie sich zum Beispiel an, vielleicht „Baywatch"?
Carl: Na, wie man so sagt: Gott sieht alles, nur nicht „Baywatch". So mache ich es auch. Ich sehe mal einen Krimi, aber sonst nur Sportsendungen und Magazine wie „Monitor" oder „Report".

2. Ergänzen Sie jetzt die folgende Zusammenfassung des Interviews mit Verben im Konjunktiv 1.

Herr Carl sagte, er _____ (sein) ein sportlicher Mensch. Er

_____ (spielen) Volleyball. Außerdem _____

(surfen), _____ (laufen) und _____ (wandern)

er gern.

   Als die Schüler ihn fragten, ob er sich „Baywatch" _____ (ansehen),

antwortete er, dass Gott alles, nur nicht „Baywatch" _____ (sehen).

Daran _____ (halten) er sich auch. Er _____

(sehen) mal einen Krimi, aber sonst nur Sportsendungen und Magazine wie „Monitor" oder

„Report".

The Indirect Discourse Subjunctive: Past Tense

Übung 5   Wer hat was gesagt?

Schreiben Sie jeden Satz als Zitat (*quote*).

> BEISPIEL: Der Polizist fragte den Zeugen (*witness*), was er gesehen habe. →
> Der Polizist fragte den Zeugen: „Was haben Sie gesehen?"

1. Der Zeuge antwortete, dass der Dieb (*thief*) um halb elf aus der Bank gelaufen sei.

   _____

   _____

2. Eine Bankangestellte sagte, sie habe den Dieb so genau wie möglich beschrieben.

   _____

   _____

3. Sie erklärte, der Dieb habe eine Maske getragen.

   _____

   _____

4. Der Polizist fragte, ob der Dieb allein gewesen sei.

   _____

   _____

5. Der Zeuge behauptete, der Dieb sei in einem schwarzen Mercedes weggefahren.

   _____

   _____

6. Er sagte auch, dass er eine Frau am Steuer (*wheel*) gesehen habe.

   _____

   _____

Übung 6 Interview

Sie sind Zeitungsreporter(in). Interviewen Sie einen Studenten oder eine Studentin. Machen Sie sich Notizen. (*Present the results of your interview in one of the following formats.*)

1. Interview format: Write the questions and answers exactly as spoken.

   ICH: Wo bist du geboren?
   SAM: Ich bin in Minneapolis geboren.

2. Report format: Write the results in a third-person report.

   Sam Maxwell ist in Minneapolis geboren. Er...

Fragen Sie Ihren Gesprächspartner oder Ihre Gesprächspartnerin,

- wo er/sie geboren ist.
- was für ein Auto er/sie fährt.
- was er/sie studiert und warum.
- ob er/sie immer gern in die Schule gegangen ist.
- was ihm/ihr an der Universität gefällt, und was ihm/ihr daran nicht gefällt.
- was er/sie gern in der Freizeit macht (welche Hobbys er/sie hat, und welche Sportarten er/sie treibt).
- was er/sie gern im Fernsehen sieht, und was er/sie nicht gern sieht.
- was er/sie gern liest.

Infinitive Clauses with *um... zu* and *ohne...* zu

Übung 7 Warum Helmstedt?

HELMSTEDT – Erholung fast vor Ihrer Tür!
Wandern in ausgedehnten Wäldern und abwechslungsreicher Landschaft; Bummeln in historischer Altstadt-Atmosphäre; Schwimmen im Hallenbad oder im beheizten Waldbad (Mai bis August), Radfahren, Angeln, Reiten, Tennis und interessante kulturelle Angebote. Ruhe und Entspannung   im staatlich anerkannten Erholungsort Bad Helmstedt.

Information: Stadt Helmstedt Amt für Information und Fremdenverkehr, Markt 1, 3330 Helmstedt Telefon 05351 / 1 73 33

Lesen Sie die Annonce für Helmstedt, und schreiben Sie zu jeder Frage eine kurze Antwort mit **um... zu.**

BEISPIEL: Warum würde man gern in der Umgebung der Wälder wohnen? (wandern) →
Man würde da gern wohnen, um zu wandern.

1. Warum würde man in einem Dorf wohnen wollen? (eine abwechslungsreiche Landschaft genießen)

_____

_____

_____

2. Warum sollte man Helmstedt besuchen? (durch die historische Altstadt bummeln)

_____

_____

_____

3. Warum sollte man Helmstedt wählen (*choose*)? (Rad fahren, angeln, reiten und Tennis spielen)

   (*Hint: Place* **zu** *before each infinitive in the* **um**-*clause.*)

   _____

   _____

   _____

4. Warum sollte man die Ferien in Helmstedt verbringen? (sich entspannen und sich erholen)

   _____

   _____

   _____

5. Warum sollte man an das Fremdenverkehrsamt schreiben? (Informationen bekommen)

   _____

   _____

   _____

Übung 8 Sie sollten das nicht machen.

Schreiben Sie jeden Satz neu mit **ohne... zu.**

    BEISPIEL: ins Bett gehen / die Zähne putzen →
                Sie sollten nicht ins Bett gehen, ohne die Zähne zu putzen.

1. einen Marathon laufen / fit sein

   _____

   _____

2. ein Tier im heißen Auto lassen / ein Fenster öffnen

   _____

   _____

3. in die Wüste (*desert*) fahren / Wasser mitnehmen

   _____

   _____

4. das Haus verlassen / alle elektrischen Geräte abschalten

   _____

   _____

5. bei minus 15 Grad Celsius aus dem Haus gehen / einen Mantel anziehen

   _____

   _____

 Sprache im Kontext

Lesen

Auf den ersten Blick

Was kann man sich im Schweizer Fernsehen ansehen? Lesen Sie zuerst die Schlagzeilen und dann die letzte Zeile von jedem Aufsatz.

Doppelleben

Er hat zwei Wohnungen und zwei Ehefrauen:[1] der Taxifahrer Hugo Meier (**Jörg Schneider, r.**). Das Leben zwischen den beiden Wohnorten ist perfekt geplant, und das muss so sein–denn die beiden Frauen wissen nichts voneinander. Alles läuft wie am Schnürchen,[2] bis Hugo eines Morgens einen Unfall[3] hat... Herrliche Komödie mit **Paul Bühlmann (l.)**, Birgit Steinegger und Peter W. Staub. ***Liebe macht erfinderisch, SA 20.10 SF 1***

Heimliche Untermieter

Ferdinand Schmölling ist Fleischer[10] und kein Freund von Ausländern. Seine Mieterin[11] quartiert jedoch in seiner Villa drei Kurden ein.[12] Schmölling gefällt das Gastfamilienmodell auf Zeit überhaupt nicht. Seine Tochter Desirée hingegen[13] ist von den Neuankömmlingen begeistert[14] und unternimmt einen Ausflug[15] mit dem Sohn der Familie. Nach sechs Wochen sollen die Kurden wieder ausziehen,[16] doch da entdeckt Ferdinand, dass Yilmaz schlachten[17] kann – wenn Ferdinand das gewusst hätte... – Eine Komödie des in Zürich lebenden Filmemachers Samir. ***Die Metzger, MO 20.15 ZDF***

Blondine mit Herz

Die attraktive Friseuse[4] Anna (**Eva Habermann**) ist eigentlich auf der Suche nach[5] einem reichen Mann, als ihr der 11jährige Nick (**Ivo Möller**) über den Weg läuft. Der kleine Ausreisser,[6] eben von Strassenkids ausgeplündert,[7] erweicht[8] ihr Herz. Sie nimmt ihn bei sich auf. Der gerissene[9] Junge hat schon bald seine Pläne mit Anna, obwohl diese gerade den steinreichen Philipp Steinmann kennengelernt hat.

Die Frisöse und der Millionär, SO 20.15 RTL

Auf Partnersuche

Als alleinerziehende[18] Mutter von zwei Kindern hat Louisa eine Menge Schwierigkeiten am Hals:[19] kein Geld, keine geeignete Wohnung und – keinen Mann. Von letzterem Problem wird auch ihre Freundin Christa geplagt,[20] daher bewirbt sie sich bei einer Fernsehpartnershow. Louisa begleitet[21] ihre Freundin zur Aufzeichnung[22] ins Studio. Und dort nimmt das Schicksal[23] seinen Lauf.[24] Wegen eines plötzlichen Ausschlages[25] kann Christa nicht antreten,[26] da springt Louisa für sie ein.[27]

Blind Date – Flirt mit Folgen, DI 20.15 PRO 7

---

1. *wives*   2. *wie... like clockwork*   3. *accident*   4. *hairdresser*   5. auf... *looking for*   6. *runaway*   7. *robbed*   8. *softens*   9. *crafty*   10. Metzger   11. *tenant*   12. quartiert...ein *gives lodging to*   13. *on the other hand* 14. enthusiastisch   15. kleine Reise   16. *move out*   17. *butcher*   18. *single*   19. hat... hat Louisa viele Probleme   20. *plagued*   21. geht mit   22. *recording*   23. *fate*   24. *course*   25. plötzlichen... *sudden rash* 26. *go on (the show)*   27. springt...ein *steps in*

Welche Informationen stehen am Ende?

_____ Titel	_____ Datum	_____ Tageszeit
_____ Produzent/Produzentin	_____ Hauptidee	_____ Rollen
_____ Tag	_____ Programm	_____ Genre

Zum Text

A. Lesen Sie die vier Texte, und füllen Sie die folgende Tabelle aus. Nicht alle Texte enthalten alle Informationen.

	SENDUNG 1	SENDUNG 2	SENDUNG 3	SENDUNG 4
Titel				
Schauspieler/ Schauspielerin(nen)				
Rolle(n)/ Charakter(e)				
Hauptidee				
Genre				
Tag/Zeit/Programm				

B. Was passiert am Ende der Sendungen? Welche Frage passt zu welchem Charakter?

1. _____ Findet sie einen Partner?

2. _____ Ändert (*Change*) er seine Meinung
   (*opinion*) über Ausländer?

3. _____ Was machen jetzt seine Frauen?

4. _____ Was macht sie jetzt mit dem Jungen?

a. der Metzger
b. der Taxifahrer
c. die Friseuse
d. die Mutter

Schreiben

Gibt es bald eine Unterhaltungssendung, eine Sportsendung oder sonst was im Fernsehen, das Sie unbedingt sehen wollen? Wie heißt die Sendung? Wann und in welchem Programm kommt sie? Schreiben Sie eine kurze Anzeige für diese Sendung oder diesen Film. Benutzen Sie die vorhergenden Aufsätze als Beispiele. Natürlich können Sie in Ihrer Anzeige auch ein Bild benutzen.

Journal

Wählen Sie eins der folgenden Themen.

Thema 1: Sie und die Massenmedien

- Woher bekommen Sie Ihre Informationen? von E-Mail? vom Internet? von Lehrbüchern? von den Nachrichten im Fernsehen und im Radio? von Zeitungen? von Zeitschriften? von Anzeigen?
- Welche Zeitungen und Zeitschriften lesen Sie und wie oft? Lesen Sie die ganze Zeitung/Zeitschrift oder nur einige Teile davon?
- Was für Sendungen interessieren Sie im Fernsehen? Welche sind Ihre Lieblingssendungen? Warum?
- Hören Sie oft Radio? Wenn ja: Welche Sendungen hören Sie meistens? Nachrichten? Rockmusik? klassische Musik? Countrymusic? Oldies? Jazz? Rap?
- Was denken Sie über die Massenmedien? Wie würden Sie sie verbessern (*improve*)?

Thema 2: Sie und Technik

- Welche Geräte haben Sie selbst im Haushalt? Gibt es Geräte, die Sie regelmäßig benutzen aber nicht besitzen?
- Was für Geräte möchten Sie eines Tages kaufen?
- Was halten Sie von solchen elektrischen und elektronischen Geräten? Könnten Sie leicht ohne diese Geräte leben? Warum (nicht)?

Kapitel 14

Die öffentliche Meinung

Alles klar?

A. Schauen Sie sich das Foto an, und markieren Sie Ihre Antworten auf der nächsten Seite.

Foto: Barbara Klemm

Die neuen Müllcontainer sind, unserem guten Umweltgewissen entsprechend, in verschiedene Abteilungen für Glas, Papier, Kunststoff und Sonstiges unterteilt. Dass sie, gedankenlos in die Landschaft plaziert wie hier vor Frankfurts Alter Oper, unsere ästhetische Umwelt zerstören, scheint niemand zu stören. Sind wir schon so abgestumpft, dass uns der Anblick all der Scheußlichkeiten unseres Alltags gleichgültig lässt?

1. Was sehen Sie im Vordergrund (*foreground*)?

   a. einen Imbissstand   b. einen großen Platz   c. einen Müllcontainer

2. Was sehen Sie im Hintergrund?

   a. Passanten   b. ein altes Gebäude   c. ein modernes Gebäude

3. Wie finden Sie den Kontrast zwischen Vordergrund und Hintergrund?

   a. schön   b. interessant   c. hässlich

B. Lesen Sie jetzt den Text, und ergänzen Sie die fehlenden Wörter.

1. Die neuen Müllcontainer haben Abteilungen (*compartments*) für

   a. _____,

   b. _____,

   c. _____ und

   d. _____.

2. Dieser Müllcontainer steht vor _____.

3. Der Autor des Textes ist der Meinung, dass diese Container die

   _____ zerstören (*destroy*).

4. Der Autor ist auch der Meinung, dass diese Szene niemand zu stören (*bother*)

   _____.

5. Der Autor fragt: „Sind wir schon so abgestumpft (*apathetic*), dass uns der Anblick (*sight*)

   all der Scheußlichkeiten (*dreadful things*) _____ gleichgültig

   (*indifferent*) lässt?"

C. Welcher Meinung sind Sie? Beantworten Sie die folgenden Fragen.

1. Ist Ästhetik genau so wichtig wie Funktionalität? Warum (nicht)?

   _____

   _____

2. Sollten die Müllcontainer da am offenen Platz stehen? Wenn ja: Warum? Wenn nicht: Wo sollten sie stehen?

   _____

   _____

3. Sollte man schönere, einfachere oder traditionellere Müllcontainer entwerfen? Warum (nicht)?

   _____

   _____

Wörter im Kontext

Thema 1

Globale Probleme

Aktivität 1 Was könnte man fragen?

Streichen Sie den Infinitiv aus (streichen... aus *cross out*), der die Frage **nicht** logisch ergänzt.

1. Sollte man Alkohol
   a. verbieten? b. vermeiden? c. fördern? d. erziehen?

2. Sollte man die Umweltverschmutzung
   a. vermindern? b. bedauern? c. kompostieren? d. verbannen?

3. Sollte man mehr Fußgängerzonen
   a. teilnehmen? b. schaffen? c. entwickeln? d. fördern?

4. Sollte man überall Recycling
   a. einführen? b. erziehen? c. unterstützen? d. fördern?

Streichen Sie jetzt das Substantiv aus, das den Satz **nicht** logisch ergänzt.

5. Man demonstriert gegen
   a. Arbeitslosigkeit. b. Korruption. c. Lösung. d. Rassismus.

6. Man nimmt an . . . teil.
   a. Recyclingprogrammen b. Gefängnissen c. Demonstrationen d. dem politischen Leben

7. Man hält . . . für ein großes Problem.
   a. Armut b. Drogensucht c. Terrorismus d. Fußgängerzone

8. Man diskutiert heute über Probleme wie
   a. Rechtsextremismus. b. Ausländerfeindlichkeit. c. Bürger. d. Gewalttätigkeiten.

Aktivität 2 Eine Demonstration

1. Lesen Sie den folgenden Zeitungsartikel, und füllen Sie dann die Tabelle stichwortartig (*with key words*) aus.

Mit Masken gegen Tierversuche[1] protestiert

■ Frankfurt/Main – Mit Transparenten und phantasievollen Masken haben am Sonnabend mehr als 600 Demonstranten aus Deutschland, Österreich und der Schweiz im Frankfurter Bahnhofsviertel gegen Tierversuche protestiert. Sie forderten das gesetzliche Totalverbot aller Versuche an Tieren. Diese zwei Tierfreunde aus der Schweiz (Foto) „solidarisierten" sich auf besonders ausdrucksstarke Weise mit der gequälten Kreatur.   Foto: dpa

1. Experimente mit Tieren in Labors

wer:	
wie:	
wann:	
wo:	
wogegen:	
was man forderte:	

2. Und Sie? Welcher Meinung sind Sie in Bezug auf (in... *with regard to*) Tierversuche?

☐ Ich bin 100-prozentig dafür.

☐ Ich bin dafür.

☐ Es ist mir egal.

☐ Ich bin dagegen.

☐ Ich bin total dagegen.

Thema 2

Umwelt

Aktivität 3 Unweltfreundlich oder umweltfeindlich?

Schreiben Sie die Substantive, die beschrieben sind, und markieren Sie dann Ihre Meinungen: Das Pluszeichen (+) heißt *gut für die Umwelt*; das Minuszeichen (–) heißt *schlecht für die Umwelt*; das Fragezeichen (?) bedeutet, *man weiß nicht: könnte umweltfreundlich oder umweltfeindlich sein.*

1. Diese Flasche wirft man weg.

    _____   + – ?

2. An diese Stelle bringt man leere Flaschen und Dosen.

    _____   + – ?

3. Diese Zone ist nur für Fußgänger; alle Motorfahrzeuge (*motor vehicles*) sind hier verboten.

    _____   + – ?

4. Dieses Gerät verwendet man im Haushalt.

    _____   + – ?

5. Diese Tüte ist aus Plastik.

    _____   + – ?

6. Diese Verschmutzung findet man in der Umwelt.

    _____   + – ?

Aktivität 4 Wie kann man einen Beitrag leisten?

Vervollständigen Sie die Fragen mit passenden Verben.

bedauern   kaufen   vermindern
engagieren   schützen   vorziehen
halten   teilnehmen   wählen

1. Wie kann ich an Recycling _____?

2. Soll ich Dosen oder Wegwerfflaschen _____?

3. _____ Sie Plastiktüten für umweltfreundlich?

4. Welche Politiker und Politikerinnen sollten wir _____, um die

   Umwelt zu _____?

5. Wie können wir alle den alltäglichen Abfall _____?

6. Wie kann ich mich für die Umwelt _____?

Aktivität 5 Ein Leserbrief

Lesen Sie den Leserbrief und die Antwort darauf, und schreiben Sie dann mit eigenen Worten eine vollständige Antwort auf jede Frage.

> Liebe BLITZ-Redaktion!
> Ich lese sehr gern den BLITZ, würde ihn mir aber in einer umweltfreundlicheren "Verpackung" sprich recycletem Papier wünschen. Ich glaube, die Leser würden das akzeptieren.
> V. Wiegleb, Liebertwolkwitz
>
> *Leider haben wir noch keine akzeptable Alternative gefunden, aber wir geben die Hoffnung noch nicht auf.*

Der Leser schreibt,...

1. Was liest der Leser gern?

   _____

2. Was für Verpackung wünscht sich der Leser?

   _____

   _____

3. Was glaubt der Leser?

   _____

   _____

...und die Redaktion (*editorial staff*) antwortet auf seinen Brief.

4. Was hat die Redaktion noch nicht gefunden?

_____

_____

Aktivität 6 Meinungen

Schreiben Sie jeden Satz oder Ausdruck auf Deutsch.

1. *Public transportation? I'm in favor of it.*

_____

_____

2. *Environmental pollution? I'm against it.*

_____

_____

3. *Environmentally friendly packaging? Baloney!*

_____

_____

4. *Clean trash? Nonsense!*

_____

_____

5. *In my opinion we need more recycling centers.*

_____

_____

6. *I'm of the opinion that everything is possible.*

_____

_____

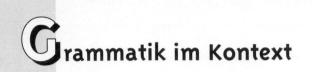

Grammatik im Kontext

The Passive Voice

Formation of the Passive Voice

Übung 1 „Jeopardy"

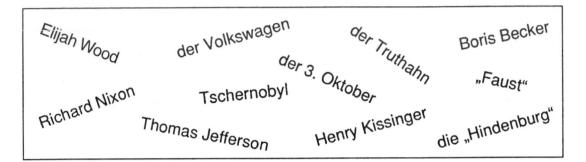

Ergänzen Sie die Sätze mit der Passivform des Verbs in Klammern. Bilden Sie dann eine Frage, die durch diesen Satz beantwortet wird.

> BEISPIEL: Dieses deutsche Auto _wurde_ zuerst in
> den 30er Jahren _hergestellt_. (herstellen)
> Frage: _Was ist der Volkswagen?_

1. Die Rolle von Frodo in dem Film „Der Herr der Ringe" _____ von

   diesem Schauspieler _____. (spielen)

   Frage: _____

2. Dieser Präsident _____ als der Vater der amerikanischen

   Freiheitserklärung _____. (ansehen)

   Frage: _____

3. Dieses deutsche Passagierluftschiff _____ durch eine Explosion bei

   der Landung auf dem Flughafen von Lakehurst _____. (zerstören

   [*to destroy*])

   Frage: _____

4. An diesem Tag _____ in ganz Deutschland die Vereinigung der zwei

   deutschen Staaten _____. (feiern)

   Frage: _____

5. Diese Stadt in der Ukraine _____ durch eine Explosion in

   einem Atomreaktor _____. (kontaminieren)

   Frage: _____

6. Vor einigen Jahren _____ mehr von diesem Tennisspieler

   _____ als von dem deutschen Bundeskanzler. (verdienen)

   Frage: _____

7. Dieses Drama _____ von Johann Wolfgang von Goethe

   _____. (schreiben)

   Frage: _____

8. Unter diesem amerikanischen Präsidenten _____ der Krieg in

   Vietnam _____. (beenden)

   Frage: _____

9. Dieser Vogel _____ von Benjamin Franklin als Nationalsymbol der

   Vereinigten Staaten _____. (vorschlagen)

   Frage: _____

10. Dieser ehemalige (*former*) amerikanische Außenminister _____ in

    Deutschland _____. (geboren)

    Frage: _____

Übung 2 „Trivia" Fragen

Formulieren Sie fünf „Trivia" Fragen im Passiv. Die Liste von Verben wird Ihnen
Hinweise geben.

> BEISPIEL: Von wem wurde die Hauptrolle in dem Film „Lola rennt" gespielt?

bauen	helfen	schreiben
entdecken	kaufen	singen
entwickeln	malen	spielen
gewinnen	reiten	tragen
		?

1. _____

2. _____

3. _____

4. _____

5. _____

Expressing the Agent

Übung 3 Eine Vorschau von „Tatort"

Lesen Sie den Text durch. Schreiben Sie dann jede Frage im Aktiv neu. Schreiben Sie auch eine Antwort in Sprichwörtern, wenn es eine Antwort gibt.

BEISPIEL: Von wem wird die Rolle des Hauptkommissars gespielt? →
Wer spielt die Rolle des Hauptkommissars?
Antwort: Robert Atzorn.

Tatort: Undercover
Sonntag, 20.15 Uhr, ARD

Ein Drogenfahnder[1] verliert in den Wirren[2] der Ermittlung[3] mit undercover arbeitenden Polizeispitzeln den Überblick.[4] Wer ist Freund, wer ist Feind?[5] Thomas Bohn (Buch und Regie) erzählt trotz eines komplizierten Plots eine gut verstehbare Geschichte. Erst die Mordkommission des „Tatort"-Teams aus Hamburg mit Hauptkommissar Jan Casstorff (Robert Atzorn) an der Spitze bringt Klarheit in die Machenschaften[6] eines russischen Drogenrings und des verdeckten Fahndungsspiels[7] der zentralen Dienste.[8] Die Regie lässt sowohl Atzorn als auch seinen Mitspielern Tilo Prückner, Nina Petri und Fjodor Olev – er spielt den schwarzgelockten Sohn des Kommissars – genügend Zeit, ihre Eigenarten auszuspielen. Und eine weise Lehre gibt es in dem spannenden Krimi obendrein: Wahre Vaterschaft ist keine Frage der Gene.

Atzorn

[1]*narcotics investigator*
[2]*turmoil*
[3]*investigation*
[4]*overview*
[5]*enemy*
[6]*wheelings and dealings*
[7]*search operations*
[8]*services*

1. Von wem werden die Fragen „Wer ist Freund?" und „Wer ist Feind?" gestellt?

   _____

   _____

2. Von wem wird die Geschichte erzählt?

   _____

   Antwort: _____

3. Von wem wurde das Buch geschrieben?

   _____

   Antwort: _____

4. Wie wird Klarheit in die Machenschaften des russischen Drogenrings gebracht? (*Use* man *as the subject.*)

_____

_____

5. Von wem wird die Rolle des schwarzgelockten (schwarzhaarigen) Sohnes des Kommissars gespielt?

_____

_____

Antwort: _____

Expressing a General Activity / The Passive with Modal Verbs / Use of man as an Alternative to the Passive

Übung 4 Ein großes Sommerfest

Rheinhotel Dreesen Ringhotel Bonn

Dreesen tanzt.

Samstag, 25. August.

Das große Sommerfest im Kastaniengarten.

Mit dem Tanzorchester „Lex van Wel" in 11köpfiger Besetzung.

Einlass ab 19.00 Uhr. Beginn: 20.00 Uhr.

© www.marwin.de

02. August
07. September
„TANZ im KASTANIENGARTEN"
Eintritt frei.

Rheinhotel
Dreesen
Ringhotel Bonn

Rheinhotel Dreesen · Ringhotel Bonn · Rheinstraße 45-49 · Bad Godesberg · D-53179 Bonn
Tel.: 0228/8202 -0 · Fax: 0228/8202 -153 · service@rheinhoteldreesen.de · www.rheinhoteldreesen.de

Schreiben Sie jeden Satz im Aktiv mit *man*.

1. Im Rheinhotel Dreesen wird am Samstagabend getanzt.

   _____

2. Hier wird ein großes Sommerfest gefeiert.

   _____

3. Musik zum Tanzen wird gespielt.

   _____

4. Die Musik vom Tanzorchester „Lex van Wel" wird gehört.

   _____

   _____

5. Hier wird gesungen und gelacht.

   _____

6. Hier wird Bier und Wein getrunken.

   _____

Übung 5 Küchenabfälle

A. Lesen Sie zuerst den ganzen Artikel.

Die BSR sucht Verwerter für Küchenabfälle

Die Berliner Stadtreinigung[1] (BSR) sucht Verwerter[2] für Küchenabfälle, um den Müll – wie derzeit täglich etwa 30 Tonnen im Ost-Teil – weiterhin getrennt sammeln zu können. Die Abfälle aus Haushalten, Restaurants und Großküchen wurden bisher an Futtermittelaufbereiter[3] gegeben. Eine Untersuchung hat außerdem ergeben, daß Küchenabfälle auch gemeinsam mit Gartenabfällen kompostiert werden können. Bis eine sinnvolle Verwertungsmöglichkeit gefunden worden ist, müssen die Abfälle leider gemeinsam mit Hausmüll auf den Deponien[4] beseitigt werden. *BM*

[1]*city cleaning department*
[2]*users*   [3]*preparers of animal food*
[4]*dumps, landfills*

B. Suchen Sie jetzt die Sätze oder die Satzteile im Passiv und schreiben Sie sie unten als Beispiele.

1. Beispiel eines Satzes im Imperfekt:

   _____

   _____

   _____

2. Beispiel eines Satzteils im Perfekt:

   _____

   _____

3. Beispiel eines Satzteils im Präsens:

   _____

   _____

4. Ein zweites Beispiel eines Satzteils im Präsens:

   _____

   _____

C. Antworten Sie jetzt auf jede Frage in Stichworten (*key words*).

1. Welche Organisation hat die Abkürzung BSR? _____

2. Wen sucht die BSR? Warum?_____

   _____

3. Wem wurden die Küchenabfälle bisher gegeben?_____

4. Was hat eine Untersuchung (*investigation*) ergeben (*determined*)? _____

   _____

5. Was für eine Möglichkeit sucht die BSR? _____

   _____

6. Wie müssen die Abfälle beseitigt (*disposed of*) werden? _____

   _____

Übung 6 Wie kann man Umweltschutz praktizieren?

Lesen Sie die Anzeige, die Hinweise (Tipps) für Umweltschutz gibt. Schreiben Sie dann jeden Satz neu im Aktiv mit **man** als Subjekt.

KRONE

Praktischer Umweltschutz!

In unseren Anzeigen bringen wir immer wieder Vorschläge, wie Sie durch gezielten Einkauf täglich Umweltschutz praktizieren können. Wir weisen auf umweltfreundlich hergestellte Artikel hin, deren Inhaltstoffe biologisch abbaubar sind, die wenig Abfall produzieren und die die Natur so wenig wie möglich belasten. Achten Sie auf Verpackungen und meiden Sie Waren, die in überflüssigem Plastik verpackt sind. Wir von KRONE versuchen, umweltfreundliche Produkte so günstig wie möglich anzubieten. Lassen Sie sich überzeugen. Also, bis bald in Ihrem KRONE!

1. Vorschläge für Umweltschutz können in Anzeigen gegeben werden.

   _____

   _____

2. Umweltschutz kann durch gezielten (*well-directed*) Einkauf praktiziert werden.

   _____

   _____

3. Umweltfreundliche Produkte können hergestellt werden, deren Inhaltstoffe (*contents*)

   biologisch abbaubar (*degradable*) sind.

   _____

   _____

   _____

4. Produkte können hergestellt werden, die wenig Abfall produzieren und die die Natur so wenig wie möglich belasten (*pollute*).

_____

_____

_____

5. Auf Verpackung kann geachtet werden.

_____

6. Waren, die in überflüssigem Plastik verpackt sind, können vermieden werden.

_____

_____

7. Umweltfreundliche Produkte können günstig angeboten werden.

_____

_____

Extra: Was ist Krone?

a. Eine Hotelkette.   b. Eine Supermarktkette.   c. Eine Kaufhauskette.

The Present Participle

Übung 7 Damals wie heute: Probleme und Meinungen

Schauen Sie sich den Cartoon an.

Ergänzen Sie jetzt die Sätze mit dem Partizip Präsens.

> BEISPIEL: Der Herr des Hauses ärgert sich über die _ermüdende_____
>
> Fragerei. (ermüden)

1. Der Mann an der Tür möchte die Meinung des Hausherrn über die

   _____ Zahl von Arbeitslosen erfahren. (steigen)

2. Er hat gerade in der Zeitung über die _____ Inflation

   gelesen. (zunehmen)

3. Vorige Woche hat man ihn nach seiner Meinung über das _____

   Problem der Drogensucht gefragt. (wachsen)

4. Seine Frau sitzt im _____ Wohnzimmer. (angrenzen)

5. Sie hat gerade im Fernsehen einen Dokumentarfilm über die _____

   Wälder gesehen. (sterben)

6. Gestern gab es im Fernsehen einen langen Bericht über die _____

   Rezession. (kommen)

7. Der Junge hat heute in der Schule etwas über das _____

   Müllproblem gelernt. (wachsen)

Sprache im Kontext

Lesen

Auf den ersten Blick

Schauen Sie sich die Fotos auf der nächsten Seite an, und überfliegen Sie den Titel und die Bildunterschrift. Was für ein Haus ist das? Was wissen Sie schon davon? Unterstreichen Sie die richtigen Antworten.

> BEISPIEL: Ist das Haus von Pflanzen oder von Asphalt umgeben (*surrounded*)?

1. Findet man das Haus in Hamburg oder in Hammelburg?

2. Wohnt eine Familie zu viert oder zu fünft in diesem Haus?

3. Ist das Haus aus Stein oder aus Holz gebaut?

4. Wird das Haus wohl aus ökologischen oder aus ästhetischen Prinzipien gebaut?

Hans Josef Fell mit seiner Frau Annemarie und seinen drei Kindern, vor seinem Haus in Hammelburg

Das Ökohaus

Unser 1985 fertig gestelltes Holzhaus mit Grasdach ist nach ökologischen und baubiologischen Kriterien errichtet. Strom, Wärme und Mobilität werden vollständig durch Erneuerbare Energien bereitgestellt. Die passive Energiegewinnung wird durch die optimale Südausrichtung und einen Wintergarten optimiert. Eine Photovoltaikanlage erzeugt Strom. Die thermische Solaranlage liefert den Wärmebedarf für Warmwasser und geringfügig auch für die Heizung. In der kalten Jahreszeit wird die Wärme von einem Grundofen erzeugt, der auch zum Kochen und Backen genutzt wird. Den über die solaren Strahlungsgewinne hinausgehenden Strom- und Wärmebedarf deckt ein Kleinblockheizkraftwerk, das mit reinem, kaltgepresstem Pflanzenöl aus regionalem, biologischem Anbau betrieben wird. Photovoltaikanlage und Blockheizkraftwerk liefern auch den Strom für das zweisitzige TWIKE-Solarmobil und unser VW-Golf wird mit Pflanzenöl betrieben.

Unser Haus ist bereits mehrfach ausgezeichnet worden, zuletzt mit dem Energy Globe Award 2000.

Zum Text

Lesen Sie den Text durch. Sorgen Sie sich nicht, wenn Sie nicht alles verstehen. Füllen Sie dann die Sätze mit den richtigen Wörtern aus. Diese Wörter kommen direkt aus dem Text. Lesen Sie den Text noch einmal. Können Sie alles jetzt besser verstehen?

1985	Holz	Solaranlage
2000	Kochen	Strom
Backen	Mobilität	Südausrichtung
baubiologischen	ökologischen	Wärme
Gras	Pflanzenöl	Wintergarten

1. _____ wird das Haus gebaut.

2. Man hat das Haus aus _____ und das Dach aus _____ gebaut.

3. Das Haus wird nach _____ und _____ Kriterien errichtet (*constructed.*)

4. Erneubare (*renewable*) Energien sind in diesem Haus sehr wichtig. _____, _____ und _____ werden durch solche Energien bereitgestellt (*provided*).

5. Energie wird durch die _____ des Hauses und den _____ gespart und auch gewonnen.

6. Wärme für Warmwasser und geringfügig (*slightly*) auch für Heizung wird von der thermischen _____ geliefert (*delivered*).

7. Im Winter wird die Wärme durch einen Grundofen erzeugt (produziert). Dieser Ofen wird auch zum _____ und _____ genutzt.

8. Das Haus benutzt Strahlungsenergie. Ein Kleinblockheizkraftwerk (*small block heating unit*) produziert auch Strom und Wärme. Es funktioniert mit reinem, kaltgepressten _____. Dieses Öl kommt aus regionalem, biologischen Pflanzenbau (Kultivierung).

9. Das Haus hat schon viel Lob (*praise*) bekommen, zuletzt (*most recently*) mit dem Energy Globe Award _____.

Schreiben

Wie könnte Ihrer Meinung nach das Universitätssystem besser sein? Was würden Sie den Studenten und Studentinnen an Ihrer Universität sagen? Was könnten/sollten/müssten sie tun, um das System zu verändern und zu verbessern? Und die Professoren und Professorinnen? Politiker und Politikerinnen? Schreiben Sie Ihre Meinungen.

Journal

Wählen Sie eins der folgenden Themen.

Thema 1: Das größte Weltproblem. Was ist Ihrer Meinung nach das größte Problem der heutigen Welt? Wovor haben Sie die größte Angst, wenn Sie an die Zukunft (*future*) denken? Was könnte/sollte/müsste man machen, um dieses Problem zu vermeiden oder zu vermindern? Was könnte/sollte/müsste die Regierung tun? Was könnte/sollte/müsste jeder Mensch tun? Was können Sie selbst ab heute machen?

Thema 2: Ein persönliches Problem und Ihre persönliche Meinung. Es gibt immer große Probleme in der Welt. Aber jeder Mensch hat auch seine eigenen Probleme, die ihm oft sehr groß erscheinen. Auf Englisch sagt man: "...*is a pet peeve of mine.*" Auf Deutsch sagt man: „....ist mir ein Dorn (*thorn*) im Auge." Was ist Ihnen „ein Dorn im Auge"? Beschreiben Sie das Problem, und äußern (*express*) Sie Ihre Meinung darüber.

Thema 3: Viele Fragen, wenige Antworten. An welche Probleme denken Sie am öftesten? Welche Fragen kommen in den Sinn, wenn Sie an jedes Problem denken? Alle Fragen haben Wert. Schreiben Sie alle Fragen auf, an die Sie denken. Wenn Sie eine Antwort oder eine Lösung haben, schreiben Sie sie auch auf.

Answer Key

Answers are included only for activities and exercises that have one expected answer. Your answers may still differ somewhat from those in this answer key. For example, your answer may contain a noun subject, whereas the printed answer contains a pronoun subject or vice versa; or, at times, your answer might include a synonym for a word or phrase in the printed answer. This does not mean that your answer is wrong but rather that there are different ways of stating it. When variations in expressions can be anticipated, they are included in parentheses within the answer key, or a note regarding the possibilities is provided.

Einführung

Aktivität 1   HERR LANG: Hallo! <u>Mein</u> Name ist Peter Lang. <u>Wie</u> ist Ihr Name bitte?   FRAU WALL: Guten Tag, Herr Lang. Ich <u>heiße</u> Carolyn Wall.   HERR LANG: <u>Freut</u> mich, Frau Wall. Und <u>woher</u> kommen Sie?
FRAU WALL: Ich <u>komme</u> aus Chikago.   HERR LANG: Ah ja, Chikago... Und Sie? Wie <u>heißen</u> Sie, bitte?
HERR GRAY: Ich heiße Jonathan Gray, und ich komme aus Boston.   HERR LANG: Nun, herzlich <u>willkommen</u> in Deutschland.

Aktivität 2   B: Grüß dich!   C: Danke schön!   D: Bitte sehr!   E: Ich heiße Eva.   F: Freut mich!   G: Auf Wiedersehen!   H: Tschüss!

Aktivität 3   1. Wie geht's? (*oder:* Wie geht es dir? *oder:* Wie geht's dir?)   2. Gute Nacht!   3. Grüß dich!
4. Guten Tag!   5. Guten Morgen!   6. Danke! (*oder:* Danke schön! *oder:* Danke sehr!)   7. Bitte! (*oder:* Bitte schön! *oder:* Bitte sehr!)   8. Hallo!

Aktivität 4   C: Sehr gut!   D: Gut!   E: So lala!   F. Nicht besonders gut.   G: Schlecht.

Aktivität 5   FRAU WENDT: Die Nummer ist <u>eins</u>, <u>acht</u>, <u>drei</u>, <u>fünf</u>, <u>neun</u>, <u>vier</u>.

Aktivität 6   1. siebzehn   2. sechzehn   3. neunzehn   4. dreizehn

Aktivität 7   FANS: <u>Zwanzig</u>, neunzehn, <u>achtzehn</u>, siebzehn, sechzehn, <u>fünfzehn</u>, <u>vierzehn</u>, dreizehn, <u>zwölf</u>, <u>elf</u>, <u>zehn</u>, neun, acht, <u>sieben</u>, <u>sechs</u>, fünf, vier, drei, <u>zwei</u>, eins!

Aktivität 8   1. dreiundzwanzig / zweiunddreißig   2. neunundfünfzig / fünfundneunzig
3. siebenundsechzig / sechsundsiebzig   4. vierundachtzig / achtundvierzig

Aktivität 9   1. 172   2. 385   3. 599   4. 2 706   5. zweihunderteins   6. vierhundertsechsundvierzig
7. sechshundertsiebenundvierzig   8. neuntausendsechshunderteinundsechzig

Aktivität 10   Herrn / Georg Schuster / Poststraße 20 / 69115 Heidelberg

Aktivität 11   STEFAN: Ich habe eine Frage.   ANNA: Wie sagt man „interesting" auf Deutsch?
BRIGITTE: Ich verstehe das nicht. (*oder:* Das weiß ich nicht.)   THOMAS: Haben wir Hausaufgaben?
KARIN: Wiederholen Sie, bitte. (*oder:* Noch einmal, bitte. *oder:* Wie bitte? *oder:* Etwas langsamer, bitte.)

Aktivität 12   1. a   2. b   3. a   4. b   5. Berlin   6. 14059   7. 29/31   8. (030) 321 70 91

Aktivität 13   1. Dänemark   2. Deutschland, Österreich, die Schweiz, Liechtenstein, Luxemburg
3. Frankreich (die Schweiz, Belgien,...)   4. Polen   5. Tschechien

Aktivität 14   1. Frankreich   2. Deutschland   3. Dänemark   4. Liechtenstein   5. Polen   6. die Schweiz
7. Tschechien   8. Österreich

Kapitel 1

Alles klar? ~~Adresse~~ / ~~Alter~~ / ~~Geburtstag~~ / ~~Geburtsort~~ / ~~Lieblingsbuch~~ / ~~Lieblingsfilm~~ / ~~Lieblingsvideospiel~~ / ~~Nationalität~~ / ~~Religion~~ / ~~Telefonnummer~~ // 1. Name 2. Beruf 3. Hobby 4. Zeitschrift

Wörter im Kontext Aktivität 1 Der Mann heißt Wolfgang Schehlmann. Er kommt aus Deutschland. Er wohnt in Darmstadt. Er ist Polizeibeamter von Beruf. Wolfgangs Vater ist Deutschlehrer in Marburg. Seine Mutter ist Architektin. Wolfgangs Bruder Johann ist Student in Münster.

Aktivität 2 Vorname: Renate **Nachname:** Menzel **Geburtsort:** Linz **Wohnort:** Wien **Alter:** 26 **Beruf:** Studentin **Hobby:** Tanzen

Aktivität 3 Wie heißen Sie, bitte? Woher kommen Sie? Was machen Sie in Berlin? Wie finden Sie die Stadt? Wie lange bleiben Sie in Deutschland? Was sind Sie von Beruf? Was studieren Sie denn an der Uni? Spielen Sie gern Computerspiele? Lernen Sie Deutsch am Sprachinstitut?

Aktivität 4 1. fleißig 2. praktisch 3. unsympathisch 4. unfreundlich 5. konservativ 6. interessant

Aktivität 5 A. 1. unpraktisch 2. ruhig 3. chaotisch 4. langweilig 5. untreu 6. intolerant 7. uninteressant 8. faul

Aktivität 6 MICHAEL: Karten spielen macht mir Spaß. (*oder:* Kartenspiele machen mir Spaß.) CHRISTIAN: Kochen macht mir Spaß. ANDREAS: Reisen macht mir Spaß. HANNA: Wandern macht mir Spaß. ELISABETH: Tanzen macht mir Spaß.

Grammatik im Kontext Übung 1 1. die 2. der 3. die 4. der 5. die 6. die 7. das 8. das 9. das 10. die 11. der 12. der

Übung 2 A: die B: sie C: der D: Er / Die E: die F: sie / Der G: der H: Er I: die J: sie

Übung 3 1. Das / es 2. sie 3. sie 4. er 5. es 6. Das / es

Übung 4 1. heißt 2. ist 3. arbeitet 4. kommt 5. wohnt 6. findet 7. Spielt 8. Wandert 9. Lernt 10. Reist

Übung 5 SOFIE: Mein Name ist Sofie. Bist du Peter? PETER: Ja, und das sind Alex und Andreas. Alex ist konservativ, und Andreas ist liberal. SOFIE: Seid ihr alle neu in Freiburg? ANDREAS: Alex und ich sind hier neu. Peter, bist du hier auch neu? PETER: Nein, ich bin schon ein Jahr in Freiburg. SOFIE: Wie findest du Freiburg, Peter? PETER: Das Land und die Stadt sind faszinierend. Die Uni ist auch wirklich interessant. SOFIE: Woher kommst du denn? PETER: Ich komme aus Liverpool. Ich bin Engländer.

Übung 6 D: Heute Abend gehen wir tanzen. F: Nächstes Jahr besuche ich Wien. H: Heute kommt er. J: Jetzt spielen sie Karten.

Übung 7 A. 1. Wie heißt du? 2. Woher kommst du? 3. Wie alt bist du? 4. Bist du Studentin? 5. Was studierst du? 6. Wie heißt du? 7. Wo wohnst du jetzt? 8. Wie findest du die Stadt? 9. Was bist du von Beruf? 10. Reist du oft? B. 1. Sie heißt Monika. 2. Sie kommt aus Düsseldorf. 3. Sie ist dreiundzwanzig Jahre alt. 4. Ja, sie ist Studentin. 5. Sie studiert Chemie. 6. Er heißt Robert. 7. Er wohnt jetzt in Dresden. 8. Er findet die Stadt echt interessant. 9. Er ist Programmierer von Beruf. 10. Nein, er reist nicht oft.

Sprache im Kontext Auf den ersten Blick: OLIVER: Alter: 28; Größe: 1,80 m; Beruf: Textil-Kaufmann; Haarfarbe: braun; Augenfarbe: grau-grün; Eigenschaften: groß, schlank, viel Humor, Spaß an der Freude, sportlich, tolerant; Interessen und Hobbys: Fernreisen, verwöhnen // BJÖRN: Alter: 36; Größe: 1, 76 m; Beruf: Student; Haarfarbe: keine Information; Augenfarbe: keine Information; Eigenschaften: groß, schlank; Interessen und Hobbys: Rockmusik, Fahrradfahren, Haus restaurieren, Kurgeschichten schreiben

Zum Text 1. a. Björn / Oliver b. Oliver / Björn 2. a. schlank b. (wohne in einem Wohnprojekt: Wir restaurieren ein altes Haus.) c. plane einen Roman

Kapitel 2

Alles klar? A. Dreizimmerwohnung, Haus oder Wohnung mit Terrasse B. 1. Küche 2. Zimmer 3. Wohnzimmer 4. Bad C. 1. Wohnzimmer 2. 17,5 / 12,5 3. Küche / Bad D. 1. b 2. a 3. c 4. a

Wörter im Kontext Aktivität 1 möbliert / hell / groß / niedrig / billig / bequem

Aktivität 2 1. das Schlafzimmer 2. die Küche 3. das Esszimmer 4. das Arbeitszimmer 5. das Bad 6. die Terrasse 7. der Garten 8. die Garage

Aktivität 3

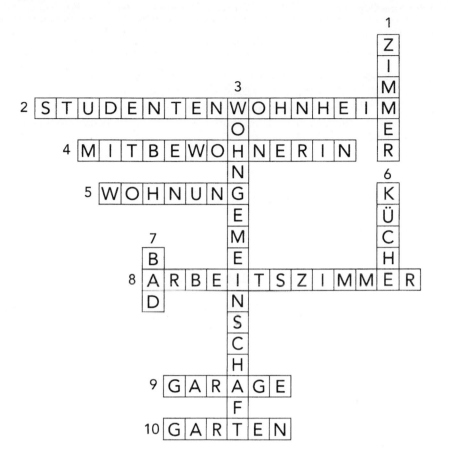

Aktivität 4 1. Der Sessel   2. Der Stuhl   3. Der Fernseher   4. Das Bett   5. Das Bücherregal   6. Die Lampe
7. Der Wecker   8. Das Radio   9. Der Tisch

Aktivität 5 1. das Poster   2. das Bücherregal   3. der Schreibtisch   4. der Computer   5. das Telefon
6. der DVD-Spieler   7. die Stereoanlage   8. der CD-Spieler   9. der Teppich   10. die Zimmerpflanze

Aktivität 6 1. Zeitung <u>lesen</u>   2. Toast mit Butter <u>essen</u>   3. Kaffee <u>trinken</u>   4. Motorrad <u>fahren</u>   5. im Büro
<u>arbeiten</u>   6. Briefe <u>schreiben</u>   7. im Park <u>laufen</u>   8. Spaghetti <u>kochen</u>   9. Radio <u>hören</u>   10. ins Bett <u>gehen</u>
11. <u>schlafen</u>

Grammatik im Kontext   Übung 1   A. 1. die Herren   2. die Frauen   3. die Männer   4. die Kunden
5. die Freunde   6. die Mitbewohnerinnen   7. die Studenten   8. die Amerikaner   9. die Kundinnen   10. die
Verkäufer   11. die Mütter   12. die Väter

Übung 2 1. Die Studentinnen brauchen Wohnungen.   2. Die Frauen lesen Bücher.   3. Die Verkäufer suchen
Hotelzimmer in Köln.   4. Die Amerikanerinnen suchen Mitbewohnerinnen.   5. Die Kunden brauchen Häuser.
6. Die Mieten in Deutschland sind hoch.

Übung 3 1. der   2. die   3. das   4. der   5. das / den / die   6. den / die / die   7. den / das / die
8. die / die

Übung 4 2. V: Hier ist eine Lampe. Brauchen Sie eine Lampe?   K: Nein. Eine Lampe habe ich schon.
3. V: Hier ist ein Wecker. Brauchen Sie einen Wecker?   K: Nein. Einen Wecker habe ich schon.   4. V: Hier ist ein
Nachttisch. Brauchen Sie einen Nachttisch?   K: Nein. Einen Nachttisch habe ich schon.   5. V: Hier ist eine
Kommode. Brauchen Sie eine Kommode?   K: Nein. Eine Kommode habe ich schon.   6. V: Hier ist ein Bett.
Brauchen Sie ein Bett?   K: Nein. Ein Bett habe ich schon.

Übung 5 C: Ist Herr Siegfried hier?   D: Nein. Ich sehe Herrn Siegfried nicht.   E: Der Student heißt Konrad.
F: Wie ist sein Name bitte?   G: Im Museum sehen wir einen Menschen aus der Steinzeit.   H: Wie, bitte? Woher
kommt der Mensch?   I: Besuchst du oft den Studenten aus Tokio?   J: Ja. Ich besuche auch einen Studenten aus
Hiroshima.

Übung 6   1. Was sucht der Student aus Köln?   2. Was braucht die Studentin aus Aachen?   3. Wen besucht der Amerikaner?   4. Was findet die Amerikanerin zu hoch?   5. Wer hat nur einen Kunden?   6. Wen sehen die Kundinnen?

Übung 7   1. Wir haben Durst.   2. Ihr habt Geld.   3. Claudia hat Uwe gern.   4. Ich habe keine Lust.
5. Du hast Recht.   6. Der Verkäufer hat Zeit.

Übung 8   1. Wir haben <u>kein</u> Bett, <u>keinen</u> Computer, <u>keine</u> Kommode, <u>keinen</u> Sessel und <u>keine</u> Lampen. Wir brauchen <u>keinen</u> Couchtisch, <u>keinen</u> Teppich, <u>keine</u> Uhr, <u>kein</u> Radio und <u>keine</u> Regale.

Übung 9   1. Nein, sie ist nicht hoch.   2. Nein, es ist nicht groß.   3. Nein, ich brauche keinen Sessel.
4. Nein, ich habe keinen Schreibtisch.   5. Nein, ich habe keine Stühle.   6. Nein, ich finde das Zimmer nicht schön.   7. Nein, ich suche keine Wohnung.

Übung 10   1. Sie fragt: Nimmst du das Zimmer? Er sagt: Nein, ich nehme das Zimmer nicht. Sie berichtet: Er nimmt das Zimmer nicht.   2. Sie fragt: Isst du oft in Restaurants? Er sagt: Nein, ich esse nicht oft in Restaurants. Sie berichtet: Er isst nicht oft in Restaurants.   3. Sie fragt: Läufst du gern im Park? Er sagt: Nein, ich laufe nicht gern im Park. Sie berichtet: Er läuft nicht gern im Park.   4. Sie fragt: Fährst du heute Auto? Er sagt: Nein, ich fahre heute nicht Auto. Sie berichtet: Er fährt heute nicht Auto.   5. Sie fragt: Liest du heute Abend Zeitung? Er sagt: Nein, ich lese heute Abend nicht Zeitung. Sie berichtet: Er liest heute Abend nicht Zeitung.   6. Sie fragt: Schläfst du jetzt? Er sagt: Nein, ich schlafe jetzt nicht. Sie berichtet: Er schläft jetzt nicht.

Übung 11   Herr Reiner aus Hannover <u>fährt</u> nach Berlin. Er <u>wohnt</u> in einem eleganten Hotel und <u>schläft</u> in einem bequemen Bett. Heute <u>trinkt</u> er Kaffee und <u>liest</u> die *Berliner Morgenpost*. Dann <u>findet</u> er einen Park und <u>läuft</u>. Übrigens <u>hat</u> Herr Reiner manchmal Hunger. Dann <u>geht</u> er ins Restaurant i-Punkt zum Brunch-Buffet und <u>isst</u> Berliner Spezialitäten. Das Restaurant i-Punkt <u>ist</u> ganz oben in der 20. Etage im Europa-Center.

Übung 12   1. (DER) / (DEN) / (DER) / (DER) / (DER)   2. (Blöd? Dann sieh dir erst mal den hier an.)   3. blöd / hässlich   4. He!   5. Ekelhaft   6. Torfkopp / Cretin   7. schlimmer

Übung 13   GNU EINS: Sieh dir erst mal <u>die</u> hier an.   GNU ZWEI: Ja, <u>die</u> sind wirklich hässlich.   GNU EINS: Mann, ist <u>die</u> blöd.   GNU ZWEI: Ja, wirklich blöd. Aber nicht so dumm wie <u>die</u> da.   GNU EINS: He! Du, Torfkopp!   GNU ZWEI: <u>Die</u> hört das nicht. <u>Die</u> ist zu dumm. Dumm und hässlich! Ich habe <u>die</u> ungern.   GNU EINS: Schnaken! Iih! Ich finde <u>die</u> ekelhaft.

Sprache im Kontext   Auf den ersten Blick   1. b.   2. b   3. c   4. b, c   5. a, b   6. a, b   7. c
8. a, c, f, g, h   9. a

Kapitel 3

Alles klar!   A. 1. c   2. b   3. a   4. c   5. c   B. 1. unser   2. Dackel   3. Frauchen   4. Herrchen
C. 1. Herrchen / Frauchen   2. zehn

Wörter im Kontext   Aktivität 1   1. Vater   2. Töchter   3. Brüder   4. Opa   5. Großvater   6. Neffen
7. Tante

Aktivität 2   Montag / Dienstag / Mittwoch / Donnerstag / Freitag / Samstag / Sonntag

Aktivität 3   1. September/Oktober   2. Januar   3. Mai   4. Juli   5. Februar   6. Dezember   7. August
8. April/März   9. Juni   10. November   11. August/September

Aktivität 4   1. August   2. jung   3. Geburtstag / Geburtstag   4. *Answers will vary.*   5. Sohn   6. Schwester
7. Enkelin / Enkel   8. Mutter / Vater

Aktivität 5   A. 1. Christopher   2. 23.7.2001 (oder: 23. Juli 2001)   3. 51 cm   4. 3030 g   5. Sandra und Rolf Bajorat   6. Felix-Roeloffs-Straße 21, Bedburg-Hau   7. *Answer will vary.*

Aktivität 6   1. Familienfest   2. Geburtstag   3. Hochzeit   4. Muttertag   5. Valentinstag   6. Weihnachten / Ostern   7. Neujahr / Silvester   8. Fasching / Karneval

Aktivität 7   1. Herzlichen Glückwunsch zum Geburtstag!   2. Viel Glück! (*oder:* Alles Gute!)   3. Danke. (*oder:* Danke schön. *oder:* Danke sehr.)   4. Viel Glück!   5. Viel Spaß!   6. Herzlichen Glückwunsch zum Valentinstag!   7. Na, wie geht's? (*oder:* Hallo, wie geht es dir? *oder:* Hallo, wie geht's? *oder:* Grüß dich. Wie geht es dir? *oder:* Grüß dich. Wie geht's?)   8. Herzlichen Glückwunsch zur Hochzeit! (*oder:* Alles Gute!)

Grammatik im Kontext   Übung 1   A: meinen   B: seine   C: Unser / seinen / Unsere   D: meine / ihren   E: deine   F: Meine   E: deine / deine   H: unsere   I: unsere   G: eure   H: Ihr

Übung 2   1. Wir kennen euch nicht gut, und ihr kennt uns nicht gut.   2. Ich besuche dich manchmal, und du besuchst mich manchmal.   3. Er findet Sie interessant, und Sie finden ihn interessant.   4. Wir verstehen sie schon gut, und sie verstehen uns schon gut.

Übung 3   A: den   B: ihn   C: den / den / die / das   D: sie   E: den   F: ihn   G: das   H: es   I: die J: sie / sie

Übung 4   CHRISTOPH: Ich verstehe Robert nicht gut, und er versteht <u>mich</u> auch nicht gut. Verstehst du <u>ihn</u>?   BRIGITTE: Ja, kein Problem. Ich verstehe <u>ihn</u> gut. //   HERR SCHULZ: Hören Sie <u>mich</u>, Herr Jones? HERR JONES: Ja, ich höre <u>Sie</u> ganz gut, Herr Schulz. //   FRAU KLAMM: Laufen Ihre Kinder immer so laut <u>um das Haus</u> herum und <u>durch den Garten</u>, Frau Kleist? //   PAUL: Hast du etwas <u>gegen meinen Freund</u>? UTE: Nein, natürlich habe ich nichts <u>gegen ihn</u>. Aber er hat etwas <u>gegen mich</u>. //   SUSI: Spielt ihr schon wieder Cowboys <u>ohne mich</u>?   ALEX: Nein, Susi, wir spielen nicht <u>ohne dich</u>. //   MARGRET: Fährst du im Winter <u>durch die Schweiz</u>?   MICHAEL: Ja, und auch <u>durch Österreich</u>. //   MÄXCHEN: Opa, hast du eine Cola <u>für uns</u>? OPA: Nein, aber ich habe Milch <u>für euch</u>. <u>Ohne Milch</u> bleibt ihr klein.   MÄXCHEN: Ach, Opa, bitte!   OPA: Na gut, eine Cola <u>für dich</u> und Barbara.

Übung 5   1. Mein Freund kauft Rosen für mich.   2. Gegen sechs Uhr laufen wir gern durch den Park. 3. Wir laufen selten ohne seinen Neffen.   4. Ich habe gar nichts gegen Martins Schwester oder ihren Sohn. 5. Martins Schwester und ihr Mann kaufen oft Pizza für uns.

Übung 6   1. werden   2. werde / wird   3. wirst   4. werdet

Übung 7   A. 1. kenne / Kennst   2. Wissen   3. weiß   4. Kennen   5. Wisst   6. weiß   7. Kennt 8. Wissen / weiß / weiß   9. wissen

Sprache im Kontext   Auf den ersten Blick   Silke, Mann, Tochter, Sohn

Zum Text   1. Am achtzehnten <u>August</u> feiern Bernd und Silke die Taufe von Elias und auch ihre kirchliche Trauung.   2. Sie feiern diesen <u>Tag</u> mit allen Verwandten, Freunden und Bekannten.   3. Der Gottesdienst <u>beginnt</u> um 16:00 Uhr.   4. Ein <u>Gartenfest</u> folgt dem Gottesdienst.   5. Das Fest findet auf der Briener Straße 180 in <u>Kellen</u> statt.

Kapitel 4

Alles klar?   1. c   2. a   3. c, b   4. a   5. b, d   6. b   7. c

Wörter im Kontext   Aktivität 1   A. 1. Eine Minute   2. Eine Stunde / Minuten   3. Stunden   B. 1. halb 2. vor   3. Viertel nach   4. nach   5. Viertel vor   C. 3 2 4 1 6 7 5

Aktivität 2   1. heute Mittag   2. heute Abend   3. morgen früh   4. morgen Nachmittag   5. Montagvormittag 6. Montagnachmittag

Aktivität 3   1. morgens   2. vormittags / morgens   3. morgens   4. samstags   5. morgens / nachmittags / abends   6. freitagabends   7. abends / nachts   8. nachts

Aktivität 4   ...Ihr Sohn Josef <u>räumt</u> schon sein Zimmer <u>auf</u>, und ihre Tochter Maria <u>steht</u> jetzt <u>auf</u>. Jeden Tag bleibt ihr Mann, Herr Fiedler, bis acht Uhr zu Hause. Heute Morgen <u>ruft</u> er seine Mutter <u>an</u>.
...Frau Jahn <u>kocht</u>, und Herr Jahn <u>frühstückt</u>. Ihr Kind, das kleine Hänschen, <u>sieht fern</u>. Frau Jahns Vater <u>kommt</u> alle zwei Wochen <u>vorbei</u>.

Aktivität 5   A. 1. ins   2. in die   3. ins   4. ins   5. in die   B. 1. Horrorfilm   2. Krimi   3. Komödie 4. Tragödie   5. Oper   6. Ballett

Grammatik im Kontext   Übung 1   1. Um zehn nach sieben frühstückt sie.   2. Um halb acht räumt sie schnell ihr Zimmer auf.   3. Um zwanzig nach acht geht sie zur Universität.   4. Um fünf nach neun fängt ihre Englischstunde an.   5. Um Viertel nach zwei kommt sie nach Hause zurück.   6. Um Viertel vor sechs ruft sie ihre Freundin an.   7. Um halb sieben sieht sie fern.   8. Von acht bis zehn lernt sie Englisch.

Übung 2   *circle:* wirft; kommt / *underline:* weg; zurück   1. Er wirft den Bumerang weg.   2. Man wirft einen Bumerang weg, und normalerweise kommt er von selbst zurück.   3. Ein Mann bringt ihn zurück.   4. Der Mann sieht sehr böse aus.

Übung 3   1. Müssen   2. Musst   3. Muss   4. Müsst   5. Müssen   6. Muss   7. müssen

Übung 4   1. Dürfen / möchtest   2. Darf   3. kann   4. soll   5. mögt   6. mag / können   7. soll 8. können

Übung 5 A. 1. Ihr müsst früher aufstehen. 2. Ich kann so früh nicht aufwachen. 3. Du musst dein Arbeitszimmer aufräumen. 4. Mein Freund soll heute Abend vorbeikommen B. 1. Kannst du mich gegen sieben anrufen? 2. Könnt ihr uns um halb acht abholen? 3. Warum will dein Freund nicht in die Disko gehen? 4. Warum müsst ihr abends immer ausgehen? 5. Warum magst du diesen Kaffee nicht? 6. Wo soll ich morgen frühstücken?

Übung 6 1. Frühstücken Sie doch morgen früh im Café. 2. Gehen Sie doch morgen Nachmittag einkaufen. 3. Gehen Sie mal durch den Park spazieren. 4. Essen Sie doch morgen Abend im Restaurant. 5. Sehen Sie dann mal einen Horrorfilm. 6. Kommen Sie bitte am Samstag vorbei.

Übung 7 1. Helga, sieh jetzt nicht fern. 2. Helga, wart(e) nur eine Minute. 3. Jens, öffne die Tür noch nicht. 4. Jens, sei nett. 5. Nehmt eure Jacken mit. 6. Seid vorsichtig. 7. Kauft eine Zeitung und ein Buch für mich. 8. Kommt dann sofort zurück.

Sprache im Kontext Auf den ersten Blick 1. c 2. b 3. a 4. c 5. a 6. c 7. c 8. a

Kapitel 5

Alles klar? A. Das braucht sie: 1, 5, 7, 8 Das braucht er: 2, 3, 4, 5, 6   B. ja: 1, 2, 3, 5, 7, 8, 9   nein: 4, 6, 10

Wörter im Kontext   Aktivität 1 2. das Hemd 3. die Hose 4. das Kleid 5. der Gürtel 6. die Jacke 7. der Schal 8. der Rock 9. der Hut 10. die Krawatte 11. der Mantel 12. der Pullover 13. das Sakko 14. die Bluse 15. der Schuh 16. der Stiefel

Aktivität 3 1. Socken und Schuhe 2. Jeans und ein T-Shirt 3. ein Hemd und eine Hose 4. ein Mantel und ein Hut 5. ein Anzug und eine Krawatte 6. eine Jacke und ein Schal

Aktivität 5 1. a 2. a 3. a 4. b 5. a 6. a

Aktivität 6 ...ELISABETH: Ja, ich <u>brauche</u> ein Sommerkleid. VERKÄUFERIN: Dieses Kleid ist sehr schön. ELISABETH: Ja, aber ich möchte etwas <u>in Blau</u>. VERKÄUFERIN: Möchten Sie etwas in <u>Hellblau</u> oder <u>Dunkelblau</u>? ELISABETH: In <u>Dunkelblau</u>, bitte. VERKÄUFERIN: Dieses Kleid hier ist wirklich schön, und wir haben auch Ihre <u>Größe</u>. ELISABETH: Ist dieses Kleid aus <u>Baumwolle</u> oder aus Synthetik? VERKÄUFERIN: Es ist aus Synthetik. ELISABETH: Darf ich es <u>anprobieren</u>?... VERKÄUFERIN: <u>Gefällt es Ihnen</u>? ELISABETH: Ja, es <u>passt mir</u> gut. Ich nehme es. VERKÄUFERIN: Gut. Zahlen Sie dann bitte <u>vorne an der Kasse</u>...

Aktivität 7 1. rot 2. weiß 3. grün 4. schwarz 5. gelb 6. orange 7. braun / braun

Aktivität 9 Aufschnitt / Wurst / Käse / Brot / Brötchen / Gurken / Äpfel / Weintrauben / Kekse / Getränke

Aktivität 10 Wo ist <u>der</u> Apfelsaft? Ich kann <u>den</u> Apfelsaft nicht finden. / <u>das</u> Salz? / <u>das</u> Salz / <u>der</u> Pfeffer? / <u>den</u> Pfeffer / <u>der</u> Wein? / <u>den</u> Wein / <u>die</u> Leberwurst? / <u>die</u> Leberwurst / <u>der</u> Kaffee? / <u>den</u> Kaffee / <u>das</u> Mineralwasser? / <u>das</u> Mineralwasser / <u>das</u> Brot? / <u>das</u> Brot / <u>die</u> Limonade? / <u>die</u> Limonade

Grammatik im Kontext Übung 1 B: Ihm D: Ihr F: ihnen H: ihr J: uns

Übung 2 1. Wem gehören diese Kleidungsstücke? 2. Gehört Ihnen dieser Bademantel? 3. Gehört ihm diese Krawatte? 4. Gehört ihr dieser Schal? 5. Gehört dir diese Jacke? 6. Gehören ihnen diese T-Shirts? 7. Gehören euch diese Schuhe?

Übung 3 2. Karin schenkt ihrer Oma einen Schal. 3. Herr Lenz schenkt seiner Mutter einen Hut. 4. Peter schenkt seinem Vater eine Krawatte. 5. Emilie schenkt ihrem Neffen ein Hemd. 6. Herr und Frau Pohl schenken ihrem Sohn einen Anzug. 7. Frau Effe schenkt ihren Eltern eine Flasche Wein.

Übung 4 2. Nein, Karin schenkt ihn ihrer Oma. 3. Nein, Herr Lenz schenkt ihn seiner Mutter. 4. Nein, Peter schenkt sie seinem Vater. 5. Nein, Emilie schenkt es ihrem Neffen. 6. Nein, Herr und Frau Pohl schenken ihn ihrem Sohn. 7. Nein, Frau Effe schenkt sie ihren Eltern.

Übung 5 1. Ja, ich kaufe es ihr. 2. Ja, ich zeige ihn ihnen. 3. Ja, ich gebe sie Ihnen. 4. Ja, ich gebe sie euch. 5. Ja, ich schicke ihn dir.

Übung 6 1. Diese Erdbeeren schmecken mir gut. 2. Dieser Pullover passt mir gut. 3. Die Jeans stehen dir gut. 4. Können Sie mir bitte helfen? 5. Ich möchte dir für den Tee danken. 6. Die Mütze gefällt mir. 7. Es tut mir Leid. 8. Das Hemd ist mir zu teuer. 9. Es ist mir egal.

Übung 7 1. Nein, er ist jetzt beim Supermarkt. 2. Nein, ich sehe nach der Arbeit fern. 3. Nein, sie ist schon seit einem Monat hier. 4. Nein, ich höre oft von meinem Neffen Max. 5. Nein, ich gehe jetzt zur Bäckerei. 6. Nein, ich gehe später mit meinen Freunden aus. 7. Nein, er kommt aus der Slowakei.

Übung 8 1. Richard ist schon seit drei Monaten in Münster. 2. Morgens geht er zur Uni. 3. Nachmittags geht er zur Arbeit. 4. Er wohnt bei Herrn und Frau Mildner. 5. Er spricht oft mit einem Studenten aus der Schweiz. 6. Sie sprechen besonders gern von ihren Freunden. 7. Manchmal geht Richard mit seinen Freunden zum Supermarkt. 8. Da kann er Lebensmittel auch aus den USA finden. 9. Nach dem Einkaufen fährt Richard mit dem Bus nach Hause.

Übung 9 1. Wo arbeitest du? 2. Wo bleibst du oft? 3. Wohin gehst du gern samstagnachmittags? 4. Wo wohnen deine Eltern jetzt? 5. Wo arbeitet dein Bruder manchmal? 6. Wo studiert deine Freundin Maria? 7. Woher kommt dein Freund Peter? 8. Woher kommt deine Kusine? 9. Wohin fährt dein Onkel nächste Woche? 10. Wohin will deine Tante reisen?

Übung 10 A: diese / sie B: Welche C: diesen / ihn D: Welchen / Welcher / Welche E: jeden F: Welche G: Jeder / dieser H: Diese

Sprache im Kontext Auf den ersten Blick 1. Sie heißen Dunja und Irene. 2. Sie heißen Russ und Nick. 3. Dunja, Russ und Irene sind achtundzwanzig (oder 28), Nick ist fünfundzwanzig (oder 25). 4. Dunja ist Erzieherin, Russ ist Model, Irene ist Redakteurin und Nick ist Fitness-Trainer.

Zum Text 1. Russ 2. Dunja 3. Dunja, Russ 4. Nick 5. Dunja, Russ, Irene, Nick 6. Nick 7. Dunja, Russ 8. Irene 9. Irene

Kapitel 6

Alles klar? *Answers may vary. Possible answers:* Partyservice, Terrassen, internationale Küche, festliche Atmosphäre, Aussicht (*view*) auf den Park, deutsche Gerichte, täglich geöffnet

Wörter im Kontext Aktivität 1 1. Ruhetag, B 2. geöffnet, W 3. Küche / Gerichte, W 4. nach dem Theater, K 5. geschlossen, K 6. zwischen, W 7. bis, K 8. von / bis, W 9. *Answers will vary.*

Aktivität 2 1. Imbiss 2. Ruhetag 3. Tischreservierung 4. Ist hier noch frei? 5. besetzt 6. Speisekarte 7. Rechnung 8. Ober / Kellnerin

Aktivität 3 1. ~~Servietten~~ / ~~Gaststätten~~ / ~~Ober~~ / ~~Rechnung~~ / ~~Plätze~~ / ~~Messer~~ 2. In einem Restaurant nehmen sich die Gäste viel Zeit für ihre <u>Speisen</u> und <u>Getränke</u>. Da kann man zuerst eine <u>Vorspeise</u> bestellen. Das kann oft eine <u>Suppe</u> oder ein <u>Salat</u> sein. Dann wählt man ein <u>Hauptgericht</u> mit <u>Beilage</u>. Das ist vielleicht ein Pfannengericht oder eine <u>Hausspezialität</u>. Dazu wählt man auch ein <u>Getränk</u>, wie zum Beispiel ein Bier oder ein Glas Wein oder sonst was. Nach diesem Gericht kann man eine <u>Nachspeise</u> bestellen—wenn man noch Hunger hat.

Aktivität 4 1. c 2. b, c 3. b 4. a, b, c 5. *Answers will vary.*

Aktivität 5 1. a. der Löffel b. die Tasse d. der Teller e. die Gabel f. das Messer g. die Serviette

Aktivität 6 1. K: <u>O</u>: K: <u>O</u>: K: <u>O</u>: K: <u>O</u>: K: <u>O</u>: K: 2. 8 11 6 1 4 9 7 3 10 5 2

Grammatik im Kontext Übung 1 1. im Frühling? / am Abend? / am Wochenende? / in den Sommermonaten? / an einem Wintertag? 2. in den USA? / in der Großstadt? / auf dem Land? / auf dem Markt? / an der Uni?

Übung 2 A. 1. Ein Mann sitzt neben seiner Frau auf einem Sofa. 2. Neben dem Sofa steht ein Tisch. 3. Auf dem Tisch steht eine Tasse. 4. Über dem Tisch hängt eine Lampe. 5. Vor dem Tisch liegt ein Hund und schläft. 6. Mitten im Zimmer steht ein Fernseher. B. *Drawing should show a living room with a man and a woman sitting on a sofa. A table with a cup on it is situated next to the sofa. A lamp hangs above the table, and in front of it lies a sleeping dog. A television is in the middle of the room.*

Übung 3 PAUL: Wohin soll ich die Gabeln <u>legen</u>? ANNA: <u>Auf die Tische</u>. PAUL: Wo <u>stehen</u> die Tassen? ANNA: <u>Im Schrank</u>. PAUL: Wo <u>steht</u> der Schrank? ANNA: <u>Im Foyer</u>. PAUL: Wohin soll ich die Servietten <u>legen</u>? ANNA: <u>In die Schublade</u>. PAUL: Wohin soll ich die Blumen <u>stecken</u>? ANNA: <u>In diese Vase</u>. PAUL: Wo <u>hängt</u> das große Poster? ANNA: <u>Zwischen den Fenstern</u>. PAUL: Wo <u>liegt</u> der kleine Teppich? ANNA: <u>Vor der Tür</u>. PAUL: Wohin soll ich die Stühle <u>stellen</u>? ANNA: <u>An die Tische</u>. PAUL: Wohin soll ich den ersten Gast <u>setzen</u>? ANNA: <u>An diesen Tisch</u>. PAUL: Wo können die Kellner und Kellnerinnen <u>sitzen</u>? ANNA: <u>Am Tisch neben der Hintertür</u>.

Übung 4 ...MARIA: <u>In einer Stunde</u>. THOMAS: Und um wie viel Uhr soll das sein? MARIA: <u>Gegen halb sechs</u>. Ich habe die Tickets <u>am Computer</u> gebucht. Sie liegen <u>an der Abendkasse</u> für uns bereit. THOMAS: Wann möchtest du essen? <u>Vor oder nach dem Theater</u>? MARIA: Vielleicht können wir etwas schnell <u>in der Pause</u> essen. THOMAS: Wie lange läuft dieses Stück schon im Volkstheater? MARIA: <u>Seit zwei Monaten</u>...

Übung 6 HERR GEISLER: Was <u>hatten</u> Sie denn zum Abendessen, Herr Schulze? HERR SCHULZE: Ich <u>hatte</u> das Wiener Schnitzel, meine Frau <u>hatte</u> die Hausspezialität, und meine drei Kinder <u>hatten</u> einen Wurstteller. HERR GEISLER: Was <u>hattet</u> ihr zum Nachtisch, Kinder? ANGELIKA: Wir, das heißt Corinna und ich, <u>hatten</u> beide einen Eisbecher. Christoph, etwas anderes. HERR GEISLER: Und du, Christoph. Was <u>hattest</u> du? CHRISTOPH: Ich <u>hatte</u> ein Stück Apfelstrudel...

Übung 7 1. A: mussten B: musste C: mussten / musste 2. A: durften B: durfte / Durftest C: durfte / durfte 3. A: konnten / Konntet B: konnte / Konntest C: konnte / konnte 4. A: sollten / solltet B: sollte / sollten / Solltest 5. A: Wolltest B: wollte / wolltet C: wollten / wollte 6. A: Mochtet B: mochten / mochten / Mochtest C: mochte

Sprache im Kontext Auf den ersten Blick 1. a 2. a, b 3. b 4. a, b

Zum Text A. 1. richtig 2. richtig 3. falsch 4. richtig 5. falsch 6. richtig 7. falsch 8. richtig 9. falsch B. 1. e. 2. g 3. d. 4. f 5. h 6. b 7. c 8. a

Kapitel 7

Alles klar? 1. b 2. b 3. a, c 4. b, c, d, f, g 5. c 6. a, b

Wörter im Kontext   Aktivität 1 1. Helga angelt. 2. Herr Dietz segelt. 3. Werner taucht. 4. Käthe reitet. 5. Maria turnt. 6. Joachim und Sigrid spielen Tennis.

Aktivität 3 1. treiben 2. spielen 3. sammeln 4. gehen 5. läuft 6. spielen 7. fährst 8. laufen 9. macht

Aktivität 4 1. Willi macht gern Bodybuilding. 2. Petra und ihre Freundinnen joggen gern. 3. Claudia malt gern. 4. Manfred zeichnet gern. 5. Christel fährt gern Rad. 6. Heike und Max spielen gern Schach. 7. Eva läuft gern Schlittschuh. 8. Jürgen und seine Brüder schwimmen gern. 9. Monika sammelt gern Telefonkarten. 10. Stefan faulenzt gern.

Aktivität 5 1. die Sonne 2. das Gewitter 3. der Nebel 4. der Regen 5. der Schnee 6. der Wind

Aktivität 6 *Answers may vary slightly in wording.* 1. Es schneit heute. 2. Morgen regnet es. 3. Donnert und blitzt es morgen auch? 4. Gestern hat die Sonne geschienen. 5. Ist es oft neblig? 6. Im Frühling ist es heiter.

Grammatik im Kontext   Übung 1 1. f 2. a 3. g 4. e 5. h 6. i 7. c 8. b 9. d

Übung 2 FRAU WAGNER: Was haben Sie in Ihrer Freizeit gemacht? FRAU HUBERT: Ich habe Münzen gesammelt und Karten gespielt. Ich habe auch viel gekocht. Und Sie? FRAU WAGNER: Ich habe gezeichnet, gemalt und im Garten gearbeitet. Mein Mann und ich haben auch gesegelt. FRAU HUBERT: Haben Sie auch Musik gehört? FRAU WAGNER: Ja natürlich. Wir haben auch gefaulenzt. Dann haben wir gern Jazz gehört.

Übung 3 1. Hast du stundenlang vor dem Computer gesessen? 2. Wie viele Stunden hast du pro Nacht geschlafen? 3. Habt ihr oft mit anderen Studenten und Studentinnen gesprochen? 4. Wie viele Bücher habt ihr pro Kurs gelesen? 5. Wie viele Tassen Kaffee hast du pro Tag getrunken? 6. Bist du am Abend und Wochenende zu Hause geblieben? 7. Wie oft seid ihr in der Freizeit aufs Land gefahren? 8. Wie oft seid ihr ins Kino gegangen? 9. Wie habt ihr die Kurse gefunden?

Übung 4 1. ist / passiert 2. hast / verbracht 3. Hast / gewusst 4. hast / bestellt 5. Hast / gekannt 6. Haben / fotografiert 7. hast / bekommen 8. Hat / gebracht

Übung 5 1. Ich habe meine Arbeit aufgegeben. 2. Ich bin nie vor zehn Uhr aufgestanden. 3. Ich bin fast nie zu Hause geblieben. 4. Ich bin oft in Österreich Ski gefahren. 5. Ich habe meine Familie und alle meine Freunde mitgebracht. 6. Meine Frau und ich sind abends ausgegangen. 7. Wir sind oft in die Oper gegangen und haben Freunde eingeladen. 8. Ich habe auch viel Geld für meine Kinder ausgegeben.

Übung 6 A. 1. richtig 2. richtig 3. richtig 4. falsch 5. falsch 6. richtig

Sprache im Kontext   Zum Text *Answers will vary. Possible answers:* FÜR DEN KÖRPER: Sport, Tennis, Squash, Fitnesscenter, Waldbad, Golfen, Wandern, Radeln FÜR DEN GEIST: Schulmuseum, Literaturarchiv, Stadtmuseum FÜR DAS GEMÜT: Aktivitäten der örtlichen Vereine und Institutionen

Schreiben Max, Sonja und ich haben das Leben im Stadtzentrum sehr hektisch und kompliziert gefunden. Am Wochenende sind wir aus der Stadt gefahren, denn wir haben Ruhe gesucht. Max und Sonja haben Tennis gespielt, und ich bin ins Fitnesscenter gegangen. Dann ist Max mit der Bahn nach Nürnberg gefahren, aber Sonja und ich sind in Sulzbach-Rosenberg geblieben. Max hat die Nürnberg Messe besucht, aber Sonja und ich haben zwei Stunden im Stadtmuseum verbracht. Wir haben dort viel gesehen, und wir haben auch die Geschichte von der Altstadt gehört. Das Hotel hat alles für uns arrangiert.

Kapitel 8

Alles klar? 1. b 2. c 3. b 4. a, b 5. a, c 6. a, b, c 7. a, b, c 8. b, c

Wörter im Kontext **Aktivität 1** 1. a. Gesundheit b. Rat c. Termin d. Schnupfen e. Husten 2. a. Arzt/Ärztin b. Fieber / Kopfschmerzen c. Ökolebensmittel d. Termin

Aktivität 2 1. Achten 2. Versuchen 3. Reduzieren 4. Essen 5. Gehen 6. Machen 7. Meditieren (*oder:* Essen) 8. Verbringen (*oder:* Meditieren) 9. Rauchen

Aktivität 4 1. Kopf und Haare 2. Augen und Ohren 3. Nase und Mund 4. Gesicht und Kinn 5. Hals und Schultern 6. Bauch und Rücken 7. Arme und Beine 8. Hände und Füße 9. Ellbogen (*oder:* Ellenbogen) und Knie 10. Finger und Zehen

Aktivität 5 1. duscht sich 2. kämmt sich 3. entspannen sich 4. strecken sich 5. putzt sich die Zähne 6. zieht sich an

Aktivität 6 1. Ja, ich kämme mich jeden Morgen. (*oder:* Nein, ich kämme mich nicht jeden Morgen.) 2. Ja, ich strecke mich oft. (*oder:* Nein, ich strecke mich nicht oft.) 3. Ja, ich verletze mich manchmal. (*oder:* Nein, ich verletze mich nicht nie.) 4. Ja, ich muss mich immer beeilen. (*oder:* Nein, ich muss mich nicht immer beeilen.) 5. Ja, ich kann mich am Abend entspannen. (*oder:* Nein, ich kann mich am Abend nicht entspannen.) 6. Ja, ich möchte mich fithalten. (*oder:* Nein, ich möchte mich nicht fithalten.) 7. Ja, ich fühle mich immer gesund. (*oder:* Nein, ich fühle mich nicht immer gesund.) 8. Ja, ich erkälte mich leicht. (*oder:* Nein, ich erkälte mich nicht leicht.)

Aktivität 7 *Answers may vary.* STEFAN: Du klingst deprimiert. BETTINA: Ich fühle mich hundsmiserabel. STEFAN: Was fehlt dir denn? BETTINA: Ich habe die Grippe. Der Hals tut mir weh, und ich kann kaum schlucken. STEFAN: Hast du Fieber? BETTINA: Ja, auch Husten und Schnupfen. STEFAN: So ein Pech. Hast du deinen Arzt (*oder:* deine Ärztin) angerufen? BETTINA: Das mache ich heute. STEFAN: Na, gute Besserung! BETTINA: Danke.

Grammatik im Kontext **Übung 1** 1. Ich weiß, dass der Arzt montags bis freitags Sprechstunde hat. 2. Ich weiß, dass die Ärztin uns morgen sehen will. 3. Ich möchte wissen, ob Ökolebensmittel wirklich besser für die Gesundheit sind. 4. Wir möchten wissen, ob wir diese Vitamine täglich einnehmen sollen. 5. Peter macht jetzt Urlaub, weil er dringend Freizeit braucht. 6. Effi macht jetzt Urlaub, weil sie sich entspannen muss. 7. Wir fahren nach Baden-Baden, wenn wir Zeit und Geld haben. 8. Ich fahre nach Baden-Baden, wenn ich eine Kur machen will.

Übung 2 2. Karl und Rosa haben Urlaub, aber sie haben noch keine Pläne. Sie wissen, dass sie den ganzen Urlaub nicht im Hotelzimmer verbringen wollen. Karl liest laut aus Reisebroschüren vor. Rosa spricht nicht, sondern sie hört zu. Die beiden können nicht in die Oper gehen, denn sie haben nicht genug Geld dafür. Sie können nicht schwimmen gehen, weil das Hotel weder Hallenbad noch Freibad hat. Karl weiß, dass Rosa durchs Einkaufszentrum bummeln möchte, aber er will nicht mitgehen. Rosa weiß, dass Karl gern ein Fußballspiel im Stadion sehen möchte, aber sie interessiert sich nicht dafür. Rosa sagt: „Wenn du ins Stadion gehst, gehe ich einkaufen", aber Karl sagt: „Wenn wir in Urlaub sind, sollten wir die Zeit zusammen verbringen."

Übung 3 1. Wenn ich mein Zimmer aufgeräumt habe, durfte ich fernsehen. 2. Wenn ich meine Hausaufgaben gemacht habe, konnte ich noch draußen spielen. 3. Wenn ich samstags früh aufgestanden bin, sind wir aufs Land gefahren. 4. Wenn ich mein Gemüse gegessen habe, durfte ich Schokolade haben. 5. Wenn ich mir die Hände nicht gewaschen habe, durfte ich nicht am Tisch essen.

Übung 4 A: dir B: mir C: dich D: mich E: mich / mir / mich F: euch G: uns H: dir I: mir

Übung 5 Ich habe mich fit gehalten. Ich habe gesund gegessen und viel Wasser getrunken. Ich habe regelmäßig Sport getrieben. Zweimal pro Woche habe ich Tennis gespielt. Ich bin jeden Morgen schwimmen gegangen, und ich bin jedes Wochenende gelaufen. Ich habe nie geraucht und habe nur selten Medikamente genommen. Manchmal habe ich mich erkältet. Dann habe ich Vitamintabletten eingenommen und viel Orangensaft getrunken. Ich bin zu Hause geblieben und habe mich erholt. Bald bin ich wieder gesund geworden. Einmal pro Jahr bin ich zum Arzt gegangen. Ich habe die Gesundheit für wichtig gehalten.

Übung 6   1. Kämm dir doch die Haare.   2. Wasch dir doch die Hände.   3. Putz dir doch die Zähne.
4. Entspann(e) dich doch.   5. Zieh dir doch den Mantel an.   6. Zieh dich doch an.   7. Koch dir doch einen Tee.
8. Leg dich doch aufs Sofa.   9. Rasier dich doch.   10. Beeil dich doch.   11. Zieh dir doch deine Schuhe an.

Sprache im Kontext   Auf den ersten Blick   1. Christian Wolff   2. Förster   3. Hund   4. Forsthaus Falkenau
5. Fragen   6. Stress

Zum Text   (Christian Wolff) *Answers may vary slightly. Possible answers:*   1. ein Spaziergang mit meiner Frau und
unseren Hunden. (*oder:* Ich gehe gern mit meiner Frau und unseren Hunden spazieren.)   2. einem guten
Rotwein. (*oder:* Ich trinke gern einen guten Rotwein.)   3. Stress lasse ich nicht an mich ran. (*oder:* Ich lasse Stress
gar nicht erst an mich ran. *oder:* Stress ist für mich kein Problem.)   4. Ich muss mich cholesterinbewusst
ernähren. (*oder:* Ich darf keine Eier, keine Butter und nur wenig tierische Fette essen.)   5. mein
Gerechtigkeitssinn. (*oder:* Ich will immer fair sein.)   6. Unprofessionalität und Unordnung   7. Italien; wegen
der Landschaft, der Menschen, der Küche und der Nähe   8. Ich habe nie ein Musikinstrument gelernt.   9. der
Blick durchs Schlafzimmerfenster in die Natur   10. Wer in die Vergangenheit blickt, verdient keine Zukunft.
(*oder:* Ich sehe nicht in die Vergangenheit, sondern in die Zukunft.) (ich) *Answers will vary.*

Kapitel 9

Alles klar?   A. 1. Göttingen ist eine Universitätsstadt.   2. Man kann jeden Tag eine Stadtführung machen.
(*oder:* Jeden Tag kann man eine Stadtführung machen. / Man kann täglich eine Stadtführung machen. / Montags
durch sonntags kann man eine Stadtführung machen.)   3. Die Stadtführung fängt um 14.30 Uhr an.   4. Man
geht zum alten Rathaus, wenn man eine Stadtführung machen will. (*oder:* Wenn man eine Stadtführung machen
will, geht man zum alten Rathaus.)   B. 1. a   2. b   3. b   4. b   5. a   C. 1. richtig   2. richtig   3. richtig
4. richtig   5. richtig

Wörter im Kontext   Aktivität 1   1. das Einzelzimmer, -   2. das Bett, -en   3. die Wäsche
4. die Kommode, -n   5. das Handtuch, ¨er   6. der Fernseher, -   7. der Tisch, -e   8. die Lampe, -n
9. der Schlüssel, -   10. der Stuhl, ¨e   11. das Gepäck   12. der Koffer, -   13. der Schrank, ¨e   14. die Heizung
15. die Klimaanlage, -n   16. das Bad, ¨er (*oder:* das Badezimmer, -)   17. die Toilette, -n   18. die Dusche, -n //
Fernsehen / Dusche und WC / Einzelzimmer mit Bad / Klimaanlage und Heizung

Aktivität 2   1. Innenstadt   2. Lage   3. Parkplatz   4. Jugendherberge   5. Doppelzimmer   6. Einzelzimmer

Aktivität 3   1. Unterkunft / Einzelzimmer mit Bad   2. Erdgeschoss / Stockwerke / Stock
3. Anmeldeformular   4. Aufzug   5. Frühstücksraum

Aktivität 4   5 7 4 9 10 2 6 1 8 3

Aktivität 5   eine Kreuzung, <u>Kreuzungen</u> / eine Bank, <u>Banken</u> / eine Jugendherberge, <u>Jugendherbergen</u> / ein
Hotel, <u>Hotels</u> / eine Pension, <u>Pensionen</u> / eine Kirche, <u>Kirchen</u> / ein Museum, <u>Museen</u> / eine Tankstelle,
<u>Tankstellen.</u>

Aktivität 6   1. Entschuldigung, ist das Museum weit von hier?   2. Nein. Es ist nur ungefähr zehn Minuten zu
Fuß.   3. Wie komme ich am besten dahin?   4. Gehen Sie hier die Schottenstraße entlang.   5. Gehen Sie
geradeaus zur Ampel.   6. Biegen Sie dann links in die Schützenstraße.   7. Gehen Sie immer geradeaus.
8. Das Museum liegt gegenüber von der Christuskirche.   9. Vielen Dank.

Grammatik im Kontext   Übung 1   A. Haus <u>der</u> Kulturen <u>der</u> Welt / An einem „Netzwerk <u>der</u> Beziehungen
zwischen den Kulturen" arbeitet das Haus <u>der</u> Kulturen <u>der</u> Welt in Berlin seit 1989.   B. des Landes / der
Kinder / der Periode / des Kontinents

Übung 2   A 1. die Zeitung des Moments   2. das Wort der Stunde   3. das Buch der Woche   4. der Roman
des Monats   5. der Film des Jahres   6. das Symbol der Zeiten   B. 1. Habt ihr den Film des Monats gesehen?
2. Hast du den Roman des Jahres gelesen?

Übung 3   1. Das ist das Auto meines Onkels.   2. Das ist der Schlüssel deiner Freundin.   3. Das ist das Gepäck
meiner Freunde.   4. Das ist die Kreditkarte eures Vaters.   5. Das ist das Anmeldeformular dieses Herrn.
6. Das ist das Geld Ihres Mannes.   7. Das sind die Fotos dieser Männer.   8. Das sind die DVDs eines Studenten
aus Kanada.

Übung 4   1. Wer   2. Wessen   3. Wen   4. Wer   5. Wessen   6. Wem   7. wen   8. Wer   9. wem   10. Wer
11. Wessen   12. Wem

Übung 5   Das Haus <u>der Familie Beethoven</u> steht in Bonn. Hier wurde Ludwig van Beethoven 1770 geboren.
Dieses Haus ist für viele Besucher ein wichtiges Symbol <u>der Stadt</u> Bonn. Die zweite Heimat <u>des Komponisten</u> war
Wien, und im „Wiener Zimmer" <u>des Beethoven-Hauses</u> kann man Dokumente über sein Leben und seine Werke
in Wien sehen.

Die moderne Beethovenhalle dient seit 1959 als Konzerthalle, und sie ist eigentlich die dritte dieses Namens in Bonn. Das Orchester der Beethovenhalle spielt eine große Rolle im kulturellen Leben dieser Musikstadt am Rhein. Es hat auch wichtige Funktionen im Rahmen der Beethovenfeste in Bonn.

Das erste Beethovenfest fand an Beethovens 75. Geburtstag statt. Der Komponist Franz Liszt war ein Mitglied des Festkomitees. Man hat zu diesem Fest eine Bronzfigur von Beethoven, das Beethoven-Denkmal, errichtet.

Ein neues Symbol der Beethovenstadt Bonn ist „Beethon", eine Skulptur aus Beton. „Beethon" ist das Werk eines Künstlers aus Düsseldorf, Professor Klaus Kammerichs.

Man findet das Grab der Mutter Beethovens auf dem Alten Friedhof in Bonn. Ludwig van Beethovens Mutter wurde als Maria Magdalene Keverich geboren. Sie starb am 17. Juli 1787. Auf dem Grabstein dieser Frau stehen die Worte: „Sie war mir eine so gute liebenswürdige Mutter, meine beste Freundin." Das Grab ihres Sohnes findet man in Wien.

Übung 6   1. Wegen der hohen Mieten wollen viele Leute ein Haus kaufen.   2. Trotz der Kosten kann man in dieser Stadt ein Haus haben.   3. Innerhalb eines Monats kann man im Traumhaus wohnen.   4. Wir kaufen Häuser innerhalb der Stadt in der Nähe des Stadtzentrums.   5. Wir verkaufen keine Häuser außerhalb der Stadt. 6. Man kann uns während der Woche und auch während des Wochenendes anrufen.

Übung 8   1. schönen, deutschen   2. großen / alten / historischen   3. interessanten   4. gemütlichen / freundlichen

Übung 9   1. junger   2. bequemen   3. runden   4. gemütlichen   5. kleine   6. weißes   7. blaue   8. graue 9. alte   10. große   11. zehnjährigen   12. roten   13. gelbes   14. sechsjährigen   15. stressfreie

Übung 11   1. viele / schöne   2. warmen / frische   3. historische / gemütlichen   4. luxuriöse / eleganten / berühmten   5. große   6. gute / deutscher / internationaler   7. schönen / ruhigen 8. fröhliche / zauberhafte / deutschen

Übung 12   D: Ja, ich habe den Hamburger Hafen fotografiert.   F: Ja, ich habe das Berliner Theater besucht. H: Ja, ich habe die Wiener Philharmoniker gehört.   J: Ja, ich bin vom neuen Münch(e)ner Flughafen abgeflogen.

Sprache im Kontext   Auf den ersten Blick   1. Platzl Hotel / in München / in der historischen Altstadt / dem Viktualienmarkt   2. Zwei Minuten zu Fuß / nur wenige Schritte weiter / 170

Zum Text   Das neue Platzl Hotel in der historischen Altstadt Münchens hat eine zentrale Lage, eine persönliche Atmosphäre, bequeme Zimmer und Suiten und eine gemütliche Hotelbar.

Kapitel 10

Alles klar?   A. C / U / A / C / U / U / U / U / A

Wörter im Kontext   Aktivität 1   1. Angebot   2. Gepäckaufbewahrung   3. Reiseführer   4. Auskunft 5. Bargeld   6. Bahnhof   B. 1. der Wagen / das Angebot / der Zug / das Flugzeug   2. die Gepäckaufbewahrung / die Fahrkarte / die Platzkarte / der Personalausweis   3. die Reise / die Fahrt / die Busreise / der Reiseführer   4. der Anschluss / die Abfahrt / die Auskunft / die Ankunft   5. das Gleis / der Bahnhof / der Bahnsteig / das Bargeld   6. das Taxi / der Bahnhof / der Bus / der Zug

Aktivität 2   A. 1. unbequem   2. lang   3. schnell   4. gefährlich   5. billig   6. jung   B. 1. der Zug 2. der Urlaub   3. die Kamera   4. die Auskunft   5. der Schaffner   6. die Schaffnerin   7. die Fahrt   8. die Fahrkarte   C. 1. Urlaub   2. die Fahrt   3. die Fahrkarte   4. dem Zug   5. den Schaffner / die Schaffnerin 6. die Kamera

Aktivität 3   A. 1. a   2. b   3. c   4. a, c   5. b, c   6. b   7. a, c   B. 1. Hast du den Reiseprospekt?   2. Hast du die Tour schon gebucht?   3. Hast du deine Fahrkarte schon gekauft?   4. Vergiss deine Kamera nicht!

Aktivität 4   B. 1. in der Heide in Norddeutschland.   2. segeln. / wandern.   3. eine idyllische Landschaft. / einen internationalen Mühlenpark. / 80 Kilometer markierte Wanderwege.   4. einen Segelkurs machen. / im Fluss schwimmen. / tagelang wandern.   5. eine historische Altstadt. / behagliche Gastlichkeit.   6. Wälder / Wasser. / Windmühlen.   7. Auskünfte bekommen. / Reiseprospekte bekommen.   8. Pauschalangeboten fragen.

Aktivität 5   1. h   2. e   3. g   4. f   5. a   6. b   7. c   8. d

Aktivität 6   A. 1. der Bahnhof   2. der Fahrkartenschalter   3. die Fahrkarte   4. der Bahnsteig   5. das Gleis 6. das Gepäck   7. der Koffer   8. der Zug   9. der Schaffner   10. der Wagen   B. Frau Lüttge macht eine Reise mit dem Zug. Sie ist mit einem Taxi zum Bahnhof gefahren. Dann trägt sie ihr Gepäck, das heißt einen Koffer und eine Reisetasche in die Bahnhofshalle. Sie geht gleich an den Fahrkartenschalter, wo sie ihre Fahrkarte kauft.

Sie isst etwas im Bahnhofsrestaurant und geht dann zum Bahnsteig 10, wo ihr Zug zehn Minuten später auf Gleis 4 abfährt. Der Schaffner kommt dann etwas später in ihren Wagen und kontrolliert die Fahrkarten.

Aktivität 7   A. 2. die Kamera, -s   3. das Flugzeug, -e   4. der Schnee   5. der Berg, -e   6. das Eis   7. die Sonne   9. der Wagen, -   11. der Koffer, -   13. das Schiff, -e   18. der Hut, ⁻e   B. Anja packt ihre Bekleidung in einen <u>Koffer</u>. Weil die <u>Sonne</u> im Süden so hell ist, nimmt sie eine Sonnenbrille und einen <u>Hut</u> mit. Weil sie auch gern fotografiert, packt sie auch ihre <u>Kamera</u> ein.

Sie fliegt zuerst mit dem <u>Flugzeug</u> nach Barcelona. In Barcelona nimmt sie ein <u>Schiff</u> nach Mallorca. In Palma mietet sie einen <u>Wagen</u> und fährt damit um die Insel herum. Weil es dort schön warm ist, isst sie oft <u>Eis</u> und trinkt Eistee.

Anja wohnt in Innsbruck, wo sie jeden Tag hohe <u>Berge</u> sieht, und wo es im Winter viel <u>Schnee</u> gibt. Auf Mallorca sieht sie überall Palmen und Olivenbäume. Die <u>Berge</u> sind malerisch aber nicht sehr hoch.

Grammatik im Kontext   Übung 1   1. a. Nein, heute ist es nicht so kalt wie gestern.   b. Heute ist es kälter als gestern.   2. a. Nein, diese Kirche ist nicht so alt wie die Universität.   b. Diese Kirche ist älter als die Universität.   3. a. Nein, der Flughafen ist nicht so groß wie der Bahnhof.   b. Der Flughafen ist größer als der Bahnhof.   4. a. Nein, der Flugschein ist nicht so teuer wie die Fahrkarte.   b. Der Flugschein ist teurer als die Fahrkarte.   5. a. Nein, ich finde Deutschland nicht so schön wie Österreich.   b. Ich finde Deutschland schöner als Österreich.   6. a. Nein, ich finde den Film nicht so gut wie das Buch.   b. Ich finde den Film besser als das Buch.   7. a. Nein, ich finde die Jacke nicht so warm wie den Pullover.   b. Ich finde die Jacke wärmer als den Pullover.   8. a. Nein, ich finde die Bahnreise nicht so lang wie die Autofahrt.   b. Ich finde die Bahnreise länger als die Autofahrt.

Übung 2   1. öfter   2. dichter   3. unabhängiger   4. schneller / früher   5. bequemer   6. sicherer   7. größer   8. jünger / älter

Übung 3   Die Flugzeuge werden immer schneller.   2. Die Straßen werden immer gefährlicher.   3. Die Häuser werden immer teurer.   4. Die Computer werden immer besser.   5. Die Fahrten werden immer länger.   6. Die Aufenthalte werden immer kürzer.

Übung 4   1. Der Frankfurter Messeturm ist am höchsten.   2. Die Ruinen in Trier sind am ältesten.   3. Die Architektur der Kirchen ist am interessantesten.   4. Der Bodensee ist am größten.   5. Die ICE-Züge sind am schnellsten.   6. Der Leipziger Bahnhof ist am modernsten.

Übung 5   1. Österreich ist klein, aber nicht so klein wie die Schweiz. Die Schweiz ist kleiner als Österreich, aber Liechtenstein ist am kleinsten.   2. Die Zugspitze ist hoch, aber nicht so hoch wie der Großglockner. Der Großglockner ist höher als die Zugspitze, aber die Dufourspitze ist am höchsten.   3. München ist groß, aber nicht so groß wie Hamburg. Hamburg ist größer als München, aber Berlin ist am größten.   4. Die Universität in Marburg ist alt, aber nicht so alt wie die Universität in Tübingen. Die Universität in Tübingen ist älter als die Universität in Marburg, aber die Universität in Wien ist am ältesten.

Übung 6   1. Ich möchte etwas Modernes sehen.   2. Ich will etwas Interessantes kaufen.   3. Ich möchte etwas Romantisches hören.   4. Ich will im Urlaub nichts Technisches lesen.   5. Dieses Wochenende will ich nichts Sportliches machen.   6. Dieses Jahr möchte ich nichts Teures planen.   7. Ich will viel Ungewöhnliches fotografieren.

Übung 7   1. Ich plante eine Autofahrt.   2. Ich machte einen Fahrplan.   3. Ich brauchte eine Unterkunft in der Stadt.   4. Ich buchte ein Zimmer in einer Pension.   5. Die Autofahrt dauerte sechs Stunden.   6. Ich konnte den Stadtplan nicht verstehen.   7. Ich musste Passanten nach dem Weg fragen.   8. Ich dankte ihnen für die Hilfe.   9. An der Rezeption der Pension füllte ich das Anmeldeformular aus.   10. Ich übernachtete in einem kleinen Zimmer im ersten Stock.   11. Um sechs Uhr wachte ich auf.   12. Ich duschte mich und frühstückte.   13. Ich bezahlte die Rechnung.   14. Dann war ich wieder unterwegs.

Übung 8   Herr Kleist <u>wollte</u> für seinen Urlaub sehr wenig Geld ausgeben. Er <u>ging</u> ins Reisebüro und <u>sprach</u> mit Herrn Vogt über Preise für Fahrkarten und Pensionen. Er <u>fand</u> alles viel zu teuer.

Herr Vogt <u>fragte</u> ihn darauf: „Haben Sie schon einmal eine Tour durch unsere Stadt gemacht?"

Herr Kleist <u>antwortete</u>: „Nein, das habe ich noch nicht gemacht."

Herr Vogt <u>schlug vor</u>: „Bleiben Sie doch zu Hause, und lernen Sie unsere Stadt besser kennen." Herr Kleist <u>war</u> damit einverstanden.

Er <u>verbrachte</u> also seinen Urlaub zu Hause. Es gibt viel in der Stadt zu tun und sich anzuschauen, und jeden Tag <u>unternahm</u> er etwas Interessantes. Er <u>machte</u> drei Stadtrundfahrten, <u>ging</u> durch die Parks spazieren, und so <u>lernte</u> er seine eigene Stadt kennen. Sonntags <u>besuchte</u> er Museen, und danach <u>lud</u> er Freunde zu sich <u>ein</u>. Nachmittags <u>arbeitete</u> er im Garten, und abends <u>saß</u> er stundenlang im Wohnzimmer und <u>sah fern</u>. Sein Urlaub zu Hause <u>war</u> schöner als alle Reisen.

Übung 9   1. Als Michael im Reisebüro war, sprach er mit einem Reiseleiter.   2. Als Anna das Angebot sah, wollte sie sofort eine Fahrkarte kaufen.   3. Als Konrad mit dem Taxi fuhr, dauerte die Fahrt zum Bahnhof nur zehn Minuten.   4. Als Corinna in Mainz war, übernachtete sie in einer Jugendherberge.   5. Als Monika am Bahnhof ankam, fuhr der Zug ab.   6. Als Paul den Tag am Strand verbrachte, brachte er kein

Sonnenschutzmittel mit. 7. Als Sofie den Fahrplan las, machte sie Reisepläne. 8. Als Stefan aus dem Hotelzimmer ging, vergaß er den Schlüssel.

Übung 10 1. Das Kulturamt hatte zum 1. Märchenfest am Märchenbrunnen eingeladen. 2. Sie waren gekommen. // wer da war: Prinzessinnen, Hexen, Zauberer; an welchem Tag: am Sonnabend; wo: am Märchenbrunnen im Volkspark Friedrichshain; wie sie feierten: mit Musik und Spielen; wie das Wetter war: schlecht

Sprache im Kontext   Auf den ersten Blick 1. das Flusskreuzfahrtschiff 2. die Wohnfläche 3. der Quadratmeter 4. die Musikanlage 5. das Farbfernsehen 6. der Videoanschluss 7. das Donautal

Zum Text 1. Elegant / einzigartig. 2. Die MS MOZART. 3. Sehr groß. 4. 4 Decks / 108 Kabinen. 5. 19 Quadratmeter. 6. Ja. 7. Telefon, Musikanlage, Farbfernsehen mit Videoanschluss, Bad mit Dusche und WC. 8. Mit Indoorpool, Hot Whirlpool, Sauna, Solarium und Massageraum. 9. 5 Mahlzeiten. 10. Durch das Donautal. 11. Wien, Passau und Budapest. 12. Ab 30. April. 13. Wöchentlich.

Kapitel 11

Alles klar? 1. g. 2. c 3. e 4. j 5. a, d, h 6. i 7. b 8. f

Wörter im Kontext   Aktivität 2 1. Beruf / Chef / selbständig / verdienen 2. Gelegenheit / Firma / im Ausland 3. interessiere / Klinik / im Freien 4. Stelle / Gehalt

Aktivität 3 1. herstellt 2. sich / beschäftigt 3. mich / vorbereiten 4. sich / bewirbt 5. besitzen 6. verdient 7. nachdenken

Aktivität 4 1. Rechtsanwältin 2. Geschäftsmann 3. Zeichnerinnen 4. Bibliothekarin 5. Dolmetscher 6. Kauffrau 7. Künstler 8. Zahnärztin 9. Informatiker 10. Mechaniker 11. Psychologin 12. Journalisten

Aktivität 5 2. Ein Zeichner. / Eine Zeichnerin. 3. Ein Mechaniker. / Eine Mechanikerin. 4. Ein Geschäftsmann. / Eine Geschäftsfrau. 5. Ein Chef. / Eine Chefin. 6. Ein Künstler. / Eine Künstlerin. 7. Ein Kaufmann. / Eine Kauffrau. 8. Ärzte und Ärztinnen. 9. Mit einem Rechtsanwalt. / Mit einer Rechtsanwältin. 10. Ein Musiker. / Eine Musikerin. 11. Ein Schauspieler. / Eine Schauspielerin. 12. Ein Bibliothekar. / Eine Bibliothekarin.

Aktivität 6 A. 2. die Mitarbeiter / die Mitarbeiterinnen 3. die Arbeitgeber / die Arbeitgeberinnen 4. der Arbeitsplatz 5. das Arbeitsamt 6. die Bewerbung 7. das Bewerbungsformular 8. der Berufsberater / die Berufsberaterin 9. die Stelle 10. das Stellenangebot   B. 1. B 2. A 3. A 4. A, B 5. B 6. B 7. A 8. A   C. 1. Arbeitsplatz 2. Bewerbungsformular 3. Lebenslauf 4. Zeugnis 5. Bewerbungsunterlagen 6. Vorstellungsgespräch 7. Stelle 8. Gehalt

Grammatik im Kontext   Übung 1 1. An diesen Tagen wird es bedeckt (*oder:* bewölkt *oder:* wolkig) sein. 2. Am Mittwoch wird es regnen. 3. Es wird donnern und blitzen. (*oder:* Es wird Gewitter geben.)

Übung 2 1. Du wirst wohl ein hohes Gehalt verdienen. 2. Max und Karin werden wohl im Ausland wohnen. 3. Sie werden wohl großen Erfolg haben. 4. Ich werde mich wohl um eine Stelle bei einer Bank bewerben. 5. Wir werden uns wohl mit Politik beschäftigen. 6. Ihr werdet wohl einen Beruf im künstlerischen Bereich ausüben.

Übung 3 1. der 2. der 3. den 4. denen 5. der 6. dessen 7. dem 8. dem 9. die 10. die 11. die

Übung 4 1. Soll ich ein Buch lesen, deren Autorin viel Erfolg in der Industrie hatte? 2. Soll ich einen Roman lesen, dessen Hauptcharakter ein erfolgreicher Geschäftsmann ist? 3. Soll ich Magazinartikel lesen, die meine Traumkarriere beschreiben? 4. Soll ich diesen Artikel lesen, der viele Statistiken gibt? 5. Soll ich das Stellenangebot lesen, das mich am meisten interessiert?

Übung 6 1. Was für einen Menschen wird so eine Anzeige interessieren? 2. Was für Qualifikationen muss ein Bewerber haben? 3. Was für Menschen werden sich bei so einer Firma bewerben? 4. Mit was für einem Gimmick präsentiert man diese Stelle? 5. Was für eine Zeitschrift empfiehlt man in dieser Stelle als Werbeträger? 6. Bei was für einer Firma arbeitet Herr Magister Bogner? 7. c 8. b, c, d 9. a, b, c, d

Übung 7 1. Das ist nicht Herr Königs Krone. 2. Der Hauswirt hat die Krone nicht auf den Briefkasten gestellt. 3. Herr Königs Frau hat ihm diese Krone nicht gekauft. 4. Die Krone gefällt dem Hauswirt nicht. 5. Der Mann, der spricht, ist nicht der Hauswirt. 6. Herr König muss nicht aus seiner Wohnung kommen. 7. Er muss die Krone nicht entfernen. 8. Herr König trägt die Krone nicht gern.

Übung 8 1. Nein, er glaubt nicht, dass er dafür qualifiziert ist. 2. Nein, sie will sich nicht darum bewerben. 3. Nein, sie kennt sie nicht. 4. Nein, sie hat sie nicht angerufen. 5. Nein, sie hat noch keinen Termin bei ihr. 6. Nein, er wohnt nicht in der Nähe. 7. Nein, er kann sich nicht daran erinnern. 8. Nein, sie haben sich noch nicht beworben. 9. Nein, sie hat ihn noch nicht abgeschickt.

Übung 9   1. Nein, sie ist keine Kommunikationselektronikerin mehr.   2. Nein, sie arbeitet nicht mehr bei der Post.   3. Nein, sie hat kein Gehalt von 1530 Euro mehr.   4. Nein, sie installiert keine Telefone mehr. 5. Nein, sie verlegt keine Breitbandkabel mehr.   6. Nein, sie programmiert keine Mikrocomputer mehr. 7. Nein, das ist kein Job mehr für sie.

Sprache im Kontext   Auf den ersten Blick   1. b   2. a, b, c   3. c   4. a, b, c

Kapitel 12

Alles klar?   A. 1. a. ist ideal für Studenten.   b. liegt in der Nähe der Uni.   c. hat Zweizimmerwohnungen. 2. a. hat Einzimmerwohnungen.   b. hat eine Tiefgarage mit Stellplätzen für Autos.

Wörter im Kontext   Aktivität 1   A. Ernährung / Miete / Strom / Wasser / Müll / Versicherung / Benzin / Reparaturen / Telefon / Studiengebühren / Hefte / Bleistifte / Kugelschreiber / Papier / Computerdisketten / Sonstiges

Aktivität 2   A. 1. bauen   2. mieten   3. vermieten   4. ausgeben   5. vergleichen   6. sparen   7. leihen 8. einrichten   9. bitten   B. 1. ausgeben   2. bauen / Sparen / einrichten   3. Leihen   4. Mieten / vermieten 5. bitten / vergleichen

Aktivität 3   2. Treppen   3. einen Eingang   4. eine Diele   5. einen Flur   6. eine Garage   7. Balkone   8. zwei Stockwerke   9. ein Dachgeschoss   10. ein Dach   11. Gästezimmer   ZWEITER MAULWURF: Man kocht in der Küche.   ERSTER MAULWURF: Wie heißt das Zimmer, in dem man isst?   ZWEITER MAULWURF: Das heißt das Esszimmer.   ERSTER MAULWURF: Und wie heißen die Zimmer, in denen man schläft?   ZWEITER MAULWURF: Sie heißen die Schlafzimmer.   ERSTER MAULWURF: Wo sieht man gewöhnlich fern?   ZWEITER MAULWURF: Im Wohnzimmer.   ERSTER MAULWURF: Und in welchem Raum badet man?   ZWEITER MAULWURF: Im Badezimmer.

Aktivität 5   1. c   2. e   3. g   4. f   5. b   6. h   7. a   8. d

Grammatik im Kontext   Übung 1   2. Ja, ich habe mich darauf gefreut. (*oder:* Nein, ich habe mich nicht darauf gefreut.)   3. Ja, ich musste immer lange darauf warten. (*oder:* Nein, ich musste nicht immer lange darauf warten.)   4. Ja, ich interessiere mich dafür. (*oder:* Nein, ich interessiere mich nicht dafür.)   5. Ja, ich interessiere mich dafür. (*oder:* Nein, ich interessiere mich nicht dafür.)   6. Ja, ich habe Angst davor. (*oder:* Nein, ich habe keine Angst davor.)   7. Ja, ich denke oft darüber nach. (*oder:* Nein, ich denke nicht oft darüber nach.)   8. Ja, ich ärgere mich manchmal darüber. (*oder:* Nein, ich ärgere mich nicht darüber.)   9. Ja, ich glaube, dass die Regierung damit aufhören sollte. (*oder:* Nein, ich glaube nicht, dass die Regierung damit aufhören sollte.)   10. Ja, ich habe schon etwas dafür gespendet. (*oder:* Nein, ich habe noch nie etwas dafür gespendet.)   11. Ja, ich gehe oft dahin. *oder:* Ja, da gehe ich oft hin. (*oder:* Nein, ich gehe nur selten [nicht oft, fast nie, nie] dahin.)

Übung 2   1. Wovor hast du Angst?   2. Woran denkst du?   3. Worauf wartest du?   4. Worauf freust du dich? 5. Womit beschäftigst du dich?   6. Worüber freust du dich?   7. Worum bittest du?   8. Worüber ärgerst du dich?

Übung 3   B: Ich hätte gern eine Tasse Tee.   C: Ich möchte gern eine Tasse Kaffee.   A: Dürfte ich Ihnen auch ein Stück Kuchen bringen?   C: Würden Sie mir bitte den Marmorkuchen beschreiben?   A: Ich könnte Ihnen ein Stück Marmorkuchen zeigen.   C: Das wäre sehr nett.

Übung 4   1. Würdest du mir bitte helfen?   2. Würdest du mich bitte morgen anrufen?   3. Würdet ihr bitte am Samstagmorgen vorbeikommen?   4. Würdet ihr bitte eure Fotos mitbringen?   5. Würden Sie mir bitte die Wohnung beschreiben?   6. Würden Sie bitte damit aufhören?

Übung 5   1. Du solltest nicht so schnell fahren. Ich würde nicht so schnell fahren.   2. Du solltest nicht so viel Geld ausgeben. Ich würde nicht so viel Geld ausgeben.   3. Ihr solltet nicht so viel Zeit am Strand verbringen. Ich würde nicht so viel Zeit am Strand verbringen.   4. Ihr solltet nicht auf so viele Partys gehen. Ich würde nicht auf so viele Partys gehen.

Übung 6   1. Wenn die Ferien nur länger wären! (*oder:* Wenn die Ferien nur nicht so kurz wären!)   2. Wenn wir nur nicht Tag und Nacht arbeiten müssten! (*oder:* Wenn wir nur nicht Tag und Nacht zu arbeiten brauchten!) 3. Wenn ich nur mehr Geld hätte! (*oder:* Wenn ich nur nicht so wenig Geld hätte!)   4. Wenn die Mieten in dieser Stadt nur nicht so hoch wären! (*oder:* Wenn die Mieten in dieser Stadt nur niedriger wären!)   5. Wenn Häuser nur nicht so viel Geld kosteten! (*oder:* Wenn Häuser nur weniger kosteten!)   6. Wenn ich mir nur ein neues Auto kaufen könnte!

Übung 8   Verben: fahre / würde / freuen / mitkommen / könntest / habe / erzählt / möchten / kennen lernen / könnte / vorbeikommen / dauert / könnten / essen / wären / hätten / Könntest / anrufen / geben Konjunktivformen: würde / könntest / möchten / könnte / könnten / wären / hätten / Könntest

Übung 9 A. 1. wie es (hätte laufen können.) 2. Es ist nicht so gelaufen, 3. *It just didn't happen the way it could have happened. (or: Nothing went the way it could have gone. or: Things just didn't run the way they could have.)*
B. 1. Wenn wir das nur gewusst hätten! 2. Wenn er nur zu Hause geblieben wäre! 3. Wenn sie nur etwas gesagt hätte! 4. Wenn ich das nur nicht vergessen hätte! 5. Wenn sie für dich nur da gewesen wären!
6. Wenn wir nur einen Tag gewartet hätten!

Sprache im Kontext Zum Text A. 3, 8, 2, 5, 9, 6, 4, 1, 7 B. *Answers may vary slightly in wording.* 1. Sie fand in einem jugoslawischen Dorf statt. 2. Achtzig Gäste waren schon angekommen. 3. Die Braut war nicht zur Hochzeit gekommen. 4. Niemand wusste das. 5. Er bat eine junge Nachbarin um ihre Hand. 6. Ja, sie gab sie ihm. 7. Die Hochzeit fand statt, und alle waren zufrieden.

Kapitel 13

Alles klar? 1. Was hätte ich denn machen sollen? 2. Auf dem Kinderkanal kommt um diese Zeit doch nichts mehr. *oder:* Es ist spät. Auf dem Kinderkanal kommt heute Abend nichts mehr. 3. d. eine Detektivsendung / einen Krimi 4. „Tatort" 5. *Answers will vary.*

Wörter im Kontext Aktivität 1 1. Sie ist eine Morgenzeitung. 2. Sie ist eine Tageszeitung. 3. Sie informiert über das Geschehen in aller Welt, aus Politik, Wirtschaft und Kultur. 4. Sie hat über 105 000 Leser. 5. Sie existiert seit 1783.

Aktivität 2 1. die Schlagzeilen 2. die Nachrichten 3. die Lokalnachrichten 4. die Wirtschaft 5. Politik
6. die Börse 7. das Horoskop

Aktivität 4 2. der Wäschetrockner, - 3. der Staubsauger, - 4. der Computer, - 5. der Drucker, - 6. das Telefon, -e 7. der Anrufbeantworter, -

Aktivität 5 1. Erfindung 2. Geschirrspülmaschine 3. Ausland 4. Abonnement 5. überfliegt
6. der PKW (Personenkraftwagen) 7. gescheit 8. unbedingt 9. die Zeitschrift 10. anschauen

Grammatik im Kontext Übung 1 1. Es scheint ein Bauernhaus zu sein. 2. Das Haus scheint in der Nähe des Mondsees zu sein. 3. Es scheint total renoviert zu sein. 4. Es scheint in einer sonnigen Lage zu sein. 5. Der Preis des Hauses scheint höher als 500 000 Euro zu sein.

Übung 2 FRAU WERNER: Wir brauchen keine Haushaltsgeräte zu kaufen. / Wir brauchen uns keinen Computer und keinen Drucker anzuschaffen. / Wir brauchen uns keinen größeren Fernseher zu kaufen. / Wir brauchen keine Zeitungen und Zeitschriften zu abonnieren. / Wir brauchen nicht unsere ganzen Freunde zu uns einzuladen.

Übung 4 2. Herr Carl sagte, er sei ein sportlicher Mensch. Er spiele Volleyball. Außerdem surfe, laufe und wandere er gern.
Als die Schüler ihn fragten, ob er sich „Baywatch" ansehe, antwortete er, dass Gott alles, nur nicht „Baywatch" sehe. Daran halte er sich auch. Er sehe mal einen Krimi, aber sonst nur Sportsendungen und Magazine wie „Monitor" oder „Report".

Übung 5 1. Der Zeuge antwortete: „Der Dieb ist um halb elf aus der Bank gelaufen." 2. Eine Bankangestellte sagte: „Ich habe den Dieb so genau wie möglich beschrieben." 3. Sie erklärte: „Der Dieb hat eine Maske getragen." 4. Der Polizist fragte: „Ist der Dieb allein gewesen?" 5. Der Zeuge behauptete: „Der Dieb ist in einem schwarzen Mercedes weggefahren." 6. Er sagte auch: „Ich habe eine Frau am Steuer gesehen."

Übung 7 1. Man würde in einem Dorf wohnen wollen, um eine abwechslungsreiche Landschaft zu genießen.
2. Man sollte Helmstedt besuchen, um durch die historische Altstadt zu bummeln. 3. Man sollte Helmstedt wählen, um Rad zu fahren, zu angeln, zu reiten und Tennis zu spielen 4. Man sollte die Ferien in Helmstedt verbringen, um sich zu entspannen und sich zu erholen. 5. Man sollte an das Fremdenverkehrsamt schreiben, um Informationen zu bekommen.

Übung 8 1. Sie sollten keinen Marathon laufen, ohne fit zu sein. 2. Sie sollten kein Tier im heißen Auto lassen, ohne ein Fenster zu öffnen. 3. Sie sollten nicht in die Wüste fahren, ohne Wasser mitzunehmen.
4. Sie sollten das Haus nicht verlassen, ohne alle elektrischen Geräte abzuschalten. 5. Sie sollten bei minus 15 Grad Celsius nicht aus dem Haus gehen, ohne einen Mantel anzuziehen.

Sprache im Kontext Auf den ersten Blick Titel / Tag / Tageszeit / Programm

Zum Text A. SENDUNG 1: *Liebe macht erfinderisch;* Jörg Schneider, Paul Bühlmann, Birgit Steinegger, Peter W. Staub; der Taxifahrer Hugo Meier, seine zwei Ehefrauen; ein Taxifahrer hat zwei Wohnungen und zwei Ehefrauen; Komödie; SA 20.10 SF1 SENDUNG 2: *Die Frisöse und der Millionär;* Eva Habermann, Ivo Möller; die Friseuse Anna, der 11 jährige Nick, der steinreiche Philipp Steinmann; der Junge unterbricht Annas Suche nach einem reichen Mann; keine Information; SO 20.15 RTL SENDUNG 3: *Die Metzger;* keine Information; Ferdinand

Schmölling, seine Mieterin, seine Tochter, drei Kurden; die Ausländer sind unerwünscht, bis sie sich dem Metzger beweisen; Komödie; MO 20.15 ZDF SENDUNG 4: *Blind Date—Flirt mit Folgen*; keine Information; Louisa, zwei Kinder, Christa; Louisa tritt bei einer Fernschshow für Christa an; keine Information; DI 20.15 PRO 7. B. 1. d 2. a 3. b 4. c

Kapitel 14

Alles klar? A. 1. b, c 2. a, b, c 3. *Answers will vary.* B. 1. a. Glas b. Papier c. Kunststoff d. Sonstiges 2. Frankfurts Alter Oper 3. ästhetische Umwelt 4. scheint 5. unseres Alltags

Wörter im Kontext Aktivität 1 1. d 2. c 3. a 4. b 5. c 6. b 7. d 8. c

Aktivität 2 wer: 600 Demonstranten aus Deutschland, Österreich und der Schweiz **wie:** mit Transparenten und fantasievollen Masken **wann:** am Sonnabend **wo:** im Frankfurter Bahnhofsviertel **wogegen:** Tierversuche **was man forderte:** das gesetzliche Totalverbot aller Versuche an Tiere

Aktivität 3 (*Opinions may vary.*) 1. die Wegwerfflasche – 2. die Sammelstelle + 3. die Fußgängerzone + 4. das Haushaltsgerät ? 5. die Plastiktüte – 6. die Umweltverschmutzung –

Aktivität 4 1. teilnehmen 2. kaufen (*oder:* wählen *oder:* vorziehen) 3. Halten 4. wählen / schützen 5. vermindern 6. engagieren

Aktivität 5 1. Der Leser liest gern „Blitz". 2. Er wünscht sich diese Publikation in einer umweltfreundlicheren Verpackung wie recycletem Papier. 3. Er glaubt, die Leser würden das akzeptieren. 4. Die Redaktion hat noch keine akzeptable Alternative gefunden.

Aktivität 6 1. Öffentliche Verkehrsmittel? Ich bin dafür. 2. Umweltverschmutzung? Ich bin dagegen. 3. Umweltfreundliche Verpackung? So ein Quatsch! 4. Sauberer Abfall? So ein Unsinn! 5. Meiner Meinung nach brauchen wir mehr Sammelstellen. 6. Ich bin der Meinung, dass alles möglich ist.

Grammatik im Kontext Übung 1 1. wurde / gespielt / Wer ist Elijah Wood? 2. wurde / angesehen / Wer ist Thomas Jefferson? 3. wurde / zerstört / Was ist die „Hindenburg"? 4. wurde / gefeiert / Was ist der 3. Oktober? 5. wurde / kontaminiert / Was ist Tschernobyl? 6. wurde / verdient / Wer ist Boris Becker? 7. wurde / geschrieben / Was ist „Faust"? 8. wurde / beendet / Wer ist Richard Nixon? 9. wurde / vorgeschlagen / Was ist der Truthahn? 10. wurde / geboren / Wer ist Henry Kissinger?

Übung 3 1. Wer stellt die Fragen „Wer ist Freund?" und „Wer ist Feind?"? 2. Wer erzählt die Geschichte? Antwort: Thomas Bohn. 3. Wer hat das Buch geschrieben? Antwort: Thomas Bohn. 4. Wie bringt man Klarheit in die Machenschaften des russischen Drogenrings? 5. Wer spielt die Rolle des schwarzgelockten (schwarzhaarigen) Sohnes des Kommissars? Antwort: Fjodor Olev.

Übung 4 1. Im Rheinhotel Dreesen tanzt man am Samstagabend. 2. Hier feiert man ein großes Sommerfest. 3. Man spielt Musik zum Tanzen. 4. Man hört die Musik vom Tanzorchester „Lex van Wel". 5. Hier singt und lacht man. 6. Hier trinkt man Bier und Wein.

Übung 5 B. 1. Die Abfälle aus Haushalten, Restaurants und Großküchen wurden bisher an Futtermittelaufbereiter gegeben. 2. Bis eine sinnvolle Verwertungsmöglichkeit gefunden worden ist, 3. dass Küchenabfälle auch gemeinsam mit Gartenabfällen kompostiert werden können. 4. müssen die Abfälle leider gemeinsam mit Hausmüll auf den Deponien beseitigt werden. C. 1. Die Berliner Stadtreinigung. 2. Verwerter für Küchenabfälle. / Um den Müll weiterhin getrennt sammeln zu können. 3. Futtermittelaufbereitern. (*oder:* An Futtermittelaufbereiter.) 4. Küchenabfälle können mit Gartenabfällen kompostiert werden. 5. Eine sinnvolle Verwertungsmöglichkeit. 6. Gemeinsam mit Hausmüll auf den Deponien.

Übung 6 1. Man kann Vorschläge für Umweltschutz in Anzeigen geben. 2. Man kann Umweltschutz durch gezielten Einkauf praktizieren. 3. Man kann umweltfreundliche Produkte herstellen, deren Inhaltstoffe biologisch abbaubar sind. 4. Man kann Produkte herstellen, die wenig Abfall produzieren und die die Natur so wenig wie möglich belasten. 5. Man kann auf Verpackung achten. 6. Man kann Waren vermeiden, die in überflüssigem Plastik verpackt sind. 7. Man kann umweltfreundliche Produkte günstig anbieten. **Was ist Krone?** b.

Übung 7 1. steigende 2. zunehmende 3. wachsende 4. angrenzenden 5. sterbenden 6. kommende 7. wachsende

Sprache im Kontext Auf den ersten Blick 1. in Hammelburg 2. zu fünft 3. aus Holz 4. aus ökologischen Prinzipien

Zum Text 1. 1985 2. Holz / Gras 3. ökologischen / baubiologischen 4. Strom / Wärme / Mobilität 5. Südausrichtung / Wintergarten 6. Solaranlage 7. Kochen / Backen 8. Pflanzenöl 10. 2000